ORAÇÃO

O CORDÃO UMBILICAL ESPIRITUAL DO CRENTE

CONCEITOS, PRINCÍPIOS E IMPORTÂNCIA

ONÓRIO CUTANE

Nenhuma parte desta publicação pode ser usada ou reproduzida de qualquer maneira sem permissão por escrito, exceto no caso de pequenos trechos usados nas revisões publicadas. para mais informações visite o site da OGC Publications, LLC.

Os direitos autorais estimulam a criatividade, promovem vozes diversas, estimulam a liberdade de expressão e criam uma cultura vibrante. Agradecemos por adquirir uma edição autorizada deste livro e por cumprir as leis de direitos autorais, não reproduzindo, digitalizando ou distribuindo nada dele em qualquer forma sem permissão. Você apoia escritores e permite que a publicação OGC continue a publicar livros para todos os leitores.

A maioria dos livros de portfólio estão disponíveis com desconto quando comprados em grande quantidade para promoções de vendas ou uso corporativo. Edições especiais, que incluem capas personalizadas, trechos e impressões corporativas, podem ser criadas quando compradas em grandes quantidades. Para obter mais informações, entre em contato com books@ogcpublications.com. A livraria local também pode ajudar com compras em massa com desconto usando o programa corporativo Business-to-Business da OGC Publications. Para obter ajuda na localização de um varejista participante, envie um e-mail para: info@ogcppublications.com

FICHA TÉCNICA

Título: Oração : O Cordão Umbilical Espiritual do Crente

Subtítulo: Conceito, princípios & benefícios

Autor: Onório Gabriel Cutane

Revisão Linguística: André Zacarias e Sofia Magalhães

Tiragem: 3000

Editora: OGC publications LLC

Edicão: 1ª Edição

Ano: 2023

OGC PUBLICATIONS LLC
8 The Green Suite A
Dover, DE 19901
Estados Unidos
www.ogcpublications.com

Copyright ☐ 2023
OGC Publications, LLC.
Todos os direitos reservados

Tabela de Conteúdos

PREFÁCIO 12

PARTE I 19

Conceito e Importância da Oração 19

INTRODUÇÃO 21

CAPÍTULO I 32

Porque devemos orar? 32

CAPÍTULO II 39

O que é oração? 39
    Quatro momentos marcantes na história da terra 40

CAPÍTULO III 55

Como orar corretamente 55
    A verdadeira oração do Senhor 57

CAPÍTULO IV 61

Oração Modelo 61

ANOTAÇÕES DO LEITOR 67

PARTE II 69

A importância da oração 69

INTRODUÇÃO 72

A importância da oração 72

CAPÍTULO I 78

O impacto da oração no espírito do homem 78

CAPÍTULO II 85

Oração – processo de recarregamento espiritual 85

CAPÍTULO III 91

Os benefícios latentes da oração 91

Subcapítulo I 91

Subcapítulo II 93

Subcapítulo III 96

Subcapítulo IV 97

Exercício 99

CAPÍTULO IV 100

Passe tempo com Deus em oração 100

ANOTAÇÕES DO LEITOR 106

PARTE III 108

Princípios para uma oração eficaz no Novo Testamento 108

INTRODUÇÃO 111

Como orar e receber respostas de Deus 111

CAPÍTULO I 113

Princípio número 1 113
    O poder das orações curtas 118

CAPÍTULO II 124

Princípio número 2 124
    Você tem acesso direto ao trono de Deus 127
    Você tem um Advogado perante o Pai 129
    Oração 131

CAPÍTULO III 132

Princípio número 3 132
    Quando orar, perdoe 132
    Como guardar o seu coração? 133
    Fale positivamente consigo mesmo 137

CAPÍTULO IV 139

Princípio número 4 139

Ore ao Pai em nome de Jesus 139
Ore em nome de Jesus 141

CAPÍTULO V 144

Princípio número 5 144
Quando orar, creia que já recebeu o que pediu 144
Duas razões pelas quais você deve ter fé em Deus ao orar. 144
A oração produz experiências com Deus 146
Porquê a fé é necessária? 148

CAPÍTULO VI 150

Princípio número 6 150
Quando orar, agradeça como quem já recebeu 150
Descanse no Senhor 152
A paz de Cristo – o sinal interior 152

ANOTAÇÕES DO LEITOR 157

PARTE IV 159

Tipos de Oração 159

INTRODUÇÃO 163

Tipos de oração 163

CAPÍTULO I 167

A oração da petição 167
Porque é que Deus quer responder às nossas petições? 168
Acedendo a provisão do Senhor 169

O que fazer com a palavra de Deus? 175
Coloque o seu pedido de forma objetiva e específica diante de Deus 178
Como saber que Deus respondeu à sua petição e quando parar de pedir? 180
Conte as suas bênçãos 181

Exercício 1 182

Exercício 2 183

CAPÍTULO II 184

A Oração de Ação de Graças 184

Ações de Graças, Uma Arma de Guerra Espiritual 186
O que fazer diante de um desafio 186
Porque é que a Oração de Ação de Graças é Poderosa? 189

Exercício 189

CAPÍTULO III 191

A Oração da Fé 191
Princípios da Oração da Fé 192

Como Fazer a Oração da Fé? 195

CAPÍTULO IV 201

A Oração de Louvor e Adoração 201
O que é a adoração e o que é o louvor 203
Como exprimir os louvores 206
Benefícios da oração de louvor 207

Subcapítulo - O Poder do Louvor 208

O louvor como arma de guerra 208
    Como vencer sem lutar e prosperar sem suar 208
    Libertos da prisão sem usar a força humana 210
    Compreendendo a adoração 211
    Benefícios da oração de adoração 212
    Como fazer a oração de adoração? 213

Exercício 215

CAPÍTULO V 216

A Oração em Línguas 216
    Um Breve Historial 216
    Porque é que o Espírito Santo desceu
    no dia de Pentecoste? 217
    Línguas estranhas, a nova linguagem da nova criação 222
    A importância de orar em línguas 225

CAPÍTULO VI 235

A Oração de Consulta 235

CAPÍTULO VII 269

A Oração de Intercessão 269
    Jesus Cristo – o maior intercessor da humanidade 272
    Características dos intercessores 276
    Princípios da oração de intercessão 280
    O nosso chamado para interceder 283

Exercício 285

CAPÍTULO VIII 286

A Oração de Concordância 286
    Princípios da oração de concordância 288
    O poder da oração de concordância 289

Exercício 291

CAPÍTULO IX 292

Enunciados Proféticos 292
    Como obter enunciados proféticos e decretá-los? 297
    Como ativar o seu espírito 298

ANOTAÇÕES DO LEITOR 301

CONCLUSÃO 303

Notas finais a reter 303
    Da Parte I - Conceito da Oração 303
    Da Parte II - Importância da Oração 307
    Da Parte III - Princípios para uma Oração Eficaz 309
    Da Parte IV – Tipos de Oração 309

Passe tempo com Deus 313
    Os enunciados proféticos 313

SOBRE O AUTOR 315

DEDICATÓRIA 316

AGRADECIMENTOS 317

OUTRAS OBRAS DO APÓSTOLO ONÓRIO CUTANE.. 318

DEPOIMENTOS DO LEITOR...................... 319

Prefácio

No meu décimo livro, "Os Quatro Hábitos Essenciais De Uma Nova Criatura Em Cristo," que antecede esta obra, fiz um tratado sobre o hábito de orar, que constitui um dos mais profundos e principais hábitos de uma nova criatura em Cristo. Nela, como num voo rasante, toquei de forma quase superficial acerca da oração e parte da sua definição. Tudo com o objetivo de injetar no leitor o desejo e a disciplina de orar – hábito indispensável para o seu crescimento espiritual e estabilidade como cidadão do reino dos céus. A oração pode ser descrita como o hábito dos grandes campeões de quem lemos e estudamos nas Escrituras Sagradas. Jesus orou, os profetas e os apóstolos do passado oraram. Os patriarcas Abraão, Isaque e Jacó eram homens de altares e todos eles oraram.

Um aspeto interessante em todos eles foi que, por causa deste exercício de oração, resolveram problemas que pareciam não ter solução, como Salomão que pediu a Deus entendimento. Venceram batalhas ferozes, como o fez o rei Asa contra um exército inimigo de um milhão de soldados e carros que eram numericamente superiores em relação a eles; intercederam, como Abraão e Moisés até ao ponto de mudar certas decisões drásticas que Deus já tinha tido contra o povo rebelde a sua palavra. Uns, como Moisés, foram transfigurados e tiveram a pele da sua cara reluzente de glória, outros venceram gigantes, taparam a boca de ursos e leões, escaparam da morte e de planos macabros, tiveram seus mortos ressuscitados e ainda outros que até foram chamados amigos de Deus, como é o caso de Abraão.

O que tinham todos eles? Aproximação- intimidade com Deus. Se definirmos a oração de forma superficial, apenas como comunicação com Deus, não estaríamos a fazer jus a este grande princípio espiritual. Em oração, há mais do que comunicação, há intimidade, confiança e rendição que habilita o espírito do homem a ouvir a voz de Deus e não apenas falar com Ele. O grosso dos crentes atuais tem feito da oração como um ritual ou hábito que devem ter e exercitar para o seu crescimento espiritual. Contudo, poucos são os que realmente têm ouvido a voz de Deus. Será a oração apenas algo unilateral, onde o homem invoca a Deus e Ele não responde? Bem, foi o Senhor quem disse: "Clama a mim, e responder-te-ei e anunciar-te-ei coisas grandes e firmes" (Jeremias 33:3 ARC). Olhando para estas palavras de Deus, podemos notar três coisas fundamentais:

Primeira: o convite para orar. É Deus quem estende este convite – clama a mim. É óbvio que no passado muitos olhavam para a oração como clamar e gritar. Como diz o Salmista em Salmos 34:15 ARC "Os olhos do Senhor estão sobre os justos e os seus ouvidos atentos ao seu clamor." A razão pela qual ela é descrita como *clamor* não é por causa do grito, mas sim por causa da efervescência, ou seja, mostra que era algo que saía do coração e não apenas porque foram proferidas. Notamos aqui que a oração deve sair do coração e não basta apenas abrir a boca e falar, supondo que se está a falar com Deus. A verdadeira oração brota de um coração rendido a Deus, confiante n'Ele e dependente d'Ele.

A boca apenas expressa verbalmente o que já estava fecundado no coração. Deus examina os corações e sabe a intenção do espírito. Por isso, o apóstolo Pedro simplificou a interpretação substituindo "clamor" por "oração." Então, dependendo do propósito e das circunstâncias de quem ora – quer clame, quer fale, quer medite – a fonte da oração deve ser o coração. É lá onde Deus interage com o homem. A Escritura mostra-nos o Deus que nos convida a orar. Logo, percebemos que na oração, nós participamos no processo – falando com Deus. Mas este é o nível em que muitos estão e que após tê-lo atingido, já não prosseguem para os outros níveis previstos por Deus, que nos convida a orar.

Este livro irá providenciar revelações e princípios divinos que o elevarão a este nível de consciência espiritual através da atuação do Espírito Santo na sua vida. A pergunta que se deve colocar é: por que é que Deus nos convida a orar? Por causa do segundo ponto.

Segunda: Ele quer responder às nossas orações. O cristianismo não é uma religião, mas sim, comunhão com Deus – por meio de Cristo. E na comunhão falamos com Deus e Ele fala connosco. Aqui está uma das maiores diferenças. Em muitas religiões pagãs, os seus adeptos oram, fazem rezas e invocações ao seu deus ou deuses, mas é uma comunicação unilateral, uma vez que estes não podem falar nem responder. E se não podem responder, por que orar então? Faz-me lembrar o profeta de Deus, Elias, que fez troça dos cerca de 450 profetas de Baal que tinham começado a orar desde o meio-dia até à tarde sem nenhuma resposta de Baal. Elias até zombou deles, dizendo que se calhar Baal estivesse a dormir, cansado ou tivesse viajado. Vários foram os sacrifícios, as gritarias, as danças e rituais feitos em invocação de Baal, mas este não respondeu, porque não era Deus e nunca o foi. O fato de a maioria ter estado do lado deste ídolo e ele ter seus profetas, adoradores e templos, não queria dizer que ele era Deus e podia responder às orações deles. Mas é justamente isto que tem acontecido no mundo: as pessoas ficam cansadas de clamar, fazer cerimónias, rituais e rezas a um deus que não fala, não responde e nem age. Mesmo assim, não param para refletir, se arrepender desta prática de idolatria e se voltar para Jeová – o Pai do nosso Senhor e Salvador Jesus Cristo. Somente Ele (o Senhor) é que é Deus e é apenas a Ele devemos adorar e servir.

No tempo de Elias, o povo vivia na idolatria e era parte do seu mandato trazer de volta os corações dos filhos aos pais – levar de volta a fé dos filhos a Deus e guiá-los aos caminhos retos dos seus pais na fé. Note que Elias apenas fez uma oração: "Responde Senhor, para que se saiba que tu és Deus." O que aconteceu? Deus respondeu à oração de Elias enviando fogo do céu que consumiu os altares de pedra e lambeu a água ao redor. E diante deste feito, todo o povo clamou em uníssono: "Somente o Senhor é Deus." Sem sombra de dúvidas, todos voltaram para as suas casas com a consciência de que andavam e serviam a um Deus que ouve e responde às orações.

Caro leitor, sinta no seu coração a impressão do Espírito Santo, os seus palpites, convidando-o a orar. Quando foi a última vez que você passou tempo com Deus? Muitos oram, mas não esperam resposta. Por que é que ora? Outros respondem: "Porque é um hábito, é um ritual. Na minha igreja disseram-nos que temos de orar. Por isso, oramos." Espera alguma resposta? "Oh não, estou apenas a cumprir o meu dever". Muitos olham a oração como um ritual que, quando se esquecem de ter orado numa certa hora que marcaram, até se sentem mal, como se tivessem traído a Deus. Carregam um sentimento de culpa por não terem seguido o ritual. Mas a oração não é isso. Ela é lubrificadora de um relacionamento entre Deus e seus filhos. É uma comunhão e, por isso, deve existir aquele desejo, prazer e vontade de sempre querer falar com seu Pai celestial porque algo de bom acontece no nosso espírito quando oramos. Quando você ora, deve esperar respostas. Por que é que Deus nos convidaria a orar se Ele não quisesse responder? Está mais que claro que Ele tem o desejo e prazer de responder às nossas orações, falando connosco e concedendo as nossas petições. É aqui onde nasce a fé na oração: oramos com expectativa esperando receber respostas. Sempre que oro, o Senhor tem-me respondido e vou partilhar consigo alguns dos princípios que regem uma oração eficaz.

Terceira: A Escritura diz: "anunciar-te-ei coisas grandes e firmes." Isto é o que também acontece quando oramos. A oração aumenta a sensibilidade do espírito do homem e eleva-o a ouvir e ver coisas no espírito. Deus quer que ore, porque quando ora, você também poderá ver coisas que não conseguiria ver com os olhos carnais, sem a iluminação d'Ele no seu espírito.

Sempre que eu oro, vejo no meu espírito, vejo na minha imaginação- viajo em espírito para territórios e arenas mais elevados e gloriosos do que os físicos. É-me mostrado o que fazer e como fazê-lo. Em oração, tenho direção para a minha vida e assim, faço escolhas e tomo decisões em conformidade com a vontade de Deus.

A oração alinha o espírito do homem com a vontade de Deus. Lemos em Atos que, quando Deus quis mostrar algo a Pedro, inspirou-o a subir ao terraço para orar e logo ele entrou em transe, em arrebatamento de sentidos e viu um lençol com vários tipos de animais. Depois disto, ouviu a voz do Espírito Santo falar com ele, dando-lhe direção concernente aos homens que Cornélio – o centurião romano que queria ser salvo – tinha enviado.

Lemos um cenário idêntico em Apocalipse 4, quando João viu uma porta aberta no céu e foi também arrebatado em espírito e viu Jesus sentado no trono e ouviu uma voz que dizia: "Sobe aqui e mostrar-te-ei as coisas que depois destas devem acontecer."

Você pode saber do futuro sem ser profeta. É o ministério do Espírito Santo a guiar-nos em toda a verdade e a revelar-nos o futuro, como Jesus disse: "Ele vos guiará em toda a verdade e vos anunciará o que há de vir." Tudo isso é possível por meio da oração. Momentos de oração são momentos de revelações, de elevação espiritual e de ativação da consciência do mundo espiritual a nossa volta. Foi por meio da oração de Eliseu que os olhos do seu moço se abriram e viu no espírito que havia carros e cavalos de fogo ao redor de Eliseu. Estes carros e cavalos de fogo estavam lá para proteger o servo de Deus. Por isso, ele não tinha medo.

O pano de fundo é que devemos orar e que a oração comporta muitos benefícios para o homem quando em comunhão com seu Criador.

Esta obra não é um tratado cabal sobre a oração, mas sim um contributo à literatura cristã e ao corpo de Cristo no mundo inteiro; desde o simples crente aos ministros do evangelho. Procura responder a questões que se prendem com o conceito, motivações, princípios e benefícios da oração. Por outras palavras, o leitor terá respostas às questões, mesmo que não seja de forma cabal, mas em termos de incentivo para estudar a fundo acerca da oração: o que é, e porque devemos orar? Como devemos orar e quais são os benefícios da mesma?

Nesta obra, faço recurso ao emprego de uma linguagem corrente, simples de compreender com o Novo Acordo Ortográfico. Nela, foi privilegiada a versão Almeida Ferreira Revista e Corrigida, (ARC 2009). Leia-a com um coração aberto, absorvendo as revelações nela contidas e aplicando na sua vida prática os princípios divinos apresentados. Espero que lhe seja útil na sua jornada espiritual com Deus.

PARTE I

Conceito e Importância da Oração

Tabela de Conteúdos – Parte I

INTRODUÇÃO 21

CAPÍTULO I 32

Porque devemos orar? 32

CAPÍTULO II 39

O que é oração? 39
    Quatro momentos marcantes na história da terra 40

CAPÍTULO III 55

Como orar corretamente 55
    A verdadeira oração do Senhor 57

CAPÍTULO IV 61

Oração Modelo 61

ANOTAÇÕES DO LEITOR 67

Introdução

A oração constitui um dos elementos fundamentais e indispensáveis da nossa comunhão com Deus; ela é um fator determinante no contato entre o espiritual e o físico, pois dela depende a legalidade e a intensidade do impacto do céu sobre a terra e da intervenção de Deus na vida dos homens no plano terreste. Todos os grandes homens e mulheres de Deus que passaram por esta terra e tiveram os seus nomes arquivados nos anais da história ou nas crónicas dos heróis da fé foram pessoas de oração. Foi a comunhão que tiveram com Deus em oração que lhes granjeou a fé e a convicção com as quais derrotaram reinos adversos que lhes eram numericamente superiores. Este foi o caso do rei Josafat quando três reinos se uniram para atacar o reino de Judá.

Nessa peleja, eles não tiveram que lutar. Deus pelejou por eles e viram os cadáveres dos exércitos inimigos abatidos sem intervenção humana. Coube-lhes a eles apenas colher o despojo de bens, criação, ouro, prata e roupas, o que que durou quase três dias. Ao fim do tudo, foi uma história de tristeza e uma ameaça que se converteu num fim glorioso de vitória passiva. O mesmo se pode dizer do rei Ezequias que após ter sido ameaçado pelo rei Senaquerib da Assíria, orou juntamente com o profeta Isaías. Como resposta, Deus enviou apenas um anjo que exterminou cerca de 185 mil valentes do exército invasor assírio. Neste exemplo, eles também venceram sem ter lutado fisicamente. Contudo, a oração de fé que fizeram foi muito mais que uma arma de guerra espiritual, foi um míssil espiritual de grande impacto.

A verdade é que outros personagens descritos nas Sagradas Escrituras enfrentaram desafios e problemas quase que similares em perigosidade que os que enfrentamos no século XXI; quer ao nível de desafios ligados a saúde, a ameaça de paz, prosperidade e estabilidade. E, em tudo, eles venceram por meio da oração. Que dizer da rainha Ester que, pela oração, salvou o seu povo do plano quase que irrevogável de extermínio desenhado por Hamã?

Hamã era inimigo dos judeus e na última hora, quase no tempo em que já ia celebrando o sucesso do seu plano de genocídio e macabro contra o povo de Deus, viu todo o seu corredor de lobbying e influências sobre o governo assírio a ser frustrado. Ele foi finalmente enforcado na sua própria forca que tivera preparado para Mardoqueu, naquilo que na gíria comum se podia descrever como "o feitiço voltando para o feiticeiro." Como conseguiu Ester que fosse revogada uma lei irrevogável e selada com o anel da lei? Como anulou consequentemente todos os planos e decretos reais já escritos, ratificados e publicados, esperando apenas a sua execução e que depois de humanamente observados e analisados eram irrevogáveis e imutáveis? A resposta persiste: foi por meio da oração. Parece-nos, portanto, que a oração é um instrumento com um potencial mais profundo do que o que se entende habitualmente e que se faz regularmente nos dias de hoje pelos crentes, isto é, cristãos ou noutros círculos dos que invocam divindades sobre os seus assuntos na terra.

O conceito da oração em si é tão comum que quase é visto por muitos como um assunto simples e já facilmente compreendido e que não precisa ser estudado a fundo. Isto porque todos os dias, nas casas e fora delas e em todos os cultos e serviços religiosos, dezenas de milhares de crentes e fiéis oram e oram até que a oração se tornou um ritual. Um ritual onde todo mundo sabe que deve orar, marca uma hora fixa diariamente para orar ou os mais preguiçosos o fazem apenas durante cultos ou missas nas igrejas, mesquitas e outros lugares. Olhando para a oração deste ponto de vista é expropriá-la do seu verdadeiro valor, o seu mais profundo sentido e o seu poder latente para impactar, melhorar e mudar o curso dos eventos aqui na terra. É fácil notar isto, pois muitos crentes leem na Bíblia Sagrada sobre os extraordinários feitos de Deus em resposta às orações dos seus filhos conforme nos narram as Escrituras. Mas porque é que não vemos os mesmos resultados e as mesmas ou até melhores experiências que eles tiveram? Porque há algo acerca da oração que eles sabiam e praticavam que dava vida à sua comunhão, ou seja, à interação com Deus que abriu os céus e colocou anjos em ação, batalhando a favor do povo de Deus. Isto tudo nos mostra que devemos sair da visão meramente tradicional da oração e subir como João para arenas elevadas de glória.

João estava em oração no dia do Senhor e uma porta se abriu no céu e uma voz falou com ele dizendo: "Sobe aqui e mostrar-te-ei as coisas que depois destas devem acontecer" (Apocalipse 4:1 ARC). No versículo 2, João narra que foi arrebatado em espírito e diante dele estava um trono posto no céu e um assentado sobre ele. O pano de fundo aqui é que ele teve experiências com o sobrenatural: em espírito foi arrebatado para um mundo imaterial, para uma atmosfera celestial, ou seja, para os lugares celestiais e duas coisas lhe aconteceram: ele viu e ouviu no espírito. Inclusive, foi-lhe mostrado o que havia de acontecer.

De resto, você, prezado leitor, e nós no geral como igreja de Deus, podemos e devíamos todos ter estas e várias experiências com Deus. Mas para o efeito devemos "subir para o aqui."

Existem dois planos: terrestre e celestial. Muitas pessoas viveram muitos anos e tiveram inúmeras experiências com o "aqui" terrestre. Elas acham muito estranho e até loucura quando alguns de nós, nascidos de novo e cheios do Espírito com uma comunhão íntima com Deus, conversamos, escrevemos, pregamos e falamos acerca das nossas experiências com o "aqui" celestial, numa dimensão superior a dos homens carnais e comuns deste mundo. É a partir daqui que, em interação com Deus em oração, exercemos influência e literalmente ditamos e mudamos o curso das coisas e dos eventos aqui na terra. Jesus o disse aos judeus religiosos que tinham a lei de Moisés, isto é, a letra, não o Espírito. Também lhes disse que tinham religião sem comunhão com o Deus a quem rezavam e ensinavam, mas com o qual nunca tinham tido experiências e teimosa e ritualmente persistiam em ensinar acerca do Deus de quem nunca tinham ouvido nada. Era para uma teologia sem *teocomunhãologia*. Crio este conceito para designar um estado de íntima comunhão com Deus em detrimento de alguém que cientificamente ou racionalmente estudou e leu sobre Deus nos bancos das escolas teológicas e tenta definir o Deus com quem nunca teve experiência.

A verdade é que as pessoas que revolucionaram o mundo do seu tempo impactaram-no em vários domínios e esferas da vida humana. Não foram os que tinham saído da absorção e apreensão mental do conhecimento de Deus por meio de investigação racional humana. Antes pelo contrário, foram homens que tiveram experiências com Deus. Homens como o apóstolo Paulo que em espírito viajaram para o céu com o navegador espiritual chamado de Espírito Santo e até viram coisas que iriam acontecer mesmo depois do seu tempo contemporâneo. Tal como Isaías que viu a paixão de Cristo e as glórias que se lhes iriam seguir (Isaías 53:4-8). Como Daniel que previu o tempo do anticristo. Homens que escaparam da fornalha acesa como os três jovens Abednego, Mesaque e Sadraque, que não temeram a ira do rei.

Antes pelo contrário, confiantes no seu Deus, preferiram ser lançados na fornalha de fogo a aceitar adorar a estátua do rei que era um ídolo que não falava nem ouvia. De onde lhes vinha essa ousadia, coragem, determinação e firmeza? A resposta é simples e óbvia: da sua comunhão íntima com Deus. Eles conheciam o seu Deus. Foram estas as palavras de Daniel, seu conterrâneo "...o povo que conhecer ao seu Deus se esforçará e fará proezas" (Daniel 11:32 ARC). Ele mesmo escapara da cova de leões famintos porque não só conhecia o seu Deus, mas também porque tinha comunhão com Ele.

Caro leitor, a razão pela qual estou a arrolar vários destes exemplos é para que primeiro haja em você sede e fome de crescer em comunhão com Deus. Segundo, para que tenha uma nova abordagem e perspetiva sobre a oração e deixe para trás a tradicional e culturalmente vista como um ritual.

Observe que muitas vezes lemos a respeito de homens e mulheres de fé na Bíblia e tentamos tê-la a nossa maneira pensando que é só ler a Bíblia e logo já a temos. Mas não é bem assim; eles não liam os manuscritos de uma forma racional e académica como muitos o fazem hoje. Pelo contrário, olhavam para as Escrituras como as palavras vivas de Deus com as quais deviam ordenar e arrumar as vidas, e por meio das quais deviam viver. A palavra de Deus era vista como uma espécie de constituição do reino de Deus que regia e regulava a vida do seu povo e quando eles a obedeciam, eram abençoados e prosperamente vitoriosos. Como Deus disse por meio de Moisés que as suas palavras eram vida. Ele próprio afirmou que não só de pão viverá o homem, mas de todas as palavras que saem da boca de Deus. Era a comunhão que eles tinham que lhes fortalecia a fé; ouviam a palavra para praticá-la e não como uma peça de vestuário que poderiam trocar sempre que não fosse conveniente, como assistimos nos dias que correm com muitos cristãos promíscuos. Por que é que muitos crentes hoje em dia não são firmes e consequentemente andam preocupados, frustrados e medrosos? Por que é que não conseguem defender a sua fé? Porque não têm convicções, mas dizem que têm fé.

Ora a fé, segundo define a Escritura em Hebreus 11:1, é a certeza (convicção) das coisas que se esperam e a prova das coisas que se não veem. É por ela que os antigos alcançaram testemunhos. Onde estão os testemunhos dos crentes do século XXI? Se fossem colocados nas mesmas situações ou confrontados com desafios similares que tiveram os homens e mulheres de que lemos na Bíblia Sagrada, não teriam os mesmos testemunhos. Muitos negariam Jesus e abandonariam a sua fé. Por isso Paulo orou pelos efésios: "Para que, segundo as riquezas da sua glória, vos conceda que sejais corroborados com poder pelo seu Espírito no homem interior; para que Cristo habite, pela fé, no vosso coração; a fim de, estando arraigados e fundados em amor." (Efésios 3:16-17 ARC). Paulo orou para que esses irmãos tivessem raízes na fé e no amor em Cristo e pelos irmãos. Notou que levou os joelhos de Paulo em oração contínua por esta igreja para que chegassem à firmeza na fé? Caso contrário, as circunstâncias da vida podem fazer com que você aborte o Cristo que tem no seu coração, naufragando na fé.

A média dos crentes atuais (pelo menos segundo o que tenho observado) não tem convicção e muitos precisam de ter o temor do Senhor nos seus corações. Confrontados com uma situação aparentemente comprometedora na sua fé, naufragariam. Por quê? Porque não têm a convicção e a alegria da salvação e nem comunhão íntima com Deus. Em Atos 4:13, Lucas narra o incidente em que Pedro, juntamente com João, foram confrontados com a constelação religiosa do então tribunal judaico (o sinédrio) e foram questionados sobre o milagre que Pedro tivera operado, curando um coxo de nascença. Em tribunal, Pedro e João não se acovardaram nem morderam a língua, pelo contrário, falaram com convicção e conhecimento do Jesus de quem falavam e pregavam. A Escritura narra que após terem visto a ousadia e convicção com que Pedro e João falavam e informados de que eram homens sem letra e indoutos, reconheceram uma coisa muito fundamental: "que eles haviam estado com Jesus." Glória a Deus pela comunhão com Deus! Glória a Deus pelo privilégio de orar.

Em várias ocasiões o Espírito vai sempre colocar aquele desejo e vontade de você orar e falar com Deus. Isto representa um sinal vital do seu espírito. Sem a oração, nada disto teria acontecido.

A oração, vista como intimidade que produz a capacidade de você ouvir a voz de Deus no seu espírito e agir sobre ela, faz nascer e produzir resultados extraordinários. Jesus disse aos judeus religiosos "vós sois daqui, mas "eu não sou daqui". Por isso caro leitor, com este livro, convido-o a subir no "aqui" de cima e olhar para a vida a partir desta dimensão. Deste modo, verá que tudo é possível e não há situação inalterável. Sairá de qualquer prisão espiritual como Pedro foi liberto da prisão de máxima segurança e todo o efeito de maldições, pactos e embargos espirituais à sua vida espiritual, sentimental, profissional, ministerial ou acadêmica será anulado.

É tempo de subir para novas dimensões da compreensão da palavra de Deus – dimensão de revelações e inspiração. É tempo de subir para dimensões de glória e ministração – fazendo coisas extraordinárias. É tempo de *subir* para novas dimensões de comunhão – desenvolvendo intimidade com Deus, ouvindo a sua voz e agindo sobre ela para o sucesso da vida e glória para Deus. É tempo de *subir* para uma vida de consciência ativa e praticada do mundo espiritual e das leis que o fazem funcionar – acionando leis espirituais com as quais poderá influenciar a vida aqui na terra. É tempo de *subir* para um nível espiritual acima de principados e potestades e príncipes das trevas deste século e interceder pelo bem da humanidade, famílias e nações. Essencialmente é tempo de *subir* e assumir o seu posto como atalaia espiritual – defendendo e protegendo vidas e missões por meio da oração de intercessão, travando e neutralizando todos os dardos inflamados do maligno.

Finalmente, é tempo de viver na terra como se fosse no céu – consciente do mundo espiritual ao seu redor, do poder do seu Deus, do amor e da fidelidade do seu Cristo, do ministério e disponibilidade dos anjos de cura, libertação, proteção e de guerra que Deus predispôs para nos assistirem (ajudarem) como herdeiros da salvação (Hebreus 1:14). Assim, cumpriremos o modelo de oração de Jesus: "Venha o teu Reino. Seja feita a tua vontade, tanto na terra como no céu" (Mateus 6:10 ARC).

É tempo de influenciar a terra e nações com a cultura do reino dos céus e reforçar o cumprimento da vontade de Deus na terra – mantendo o seu impacto sobre a vida das famílias humanas.

O Espírito Santo imprimiu no meu coração que escrevesse este livro para ativar o potencial glorioso e o poder miraculoso depositado por Ele nos espíritos dos seus filhos. Assim, você se poderá encontrar no centro da vontade de Deus, propelido pelo Espírito para estar no lugar e no tempo certos e fazendo as obras para quais foi destinado aqui na terra – uma vida plena e realizada, em todos os sentidos para a honra e glória do Senhor Jesus Cristo.

A oração é um daqueles vetores espirituais cujo tratado não se pode esgotar num sermão ou livro; é uma das maiores leis espirituais que não se pode ignorar porque nela está a essência da eternidade da nossa comunhão com Deus; desde a salvação até à eternidade teremos sempre que falar e ouvir de Deus – é nessa relação de intimidade com Deus que se estabelece a base sólida sobre a qual crescemos na fé, somos estimulados no nosso espírito, somos protegidos, guiados e orientados nas boas obras do Senhor. A oração é de fato uma base, um chão espiritual sobre o qual nos firmamos em ligação com Deus; é um cordão umbilical espiritual que, diferente do humano, nunca se deve cortar, pois dele nos alimentamos e somos nutridos de glória em glória e de fé em fé até que sejamos completa, mas continuamente transformados à imagem da glória do Deus que nos chamou das trevas para a sua maravilhosa luz.

Já foram escritos vários livros sobre a oração e ainda mais o serão, mas a essência é esta: nunca nos devemos desligar deste cordão umbilical espiritual que sempre nos conecta com Deus, trazendo os céus aos homens na terra, levando-os a experimentar as glórias dos céus mesmo estando na terra. Indubitavelmente, é a oração que mantém em atividade e consciência do mundo espiritual ao nosso espírito. Sem ela, somos meros humanos, feitos de carne, sangue e ossos e limitados em todos os sentidos no que tange as possibilidades do que podemos fazer como imagem e semelhança de Deus na terra. Por isso, com este livro, o leitor aprenderá e compreenderá que os motivos para orar são muitos mais do que simplesmente os pedidos para o suprimento das nossas necessidades físicas e materiais na terra.

A oração é a linha telefónica que estabelece o sistema de comunicação entre o céu e a terra e todos os dias (dia e noite) como diria Paulo: "orai sem cessar." Esta linha deve manter-se sempre aberta e ativa com a rede fornecida pelo Espírito Santo, antenas dos nossos espíritos humanos – ligando-nos, conectando-nos sempre com Deus e assim, manter-nos vivos e com capacidade de trazer à vida todo o ambiente e circunstâncias boas à nossa volta. Deste modo, teremos sempre esta bola de luz que nos rodeia e nos protege, todos os dias desde o presente até à eternidade.

Foi isso que aconteceu com Moisés que ficou quarenta dias no monte Horeb, falando com Deus e ouvindo d'Ele até que perdeu sensibilidade das necessidades biológicas (água, comida, intimidade conjugal, entre outras coisas). A pele do seu rosto foi transformada, ficou cheia de uma glória que até precisou de um véu para cobri-la dos humanos normais. Parecia um agente ou um ser que vinha mesmo do céu. Foi isso que fez com que Deus transladasse Enoque para que não morresse e ficasse na terra por muito tempo, pois havia experimentado uma dimensão de intimidade com Deus que já não poderia ser contado entre os seres humanos ordinários. Ele já era um dos seres que merecia um mundo maior e melhor que este mundo cheio de pecados e violência.

Uma coisa é certa: não importa o seu nível espiritual ou conhecimento das Escrituras, não importa o como e quão Deus o tem usado ou que tipo de bênçãos você já tem ou terá; sempre e sempre precisará de orar e quanto mais ore, notará que precisa de orar mais e no fim da sua jornada na terra, sentirá que desejaria ter orado mais do que fez até agora. Isto lhe mostrará que existem níveis na oração, escadas que cada vez que as galgamos, somos elevados no nosso espírito até à eternidade. Até que o espírito tome controlo total da carne e nos envolva completamente.

Caro leitor, eu oro para que o Espírito Santo lhe dê vontade de orar e orar mais. Orar é como ser puxado por uma corda de amor – mas uma corda umbilical espiritual. Nasceu no espírito com o seu corpo na terra, você fica uma unificação de dois mundos – o céu e a terra no seu corpo. Assim, quanto mais ora, mais o Espírito de Deus lhe vai puxando cada vez mais para si, para as arenas elevadas da sua glória, para a revelação profunda do seu amor e atributos eternos, para sua a vontade e você será transformado.

A oração faz-nos compreender que não há vida independente de Deus; sempre e para sempre precisamos e precisaremos d'Ele. Por isso oramos quando estamos bem ou quando somos confrontados com desafios; quando estamos abençoados e em prosperidade ou quando precisamos dela. Oramos se queremos ser salvos e libertos ou quando já o estamos. Antes da viagem, durante e mesmo tendo chegado ao destino glorioso dada a cada um de nós aqui na terra. A verdade é que sempre teremos necessidade de orar.

Caro leitor, se porventura vir que já não tem vontade de orar, saiba que algo está errado consigo, pelo que, jejue e faça um pedido: "Pai, devolve-me, peço-te, a sede de orar." Ore para que possa orar. Como Habacuque disse: "aviva-me Senhor," você também deve dizer a mesma coisa.

Saiba disto: a saúde da sua comunhão com Deus determina a sua saúde espiritual, a sua saúde espiritual determina a sua saúde e bem-estar mental, físico, emocional, sentimental, profissional e financeiro. Por isso o texto em 3 João 2 ARC postula: "Amado, desejo que te vá bem em todas as coisas e que tenhas saúde, assim como bem vai a tua alma." A oração é de fato um investimento que fazemos no nosso espírito que tem um peso de glória imensurável, inimaginável e determinante para o nosso bem aqui na terra e para eternidade.

Capítulo I

Porque devemos orar?

A resposta à esta questão leva-nos de volta ao princípio de todas as coisas. Desde o princípio, Deus sempre quis ter comunhão com o homem que havia criado. O próprio projeto da criação do universo e a ordem na qual todas as coisas sobre a terra foram criadas, já era um prenúncio do desejo mais profundo de Deus Pai ter comunhão com o homem. Por isso, o homem foi o último a ser criado e, consequentemente, tornou-se a coroa da criação, uma obra-prima do Deus todo-poderoso. Vemos a satisfação de Deus no fato de que, após tê-lo criado, descansou da obra da criação. Não descansou porque estava cansado, mas porque já tinha terminado o seu projeto, a obra da criação e já existia um administrador, um rei na terra – o homem. A Escritura diz: "Que é o homem para que dele te lembres? Ou o filho do homem para que o visites? Tu o fizeste um pouco menor do que os anjos, de glória e de honra o coroaste e o constituíste sobre as obras das tuas mãos" (Hebreus 2:6-7 ARC).

Compreendemos neste texto que o homem na sua criação foi coroado de glória e de honra por Deus. Ademais, Elohim sujeitou todas as coisas na terra debaixo dos seus pés. O que havia no homem de tão especial para que merecesse tanto carinho, investimento e domínio? Bem, olhemos para o texto de Genesis 1:26 ARC "E disse Deus: façamos o homem à nossa imagem, conforme à nossa semelhança, e domine sobre os peixes do mar e sobre as aves dos céus, e sobre o gado e sobre toda a terra, e sobre todo o réptil que se move sobre a terra." É aqui onde está subjacente a autoridade do homem sobre a terra e razão pela qual a oração feita por ele é indispensável para que Deus intervenha legalmente na terra.

Deus investiu a sua imagem e semelhança no homem. *Imagem* neste contexto refere-se ao caráter e *semelhança* ao *modus operandi* de Deus. Deus criou o universo por meio de palavras e deu ao homem o poder de criar por meio de palavras de fé. Mas essas palavras só serão eficazes e eficientes quando ele estiver em comunhão íntima com Deus – seu Criador. Além disso, Deus injetou o seu Espírito no homem quando soprou em suas narinas e este se tornou alma vivente.

Compreendemos neste contexto que a terra foi dada ao homem, este com corpo físico. Notou que no versículo 26 do capítulo 1 de Gênesis que acabamos de ler, que duas coisas aconteceram? Ora vejamos:

1. Deus disse na sua conferência da divindade: façamos o homem a nossa imagem e semelhança.

Quer dizer que somente o homem foi criado como uma projeção de Deus na terra. Ele partiu de Deus por isso é que Deus é chamado o Pai dos espíritos. O homem foi criado em espírito muito antes de ter o corpo físico. Nesta dimensão, ele é espírito, feito e composto da mesma substância com Deus. Por esta razão, no livro de Salmos 82:6-7 ARC, o próprio Deus diz: "Eu disse: vós sois deuses, e vós outros sois todos filhos do altíssimo. Todavia, como homens morrereis e caireis como qualquer dos príncipes." Várias têm sido as tentativas de interpretar mal este texto, porque a sua explicação, compreensão e realização vão para além da lógica humana, uma vez que implica naturalmente conceber a ideia de que o homem é uma espécie de um deus, ou mesmo, deus em miniatura. Embora muitos pregadores e teólogos tentem esquivar a explicação do óbvio, está claro que o homem transporta elementos de natureza divina – isto porque ele foi feito a imagem e semelhança de Deus.

Mas já imaginou, caro leitor, se ao nascer de novo como cidadão do reino de Deus, você tivesse a consciência de que é um deus – criado a imagem e semelhança de seu Pai Deus – o Criador do universo? Essa compreensão *epifânica* o levaria a uma pergunta: "Como é que Deus opera? Como é que eu posso imitá-lo?" Bem, note que quando Ele criou o homem, depois descansou. Porque foi que Ele terminou com o homem e depois lhe delegou toda a autoridade sobre a terra? A resposta é simples: porque o homem porta a imagem de Deus e por ter sido feito à sua semelhança, deve funcionar, agir e operar como Deus. Para que você opere como Deus, primeiro deve ter a sua natureza, isto é, a sua imagem. Deus é santo e Ele odeia o pecado. Por isso, você deve nascer de novo pela fé em Jesus Cristo e pela regeneração do Espírito Santo. Há uma assistência que é dada ao homem pelo poder do Espírito Santo que ilumina o seu espírito e possibilita o seu novo nascimento. Assim, o homem torna-se uma nova criatura – recriado em Cristo para as obras que Deus já tinha preparado para si. Infelizmente, por causa do pecado, o homem desligado de Deus, encontra-se em posição inferior a que Ele realmente lhe havia colocado. Ele perdeu o domínio que se lhe havia dado. Por isso, o texto em Hebreus 2:8-10 ARC conta "Ora, visto que lhe sujeitou todas as coisas, nada deixou que lhe não esteja sujeito. Mas agora ainda não vemos que todas as coisas lhe estejam sujeitas. Vemos, porém, coroado de glória e de honra, aquele Jesus que fora feito um pouco menor que os anjos, por causa da paixão da morte, para que pela graça de Deus, provasse a morte por todos. Porque convinha que aquele, para quem são todas as coisas e mediante quem tudo existe, trazendo muitos filhos à glória, consagrasse pelas aflições o príncipe da salvação deles."

Observamos neste texto que o homem caiu da glória, perdeu a imagem de Deus e consequentemente perdeu o domínio sobre a terra a favor do diabo e seus algozes do reino das trevas. Foi, portanto, aprazível para Deus enviar o seu Filho Jesus Cristo para que restaurasse o projeto inicial de Deus para com a terra e o homem – devolver ao homem o domínio sobre a terra que lhe tivera sido roubado pelo diabo devido ao pecado da desobediência. É por isso que, mesmo no fim de tudo, Deus criará um céu novo e uma nova terra. Por que uma nova terra? Porque o projeto de Deus nunca foi o de o homem viver eternamente no céu, mas sim na terra – gerindo e administrando-a conforme iremos ver no ponto dois.

Caro leitor, perceba isto: a vida do homem prende-se com a terra e esse plano não mudou e não mudará. Certamente que esta terra passará por causa da condenação e o diabo e todos os ímpios serão lançados no lago de fogo. Todavia, haverá uma nova terra e uma nova Jerusalém celestial que descerá dos céus para a terra, onde irão morar eternamente os santos de Deus – os que foram lavados pelo sangue do cordeiro de Deus que tira o pecado do mundo, em virtude da sua fé rendida a Jesus Cristo como seu Senhor e Salvador. Por isso, Jesus é fundamental neste projeto de Deus de resgatar o homem e restaurá-lo à sua comunhão, imagem e semelhança. É a ação do Espírito Santo que remove a corrupção do coração do homem e o regenera para ser uma nova criatura. Uma vez restaurado a imagem de Deus, é tempo de começar a demonstrar a sua semelhança, ou seja, operar como Deus. Como é que Deus opera? Ele opera por meio da sua palavra e do seu Espírito. Deus fala e o Espírito cria. Logo, cada vez que fala, realidades são criadas. Foi assim que todo o universo foi criado. Como homem, foi e tem o poder da palavra – com a sua língua, você consegue chamar coisas à existência. Para o efeito, você precisa de ter fé em Deus. Como Jesus disse em Marcos 11:22-23 ARC: "Tende fé em Deus. Porque em verdade vos digo que qualquer que disser a este monte: Ergue-te e lança-te no mar e não duvidar em seu coração, mas crer que se fará o que diz, tudo o que disser lhe será feito." Ó glória! Já imaginou atingir este estágio, em que tudo o que você quiser conceber em seu coração, só por crer e dizer, logo acontece? Mas foi isto que fez com que Deus descansasse da obra da criação. O Senhor já tivera (ou houvera) feito um homem parecido com Ele, que podia fazer na terra as mesmas coisas que Ele fazia a partir dos céus – não a totalidade delas obviamente porque Deus é onipotente, onipresente e onisciente, mas sim falar e milagres acontecerem. Esta faculdade está disponível para você hoje; por isso, deve ter comunhão com Deus.

O texto de Provérbios 18:21 ARC diz que "A morte e a vida estão no poder da língua; e aquele que a ama comerá do seu fruto." Já imaginou o que você poderia fazer com a sua língua? Se as árvores, a vegetação, os peixes, os mares e as aves foram criados por meio de uma palavra de ordem criativa de Deus e este mesmo Deus lhe deu autoridade para também falar e coisas acontecerem! Chamamos isto de milagres porque não te2m explicação científica ou lógico-racional. Devia ser algo normal para nós diariamente porque fomos feitos a imagem e semelhança de Deus.

Jesus amaldiçoou uma figueira e ela secou. Com uma palavra de ordem acalmou os ventos e as ondas e houve bonança. Você também pode exercer este tipo de autoridade e domínio sobre a terra – mas para o efeito, deve ter e estar em comunhão com Deus.

Em resumo, compreendemos neste caso que Deus investiu a sua imagem e semelhança no homem. Deus é Espírito e o homem também é espírito e espíritos não são como matéria que se decompõe e desaparece, definitivamente ou se forma em outros estados. Pelo contrário, o espírito do homem é eterno e viverá eternamente na nova Jerusalém celestial aqui na terra, se aceitou o senhorio de Jesus e se arrependeu dos seus pecados; ou viverá em castigo eterno no lago do fogo juntamente com o diabo, a besta e o falso profeta, se não tiver nascido de novo, como postulam as Escrituras (Apocalipse 20:11-15). Ora, independentemente de o homem ter sido criado à imagem e semelhança de Deus, foi-lhe dado algo mais por Deus.

2. Deus deu-lhe domínio sobre toda a terra e tudo que há nela.

Observe novamente este texto: "...e domine sobre os peixes do mar e sobre as aves dos céus, e sobre o gado e sobre toda a terra, e sobre todo o réptil que se move sobre a terra." Porque Deus é um Rei com o seu trono instalado no céu, igualmente estendeu o seu reino na terra por meio do homem que tinha criado – criado espírito semelhante com Deus e à sua imagem. É aqui onde temos o segredo de tudo: o homem, criado em espírito e com domínio, somente tinha de exercer esta autoridade governamental e real na terra sob uma condição: ter um corpo físico. Assim, o corpo dava ao homem legalidade sobre a terra. Sem o corpo físico, nenhum espírito tem essa legalidade. Para compreender a implicação deste decreto de Deus, Ele mesmo teve de se sujeitar a este princípio que tivera estabelecido. Por isso, Jesus se encarnou e se fez homem com corpo físico para poder salvar o Homem, morrendo por nós na cruz e derramando o seu precioso sangue para a remissão e expiação dos nossos pecados. Somente como Homem, a sua morte e sacrifício poderiam ser aceites a nosso favor – mas sem pecado, feito pecado por nossa causa. A Escritura, em Genesis 2:7, afirma que Deus fez o homem do pó da terra e soprou em suas narinas o fôlego de vida e o homem se tornou alma vivente. Neste estado, ele já podia exercer domínio sobre toda a terra em comunhão com Deus seu Criador. Por isso é que a Escritura diz que os céus pertencem ao Senhor, mas a terra deu-a aos filhos dos homens.

Já que foi dada ao homem, com corpo físico para que a dominasse, a oração se torna necessária. É por essa razão que temos de orar, pois, só desta forma se estabelece contato entre o céu e a terra de modo que a vontade de Deus seja feita na terra como no céu. O plano de Deus é que o céu colonize a terra com a sua vontade, cultura e propósitos, de modo que os homens na terra tenham acesso à paz, saúde, vida e alegria que há no reino dos céus. É por meio da oração que o homem tem acesso às bênçãos e glórias que há no céu. Este não vai invadir a terra e forçar a sua vontade sem que alguém ore. A Escritura diz: "Porém, o rei Ezequias e o profeta Isaías, filho de Amoz, oraram por causa disso e clamaram ao céu" (2 Crónicas 32:20 ARC). Eles estavam a sofrer ameaças do rei da Assíria – Senaquerib, mas quando clamaram ao céu – Deus enviou um anjo que exterminou 185 mil e livrou a Ezequias e os moradores de Jerusalém da mão de Senaquerib. Notou que a Escritura não diz que clamaram aos "céus," mas ao "céu?" Por que? Porque é lá onde está o trono de Deus. Agora, podemos ter acesso a todas as bênçãos e glórias que estão lá por meio da oração. Um anjo foi enviado do céu para resolver um problema que o povo de Deus enfrentava na terra. Contudo, esta intervenção angelical foi resultado da oração de dois homens que estavam na terra. Isso leva-nos a considerar algumas definições da oração.

Capítulo II

O que é oração?

O conceito da oração é muito extensivo, abarcando várias definições interconectadas entre si, mas que tem como elemento comum a comunicação entre Deus e o homem. Ora, vejamos algumas das definições da oração.

Oração é a legalidade que o homem dá a Deus para que Ele intervenha nos assuntos da terra.

Alguém pode perguntar: "Com que base pode o homem dar a Deus direito legal d'Ele intervir nos assuntos da terra?" Bem, a resposta está no texto de Gênesis 1:26 ARC: "Façamos o homem a nossa imagem, conforme a nossa semelhança, e domine sobre os peixes do mar e sobre as aves dos céus, e sobre o gado e sobre toda a terra, e sobre todo o réptil que se move sobre a terra." Isto é mais do que um desejo da parte de Deus, é um mandato – o mandato dado ao homem sobre toda a terra. Isto quer dizer que a terra foi dada ao homem e não aos anjos nem ao diabo. Na verdade, o projeto de Deus para com o homem está intrinsecamente ligado à terra. Esta é uma das razões pelas quais Deus fará um novo céu e uma terra. Conforme referi nas linhas anteriores, o homem foi criado para ser uma espécie de um deus sobre a terra. A terra é uma extensão física do reino espiritual de Deus. Por isso lemos: "No princípio criou Deus os céus e a terra." Estes dois territórios foram criados para estarem intrinsecamente interligados.

A terra depende do céu para ter paz, saúde e alegria. A desgraça que se vive na terra hoje é resultado da rebelião do homem, em virtude de ele se ter desligado da sua fonte de vida – Deus. A terra seria, portanto, um território físico administrado por espíritos humanos revestidos de um corpo físico-humano que lhe dava legalidade sobre a mesma. Por outro lado, o céu seria um território espiritual onde estivesse o trono de Deus, os seres com corpo -mas não corpo físico – corpos celestes. Neste sentido, a gestão de toda a terra tinha sido completamente dada ao homem por Deus e nenhum ser espiritual ou celestial tinha direito legal de intervir ou interferir na a terra sem a permissão do homem, estabelecendo Deus assim um princípio: nenhum espírito é legal na terra sem a permissão do homem.

Quatro momentos marcantes na história da terra

Ora vejamos quatro momentos marcantes na história da terra:

1. A terra sob o domínio de Adão e a sua descendência.

Enquanto Adão tivesse comunhão com Deus, fosse obediente a voz de Deus que o visitava ao final do dia, tudo lhe ia bem – espírito, alma e corpo. Ele experimentava na terra as mesmas glórias que existem no céu. Ademais, era feita na terra a vontade de Deus assim como no céu. Não havia doenças, maldições, miséria nem pobreza. Por isso é que a Escritura diz: "E viu Deus que tudo era bom." O homem não sabia o que era o mal. Note que até satanás já existia e ele obviamente assistiu/soube da criação do homem – o homem que devia dominar sobre a terra e sobre tudo que move ou se move sobre ela. As maldições e a opressão do diabo não eram possíveis sobre Adão e Eva e não o deviam ser também para os seus descendentes, o que o inclui a você, prezado leitor e a mim também. Não era para vivermos num mundo de tanta criminalidade, medo e terror aos quais a humanidade está sujeita hoje. O opressor do homem, o diabo, era tão real quanto o é hoje e era igualmente mau e odioso do homem assim como o é hoje. Ele queria fazer mal ao homem assim como o quer ainda hoje. A diferença é que naquele tempo havia uma vedação – ele não tinha permissão legal sobre o homem. Queria fazer-lhe mal, mas não podia. Havia uma larga separação entre o querer do diabo e o seu poder sobre o homem. A comunhão do homem com Deus era o escudo de proteção que tinha contra o diabo. Ele recebia da parte de Deus as glórias dos céus com as quais impactava a terra.

2. A terra sob o domínio do diabo – a interferência diabólica.

A Escritura refere-se ao diabo como o deus desta era, ou seja, deste mundo. Jesus disse: "Já não falarei muito convosco, porque se aproxima o príncipe deste mundo, e nada tem em mim" (João 14:30 ARC). A palavra "mundo" aqui empregue vem do grego *"kosmos"* e literalmente significa "arranjo, arrumação". Por extensão, significa sistemas ou a forma como o mundo está organizado e funciona. Desde que o homem se rebelou contra Deus, satanás usurpou dele a autoridade – o direito legal – que tinha sobre a terra. Desde o pecado de Adão e Eva, pelo qual foram expulsos do jardim do Éden – da presença de Deus, satanás tornou-se o príncipe deste mundo. Muitos pregadores, de forma lacónica, usam a expressão "queda do homem" ou "queda de Adão" nas suas pregações. Mas já parou para pensar: de onde é que ele caiu, se quando pecou, estava na terra? A propósito, após o seu pecado de desobediência ao mandamento de Deus de não comerem do fruto da árvore da ciência do bem e do mal, Adão e Eva esconderam-se entre as árvores do jardim vestidos de folhas de figueira. "Adão, onde estás?"

Assim se fazia ecoar a voz que, ao cair do dia, vinha visitar o homem e ter comunhão com ele. A resposta foi: "Ouvi a tua voz a passear no jardim e me escondi porque estou nu." Reparou que ele não caiu do céu para a terra como um raio ou uma estrela? De onde veio então a noção da "queda do homem?" Bem, ele caiu de uma posição – posição de influência e de domínio. Literalmente, ele perdeu o domínio sobre a terra e assim perdeu os privilégios que usufruía com o mandato que Deus tivera dado: "Que domine sobre toda a terra." Ele caiu do domínio, do poder que tinha sobre a terra. Desde então, tornou-se alienado da própria terra na qual devia viver e dominar.

Lembre-se das palavras do salmista: "que é o homem para dele te lembres? De glória e de honra o coroaste, e o constituíste sobre as obras das tuas mãos." O escritor de Hebreus vinca: "Mas, agora, ainda não vemos que todas as coisas lhe estejam sujeitas; vemos, porém, coroado de glória e de honra aquele Jesus que fora feito um pouco menor do que os anjos, por causa da paixão da morte, para que, pela graça de Deus, provasse a morte por todos" (Hebreus 2:8-9 ARC). O homem perdeu completamente o domínio sobre a terra e relegou este domínio ao diabo. Lembra-se das palavras do diabo quando tentava a Jesus no deserto? Observe esta Escritura: "Novamente o transportou o diabo a um monte muito alto, e mostrou-lhe todos os reinos do mundo e a glória deles" (Mateus 4:8 ARC).

Compreende duas coisas aqui:

1. Jesus está em Jerusalém, capital de Israel, a então cidade do rei Davi. Israel é a nação escolhida por Deus. Por isso que até hoje é chamada "terra santa". A palavra *santo* significa "separado."

Quando Deus tirou o povo de Israel do Egito, Ele nunca quis que eles fossem governados pelas leis deste mundo ou por outras nações, seguindo o modelo dos sistemas deste mundo, porque estavam todos entregues a influência do diabo, devido a queda do homem. É por isso que a única constituição que Deus lhes deu para que regesse esta nação santa eram os seus Dez Mandamentos e outras leis civis e cerimoniais que Moisés tinha levado de Deus para o povo. Deus era o Rei deles, que de dia e de noite andava com eles, protegia-os, curava-os, guardava-os todos os dias da antiguidade (Isaías 63:7-9). Mas eles entristeceram o seu Espírito Santo, pediram que lhes fosse dado um rei à semelhança dos outros reinos sobre os quais o diabo tinha influência, conforme veremos logo nas linhas a seguir. Foi daí que Deus lhes deu Saúl, o rei Davi e muitos outros. Mas mesmo assim, Israel continuava sendo uma nação monoteísta - adorava a um único Deus conforme os profetas apelavam, embora de vez em quando o povo de Deus se rebelava contra Ele, adorando a outros deuses e sendo, por causa disso, castigados com os cativeiros em Babilónia até ao império romano.

Jesus nasce numa altura em que Israel era uma colónia do império romano. Apesar disso, a vida do povo de Israel no que tange a sua organização social, cultural e governamental não estava desligada de Deus. Eles deviam ser governados por meio dos mandamentos de Deus, não devia haver uma dissociação entre a vida social, política e económica da influência do *Torá* - dos mandamentos de Deus.

Hoje é diferente. A religião, por assim dizer, não tem nenhuma interferência sobre a vida económica, social e política das nações do mundo. Naquela altura, o Judaísmo não era algo praticado, mas sim uma forma de viver. O nosso cristianismo não devia ser algo dissociado de todos os aspetos das nossas vidas. Infelizmente, para muitos, a sua comunhão com Deus termina quando saem do culto na igreja e vivem para o mundo agradando ao diabo de segunda a sexta-feira e só se lembram de Deus aos sábados e domingos. Por isso, há muita hipocrisia e histeria no seio de muitas comunidades cristãs. Israel foi a porta pela qual o Messias veio a terra para salvar a humanidade. Portanto, Israel continua separado do mundo para Deus — como povo previamente escolhido. Por isso, Jesus disse à mulher samaritana que a salvação vem dos Judeus (João 4).

O ponto que quero que compreenda aqui é que Israel, apesar de estar nessa altura sob o domínio do império romano, continua a ser a nação de Deus — o povo escolhido. Eles são os descendentes físicos e biológicos — sob ponto de vista natural de Abraão. E a Abraão, Deus havia prometido uma semente que iria salvar o mundo — semente com que seriam benditas todas as nações do mundo. Então, entenda aqui que mesmo estando sob o governo do império romano, eles não estavam sujeitos ao diabo como o restante das nações, eram a nação santa. Santa no sentido de ter sido separada para Deus e por Deus, para os seus propósitos de abençoar e salvar as nações da terra. Não se esqueça que os primeiros 12 apóstolos de Jesus Cristo eram judeus, inclusive Paulo e Barnabé. Paulo foi o apóstolo aos gentios — a nós que não somos descendentes biológicos de Abraão, mas somos filhos dele pela fé em Cristo Jesus (Gálatas 3:27-28). Fomos enxertados nele como zambujeiros, para nos beneficiarmos da graça salvadora (Tito 2:14-15). Por isso, o Salvador da humanidade — Jesus Cristo — seria do ponto de vista natural, descendente de Abraão e filho do rei Davi.

2. O versículo 8b de Mateus 4 diz: "...e mostrou-lhe todos os reinos do mundo e a glória deles." Observe o uso da palavra "Todos." "Todos" quê? A resposta é óbvia: "os reinos." *Reinos* aqui referem-se aos governos — aos territórios habitados por seres humanos, cujo sistema de governação não tinha nada a ver com o Deus Criador dos céus e da terra. Note a descrição que Mateus nos dá: "reinos do mundo."

Não diz da terra, mas do mundo. Lembre-se que satanás era descrito como o príncipe deste mundo – deste *kosmos*- dos sistemas que procuram remover Deus da vida social, política, cultural e económica dos seres humanos. Neste caso, todas as nações, com a exceção de Israel, tinham sido dadas ao diabo. Ele mesmo o afirmou e Jesus não contestou, pois em João 14:30 afirmou que satanás era o príncipe deste mundo. Já parou para notar que o mundo está a ir numa direção onde os valores da família e a liberdade de adorar a Deus estão cada vez mais a ser restringidos? Leis e decretos são feitos para restringir a pregação do evangelho em muitas partes do mundo. Isto não é novo.

Paulo já dizia aos irmãos da Igreja em Tessalónica: "Rogai por nós para que a palavra de Deus tenha livre curso e seja glorificada como também o é entre vós; e para que sejamos livres de homens dissolutos e maus; porque a fé não é de todos" (2 Tessalonicenses 3:1-2 ARC). Há muitos que desejavam que a igreja não existisse mais e que não houvesse cultos. Há muitos que, movidos pelo diabo, têm ódio e inveja de ver dezenas, centenas e até milhares de fiéis reunidos a ouvir a palavra de Deus e farão de tudo para travar o progresso da igreja – mas graças a Deus, os portões do inferno não prevalecerão contra a igreja. Por isso, como filhos de Deus, devemos orar.. Milhares de pessoas se podem reunir para verem ao vivo uma partida de futebol, basquetebol ou mesmo atletas a correrem em grandes pistas dos maiores estádios do mundo – isso é louvável. Todavia, quando o assunto tem que ver com pessoas reunidas para ouvir a palavra de Deus, orar e adorar a Deus, já é uma ofensa e um escândalo para os que não tem fé em Deus. Um bruxo pode praticar a sua superstição numa palhota e muitos a visitarem, mas as igrejas são vistas como uma ameaça. Mas que ameaça, se é a igreja que, por causa das orações dos santos, protege a terra e a humanidade de ser completamente aniquilada pelo diabo? A razão é simples: satanás é o deus deste século – deste mundo. Mateus narra que satanás mostrou a Jesus, não só todos os reinos do mundo, como também as suas glórias. Viu por que é que alguém pode fazer pacto com o diabo para enriquecer até ao ponto de sacrificar seus filhos ou irmãos por causa da ganância? O diabo aparentemente dá essas riquezas de miragem, mas depois cobra com outra mão – atormentando e afligindo estas pessoas e suas gerações com vários tipos de males, doenças, azares e bloqueios na vida sentimental e outras áreas.

Caro leitor, o que quero que compreenda aqui é que a satanás lhe foram dadas todas as nações do mundo com a exceção de Israel. Observe as palavras do diabo: "Tudo isto te darei, se, prostrado, me adorares." Ele sempre quis ser adorado. Foi ele que incitou o rei Nabucodonosor para mandar erguer uma estátua de ouro para que fosse adorada. Graças a Deus, Abednego, Mesaque e Sadraque, que conheciam o seu verdadeiro Deus, não dobraram os seus joelhos perante a estátua e o Deus de Israel os livrou da fornalha acesa por causa da sua fidelidade, obediência e fé n'Ele.

Satanás promete a Jesus que lhe daria tudo (os reinos do mundo e as suas glórias). Você só pode dar aquilo que está sob o seu controlo. Um pregador uma vez disse: "O diabo estava a mentir para Jesus que lhe daria tudo porque ele não tem nada." Bem, isto revela uma ignorância no que tange ao conhecimento e interpretação das Escrituras. A propósito, Jesus não disse neste contexto que o diabo estava a mentir. Veja como Lucas narra o mesmo cenário, ao citar as palavras do diabo: "Dar-te-ei a ti todo este poder e a sua glória, porque a mim me foi entregue, e dou-o a quem quero" (Lucas 4:6 ARC).

A questão é: quem deu ao diabo todo este poder e glória? Bem, antes de responder à esta questão, temos de fazer outra contra questão: de quem era este poder e autoridade e glória sobre os reinos do mundo?" A resposta já a lemos em Hebreus 2:6-7 ARC "Que é o homem, para que dele te lembres? Ou o filho do homem, para que o visites? Tu o fizeste um pouco menor do que os anjos, de glória e de honra o coroaste e o constituíste sobre as obras de tuas mãos." Tudo isto pertencia a Adão – ao homem.

Agora, vamos responder à primeira questão: quem deu ao diabo todo este poder e glória? O homem -Adão. Quando? Quando pecou contra Deus. Por isso falamos da queda do homem. Se ele caiu, então alguém ocupou o seu lugar na terra. Por isso o escritor de Hebreus retruca: "Mas, agora, ainda não vemos que todas as coisas lhe estejam sujeitas" (Hebreus 2:8 ARC). Porquê? Porque ele relegou esta autoridade ao diabo.

Os apóstolos de Jesus tinham esta compreensão. Por isso é que Paulo também se referiu ao diabo como "o deus deste século, o príncipe dos poderes do ar". Ele governa sobre as pessoas desligadas de Deus e influencia as mentes dos seres humanos a partir dos ares. Por isso Paulo afirmou que estamos em guerra contra os príncipes das trevas deste século, contra as hostes espirituais da maldade. São eles que tomaram o controlo do mundo e o afligem com guerras, acidentes, misérias e todo o tipo de males. Ele cegou as mentes dos incrédulos para que não vejam a luz da glória do evangelho de Cristo. De aí a necessidade de orar sempre. Porque oração é trabalho – orar sem cessar.

As orações devem subir a Deus cada segundo que passa. Se o homem não se arrepender e voltar-se para Deus mediante a fé em Cristo, nunca experimentará a paz e a alegria verdadeiras aqui na terra. Até hoje, o diabo interfere negativamente nas vidas dos seres humanos – nos seus lares, casamentos, empregos, negócios, famílias e saúde. O que ele quer primariamente é: roubar, destruir e matar. E por fim, levar o homem à perdição e ao fogo eterno por meio de prazeres e enganos fraudulentos.

Caro leitor, não deixe de orar pelo seu país, nação e família. Quebre a influência do diabo sob as esferas de tomada de decisões a todos os níveis da vida social humana.

3. A terra sob a autoridade de Cristo: a intervenção de Deus na terra.

Caro leitor, até aqui temos estado a falar da autoridade que foi dada ao homem sobre a terra. Vimos como o diabo lha roubou e como ele montou o seu reino das trevas, controlando ou influenciando os governos e os povos das nações do mundo. Adão não vigiou, e por isso, perdeu a autoridade para o diabo – inimigo do homem. Uma vez que a terra foi dada ao homem, vemos que o princípio que lemos anteriormente: "nenhum espírito tem legalidade/direito na terra sem a permissão de um corpo físico inerente à terra" tem sido obedecido pelo diabo. Ele precisou de entrar numa serpente para poder ter uma base legal de interagir com Eva e seduzi-la a levar o marido à desobediência da palavra de Deus. A autoridade com a qual o diabo se vem sentindo à vontade nas suas incursões contra a humanidade na terra, ele roubou-a do homem- usurpando-a por causa do pecado.

Face ao exposto, podemos perceber também que até o próprio Deus, Criador do universo, decidiu seguir este princípio que Ele mesmo estabelecera. Ele é soberano – no sentido de que age por sua livre vontade e domina sem que seja coagido pelo homem. Contudo, a sua soberania está ligada à sua palavra. Ele não pode violar a sua palavra. Nos salmos lemos que Ele exaltou a sua palavra acima do seu nome. *Nome* significa, neste contexto, "caráter." Por isso, para resgatar o homem, Jesus se encarnou. Ele obedeceu a este princípio para vir ao mundo. Não teve pai biológico pois Maria concebeu do Espírito Santo. "Que de ti há de nascer será chamado Filho de Deus" (Lucas 1:35 ARC). A Escritura afirma: "Quem é que vence o mundo, senão aquele que crê que Jesus é o Filho de Deus? Este é aquele que veio por água e por sangue (ser humano), isto é, Jesus Cristo; não só por água, mas por água e por sangue. E o Espírito é o que testifica, porque o Espírito é a verdade" (1 João 5:5-6 ARC). Noutra parte, João já havia argumentado: "Nisto conhecereis o Espírito de Deus: Todo o espírito que confessa que Jesus Cristo veio em carne é de Deus" (1 João 4:2 ARC).

O que se pode denotar aqui? Que Jesus se encarnou para poder morrer na cruz por nós. Ele morreu como homem – no lugar de todos os homens – para que, por meio do seu sacrifício, fôssemos salvos e restaurados a comunhão com o Deus Pai e assim ganharmos de volta a autoridade perdida. "Porque o Filho do Homem veio buscar e salvar o que se havia perdido" (Lucas 19:10 ARC). Notou aqui que não diz "quem se havia perdido," mas "o que se havia perdido?" Isto refere-se à autoridade. Que autoridade? A autoridade que satanás tinha usurpado do homem quando Adão pecou. É um fato que Jesus veio para salvar o homem perdido. Mas importa notar também que Ele veio para lhe restaurar a posição de autoridade, para que tenha domínio sobre a terra e sobre as circunstâncias deste mundo. Para o efeito, Jesus teve que, pela sua morte, aniquilar o que tinha o império da morte – isto é, o diabo e livrar todos os que, por medo da morte, estavam por toda a vida sujeitos ao diabo (Hebreus 4:12-16). Ele não levou a semente dos anjos, isto é, não veio em forma espiritual, mas tomou a natureza dos filhos de Abraão - natureza "carne e sangue" - espírito com uma forma humana. Para que, ao morrer na cruz, fosse como se todos nós tivéssemos morrido também. É isto que representa o batismo nas águas: "morte, sepultura e ressurreição com Jesus" (Romanos 6:1-4; Colossenses 2:15). É fácil compreender isto, observando a seguinte escritura: "E o Verbo (a palavra) se fez carne e habitou entre nós, e vimos a sua glória como a glória do Unigénito do Pai, cheio de graça e de verdade" (João 1:14 ARC).

Pela sua morte da cruz, Jesus derrotou eternamente o diabo, paralisou-o e devolveu a autoridade a nós que cremos n'Ele – a sua igreja. A Escritura afirma que Ele despojou principados e potestades, e deles triunfou na cruz (Colossenses 2:15). Jesus desarmou o diabo e completa e eternamente o neutralizou. Por isso, houve alegria no céu quando Ele apresentou o seu sangue ao santuário eterno de Deus Pai. Ele pagou o preço total para que toda a humanidade fosse livre do pecado, da morte, das enfermidades e das misérias – contanto que creiam n'Ele e o aceitem como Senhor e Salvador. Por isso, a Escritura diz: "Se com a tua boca confessares ao Senhor Jesus e em teu coração creres que Deus o ressuscitou dentre os mortos, serás salvo" (Romanos 10:9 ARC). O direito – a legalidade do diabo sobre a terra foi quebrada por Jesus e a vitória dada aos crentes pelo sangue de Cristo. "E eles o venceram pelo sangue do Cordeiro e pela palavra do seu testemunho" (Apocalipse 12:11 ARC).

Estimado leitor, compreenda que tudo que Jesus fez como milagres e obras extraordinárias, não os fez como Deus, mas sim como Homem dependente do Espírito Santo.

Ele era cem por cento Deus e cem por cento Homem. Paulo diz que Jesus deixou de lado a sua glória com o Pai, esvaziou-se a si mesmo e achado na forma de homem, se humilhou a si mesmo, assumindo a forma de servo, sendo obediente até à morte. E morte pela cruz, pelo que Deus o exaltou soberanamente e lhe deu um nome que é sobre todo o nome, para que ao nome de Jesus se dobre todo o joelho dos que estão no céu, dos que estão na terra, e debaixo da terra, e toda a língua confesse que Jesus Cristo é o Senhor para a glória de Deus Pai (Filipenses 2:5-9). Jesus Cristo é o Senhor.

4. A autoridade sobre a terra devolvida ao homem: a era da igreja.

No texto de Mateus 16:18-19 ARC, Jesus declara para Simão (Pedro): "Tu és Pedro e sobre esta pedra edificarei a minha igreja e as portas do inferno não prevalecerão contra ela. E eu te darei as chaves do reino dos céus, e tudo o que ligares na terra será ligado nos céus e o que desligares na terra será desligado nos céus."

Jesus delegou toda a sua autoridade à igreja – a você e a mim que cremos n'Ele. Antes do arrebatamento, o diabo não poderá passear a sua classe porque nós temos o poder de neutralizá-lo. Por que? Porque temos a autoridade restaurada a nós. Isto é algo eufórico e glorioso para nós. Os portões do inferno não prevalecerão contra a igreja de Cristo. É uma igreja cheia do Espírito Santo, de poder e manifesta o caráter do Espírito de Deus na terra, fazendo prevalecer a vontade de Deus nas esferas dos homens.

Observe o texto em Mateus 28:18 ARC: "É me dado todo o poder no céu e na terra." Glória a Deus nas alturas por Jesus Cristo! Ele conquistou a vitória por nós. A palavra "Poder" aqui vem do grego "*Exousia*" e significa pode para governar – para reinar no céu e na terra. O diabo tem zero poderes e Jesus conquistou todo o poder. O que foi que Ele fez com esse poder? Outorgou-o à igreja. Os versículos 19 e 20 atestam a esse fato: "Portanto, ide, ensinai todas as nações, batizando-as em nome do Pai, e do Filho, e do Espírito Santo; ensinando-as a guardar todas as coisas que eu vos tenho mandado; e eis que eu estou convosco todos os dias, até a consumação dos séculos."

Prezado leitor, o que fará com esse poder? Receba-o agora e comece desde já a exercê-lo conscientemente. Assim, você deve orar.

Voltemos ao princípio. A terra foi dada ao homem com corpo físico e nenhum espírito tem legalidade sem um corpo físico.

Compreende agora? Orar é dar a Deus direito legal de intervir nos assuntos deste planeta.

Muita gente comumente diz: "Se Deus é amor e existe, por que é que existem tantos males na terra? Por que é que Ele não faz nada para mudar o mal que se vive na terra hoje?" Esta é uma pergunta ignorante. Mas bem, a resposta é simples: porque Ele deu a terra ao homem e se ele não orar, nada vai mudar e nada vai acontecer.

Você tem autoridade. Ore com autoridade.

Deus pode ver o mal que está para acontecer na terra, no bairro, na cidade ou no país onde você vive, caro leitor. Contudo, Ele não poderá fazer nada até que alguém na terra ore. Temos dois exemplos típicos no Novo Testamento:

Em Atos 5:17-21, os apóstolos são presos por pregar o evangelho e curar os enfermos. São encarcerados numa prisão pública. Porque nesta altura, a igreja ainda era bebé, eles não oraram. Mesmo assim, Deus enviou um anjo que, abrindo as portas da prisão, os tirou para fora, ilesos. Eles ficaram a dormir na sombra da bananeira – sem nada fazer – pensando que Deus faria assim sempre.

Em Atos 12:1, Tiago é preso a mando do rei Herodes e é executado a fio da espada. Herodes prosseguiu e mandou prender Pedro, querendo fazer com ele a mesma coisa. Mas desta vez, a igreja já tinha acordado para a sua responsabilidade de orar. O versículo 5 diz que a igreja fazia contínua oração a Deus por Pedro até que o Senhor enviou um anjo que o livrou da prisão e dos planos malignos de Herodes. Por que é que o anjo do Senhor não veio socorrer a Tiago, antes o deixou morrer? Porque a Igreja não orou. E por que é que o mesmo desceu e livrou a Pedro? Simples: porque esses oraram.

Compreenda isto prezado leitor: quando oramos a Deus, damos-lhe permissão para que Ele pare os acidentes, trave as guerras, cancele o mal e reverta todos os planos malignos do diabo contra nós.

Estou a escrever este capítulo a bordo do avião da TAP Portugal, saindo de Lisboa, Portugal para Maputo, Moçambique, depois das missões que fizemos naquele país lusófono no Superbock Arena. O voo descolou às 19h50 e, quando eram sensivelmente 21h30, passamos por uma longa zona turbulenta que os assistentes de bordo tiveram de parar de servir as refeições devido aos movimentos desconfortáveis que o avião fazia. Até talheres e pratos começaram a cair ao chão, parecia um carro a alta velocidade passando por grandes lombas. A maior parte das pessoas estavam tão assustadas que não sabiam o que fazer senão obedecer à instrução da chefe de cabine que, com voz de conforto, dizia a todo o mundo para apertar os cintos de segurança e não se deslocar dos seus assentos. Eu estava a escrever este capítulo e a louvar a Deus no meu espírito, que tive de segurar firmemente o meu MacBook para que não caísse. De repente, o Espírito Santo palpitou no meu coração: "Esta não é uma turbulência normal, vocês acabam de voltar de uma grande missão e o diabo está furioso. Mas não há problemas, porque você tem autoridade. Todo o mundo neste voo está protegido porque você, meu filho, está aqui. Você tem autoridade para ordenar a esta turbulência para parar. Ore a partir do seu coração." Assim o fiz, com voz surdina, em meio ao espanto e desespero de muitos, comecei a orar, do fundo do meu coração: "Pai, proteja toda a gente neste avião e não deixe que algo de mal aconteça, em nome de Jesus." Depois ordenei: "Satanás, em nome de Jesus, tira as tuas mãos deste avião agora, em nome de Jesus." Logo de seguida, a situação serenou e tudo voltou a normalidade. Agora, estamos a fazer uma ótima viagem e eu estou aqui vigiando em oração, com fé em Jesus e descanso no meu espírito. Jesus Cristo é o mesmo, ontem e hoje e eternamente. São 00:34 agora, conforme regista o meu relógio do meu telemóvel e tudo está sob controlo.

Caro leitor, não sei porque tipo ou zona de turbulência você está a passar agora no seu casamento, vida sentimental, profissional, sua saúde, vida académica, seus negócios ou estudos ou se está com dívidas que lhe roubam o sono. Pode orar agora com fé e autoridade e toda essa tempestade irá passar. Receba luz e vitória em nome de Jesus. Eu falo paz para o seu coração agora: receba paz.

Tome uns 5 minutos agora e comece a orar enquanto se prepara para ler o próximo capítulo.

Capítulo III

Como orar corretamente

Durante os seus três anos de ministério itinerante na terra de Israel, Jesus operou vários milagres de cura e de libertação e demonstrou ter total autoridade sobre as forças espirituais das trevas e sobre as forças da natureza. Expulsou muitos demónios de muitas pessoas, ressuscitou mortos, curou enfermos de várias enfermidades e acalmou tempestades e ondas. Os seus discípulos observavam isto de perto e vivenciaram vários desses gloriosos momentos onde o sobrenatural dominava e controlava o natural, causando milagres, isto é, fenómenos sem explicação lógico-racional. Eles vivenciaram momentos em que destinos eram alterados e situações tidas como impossíveis se tornavam possíveis diante do poder que Jesus demonstrava. É óbvio que, sendo discípulos de Jesus, a maioria dos ministros do evangelho e de crentes atuais pediriam a Jesus para que lhes ensinasse a curar enfermos e a expulsar demónios, tal como o Mestre fazia. Contudo, não era isto que impressionava os discípulos, embora fossem fascinados pelos milagres. Era a fonte deste poder que parecia lhes interessar.

Eles observavam quando, de madrugada, Jesus acordava e ia a um lugar deserto e orava (Marcos 1:35). Saindo desse lugar de oração, ia ministrar com tamanha facilidade. Com uma simples palavra ordenava aos espíritos imundos que saíssem e eles obedeciam. Com um simples toque purificava o leproso. Claro que eles o tinham visto subir ao monte de noite para orar, enquanto iam remando no barco, atravessando para o outro lado do lago. De repente, Ele aparece a caminhar sobre as águas naturalmente, como se estivesse a pisar em terra firme. De novo e surpreendentemente, o veem falar com o vento e com as ondas e estes lhe obedecem.

Certamente que ficaram interessados com uma coisa: a forma como Ele orava. Por isso, lhe pediram apenas uma coisa: "Mestre, ensina-nos a orar, como João ensinou aos seus discípulos a orar." Alguns deles tinham sido discípulos de João e sabiam que ele orava e os fariseus oravam, mas havia uma grande diferença – as orações de Jesus tinham resultados imediatos, visíveis, concretos e tangíveis. Eles também queriam ver isto acontecer nas suas vidas, por isso pediram que lhes ensinasse a orar.

Muitas vezes, o conceito de oração não tem merecido muita atenção e embora haja várias pregações sobre ele, parece que ainda é um tema inesgotável. Isto acontece porque nascemos a ouvir pessoas a orar, poucas horas e outras longas horas, mas sem nenhum resultado palpável. Neste capítulo, vou ensinar-lhe como orar e receber respostas da parte de Deus. Os discípulos de Jesus aprenderam a orar e da oração se tornaram campeões e fizeram proezas. Foi à hora nona, a da oração, que Pedro e João se dirigiam ao templo, que aquele operou o seu primeiro maior milagre, depois de Cristo ter sido elevado as alturas. "Não tenho prata nem ouro, mas o que tenho, isso te dou. Em nome de Jesus Cristo, o Nazareno, levanta-te e anda" (Atos 3:6 ARC). Com estas palavras e tomando o homem (que era coxo durante quarenta anos) pela mão direita, o levantou e o poder de Deus entrou nele e saltou de uma só vez e começou a andar normalmente.

Há poder na oração, pois é o meio pelo qual somos espiritualmente abastecidos de combustível celestial, do poder divino – a unção. Muitas vezes as pessoas se questionam por que razão Jesus orava, sendo Deus em forma humana. A resposta é simples: a oração é o meio pelo qual o homem na terra dá permissão legal a Deus de intervir nos assuntos terrenos. Deus não se moverá a favor dos humanos na terra se não há ninguém que ore. A oração é insubstituível.

Pedro reconheceu isso quando o anjo de Deus o libertou da prisão de máxima segurança onde tinha sido posto após ser sentenciado a morte e a igreja descobriu o poder da oração, intercedendo intensa e incessantemente a seu favor (Atos 12:5). Paulo compreendia tanto o poder da oração que, em vários momentos nas suas epístolas, pedia: "E rogai por nós a Deus, para que a Palavra do Senhor Jesus tenha livre curso... e para que sejamos livres de homens maus e dissolutos; porque a fé não de todos" (2 Tessalonicenses 3:1-2 ARC). A oração é indispensável para o crente, por isso os discípulos pediram: "Ensina-nos a orar." Eles queriam a fórmula desta chave-mestra.

A verdadeira oração do Senhor

No texto de Mateus 6:9 ARC, lemos: "Portanto, vós orareis assim..." Olhando para esta afirmação do Mestre, podemos compreender que Ele estava a dar uma fórmula; um princípio de como orar e não necessariamente as palavras da oração, até porque dependendo do contexto e da situação, o crente terá de fazer o tipo de oração correspondente ao assunto ou situação com que quer lidar. Ao longo de vários anos, tenho sempre ouvido em foros cristãos no fim dos cultos o ministro a dizer: "Vamos fazer a oração do Senhor: Pai nosso que estás nos céus, santificado seja o vosso nome..." Parece que este conceito de que estamos a lidar com a oração do Senhor vem sendo aceite de forma lacónica há vários séculos, porque muitos nunca se deram ao trabalho de estudar a Bíblia Sagrada por si mesmos. Por isso, repetem noções e refrões religiosos sem vida nem poder.

Apreciado leitor, compreenda isto: Mateus 6:9-13 não é a oração do Senhor, mas sim, o modelo de oração. Aqui, neste texto, o Senhor Jesus não chegou a fazer oração alguma. A verdadeira oração do Senhor encontra-se registada no texto de João, capítulo 17.

A Escritura afirma: "Jesus falou assim, e levantando os olhos ao céu disse: Pai, é chegada a hora; glorifica a teu Filho, para que também o teu Filho te glorifique a ti, assim como lhe deste poder sobre toda carne, para que dê a vida eterna a todos quantos lhe deste. E a vida eterna é esta: que conheçam a ti só por único Deus verdadeiro e a Jesus Cristo, a quem enviaste..." Nesta oração de Jesus ao Pai celestial, encontramos vários tipos e modelos de oração de que estudaremos com detalhes nos próximos capítulos. Jesus exalta e glorifica o Pai. Intercede pelos seus 12 discípulos em particular e depois intercede por todos nós, seus discípulos que iríamos crer pela mensagem destes seus primeiros discípulos. Esta é verdadeiramente uma oração inclusiva, porque Ele até orou por você e por mim. "Eu por eles; não rogo pelo mundo, mas por aqueles que me deste, porque são teus" (versículo 9 ARC).

Que oração! Que palavras! Jesus orou para que fôssemos protegidos do mal na terra, observe as suas palavras: "Não peço que os tires do mundo, mas que os livres do mal" (versículo 15). E, em gesto de amor, Jesus inclui-me a mim e a você agora numa oração feita há dois mil anos: "E não rogo somente por estes (os doze, neste caso), mas também por aqueles que pela sua palavra hão de crer em mim, para que todos seja um , como tu, ó Pai, o és em mim, e eu, em ti; que também eles (os doze, você e eu, isto é, toda a igreja) sejam um em nós; para que o mundo creia que me enviaste" (versículos 20-21). Esta foi uma oração intercessora a favor dos crentes, da igreja cuja validade se estende até aos dias que correm e serve como uma apólice de seguros contra todo o tipo de males na terra, em defesa e proteção da igreja. Não é maravilhoso saber que Jesus orou por nós há dois milénios? Claro que é! Ele começa com um tom de quem tem comunhão íntima com o Pai: "E agora, glorifica-me tu, ó Pai, junto de ti mesmo, com aquela glória que tinha contigo antes que o mundo existisse" (versículo 5).

Jesus revela-nos aqui que a oração é intimidade, comunhão com Deus. Ele sempre esteve com o Pai. Ele que se fez carne e habitou entre os humanos para salvá-los do pecado e da morte eterna e dar-nos a vida eterna. Ele sempre partilhou intimidade e comunhão com o Pai. Mas agora, em forma humana na terra, Ele teve de orar ao Pai que estava no céu, ensinando deste modo que nós também precisamos de estabelecer e manter viva esta chama de intimidade com o Pai. Ele estava cheio do Espírito Santo que já não precisava de fechar os olhos ao orar, pois mesmo com os olhos humanos abertos, via o mundo espiritual com os olhos do espírito. Por isso, levantou os olhos para os céus e viu a glória do Pai assim como Estêvão a viu em Atos 7:55. Estêvão também precisou de estar cheio do Espírito Santo. Quando você passa tempo com o Pai em oração, sempre ficará cheio do Espírito Santo. Orar é uma forma de manter constante a consciência divina e estabelecer contato permanente com os céus.

Resumindo, João capítulo 17 é onde encontramos a maior e mais longa oração de Jesus e esta é a verdadeira oração do Senhor. Portanto, não faça mais a oração de "Pai nosso..." com a ideia de que está a fazer a oração do Senhor porque não está. Este é apenas um modelo que nos deu.

É fácil compreender isto observando atentamente as palavras do Senhor: "Portanto, vós orareis <u>assim</u>." Notou aí o uso do termo "Assim?" Isto revela uma maneira, uma forma e consequentemente uma fórmula e não propriamente o que se deve dizer. Jesus quer que a oração saia do seu coração e não da sua cabeça porque memoriou alguns refrões. Não se esqueça que oração é comunhão – e para que seja uma comunhão íntima, deve sair do coração. Por isso, em oração, o poder não está em quantas horas a pessoa leva a orar, mas sim, no contato que se estabelece entre o espírito do homem e o Espírito de Deus, permitindo que os céus intervenham nos assuntos da terra.

A oração deve ser pessoal, íntima, verdadeira e que saia do coração e não de um papelinho. Nós não devíamos ler orações, mas sim "falar" orações. Não devíamos fazer rezas, mas fazer orações. Devemos conectar a nossa alma e o nosso ser - o nosso espírito - em entrega de total dependência e confiança em Deus. Foi assim que Jesus orava, segundo nos revelam as Escrituras. Observe estas palavras em Hebreus 5:7 ARC: "O qual nos dias da sua carne, oferecendo, com grande clamor e lágrimas, orações e súplicas ao que o podia livrar da morte, foi ouvido quanto ao que temia." Estas orações saem do seu espírito. Certa vez, Jesus orou até que o seu suor saiu em forma de sangue. A oração mantém o coração do homem conectado ao trono de Deus nos céus. Uma pessoa que tem intimidade com Deus é inderrotável.

Capítulo IV

Oração Modelo

Mateus 6:9 devia ser visto como o primeiro modelo de oração. E note que este modelo foi dado por Jesus aos seus discípulos que ainda estavam sob a vigência do Antigo Testamento. Ainda não havia o Novo Testamento, pois Ele ainda não tinha morrido e ressuscitado, nem o Espírito Santo tinha descido sobre os discípulos. Por isso, nenhum dos discípulos de Jesus tinha nascido de novo ainda. Eles eram homens carnais, mas apenas com fé. Esta é a razão pela qual não podiam orar nem uma hora. Dormiam sempre e os seus olhos estavam pesados de sono. Vejamos o modelo:

1. **Oramos ao Pai. "Pai nosso que estás nos céus."**

Jesus introduz aqui uma noção de oração que não era comum aos Judeus no geral nem à classe clerical de então. Para eles era inconcebível chamar Deus de "Pai." Podia-se usar outros termos *"Hashem"* - o nome, *"Adonai"* - O Senhor, mas não "Pai." Por isso lhes disse: "Vós, orareis assim." E orando assim, distinguia os discípulos de Jesus dos de Moisés e de João. A ideia era de que a entidade a quem devemos orar, embora seja poderosa, majestosa, gloriosa, milagrosa, santa, um fogo consumidor, Criador do universo (apesar de todas estas qualidades e atributos), é o nosso Pai. E sendo nosso Pai, Ele quer estabelecer intimidade e lidar connosco de forma pessoal, direta e como filhos, não como religiosos. Jesus traz uma noção de proximidade entre Deus e os homens e remove o hiato que a religião Judaica havia estabelecido de até se proibir chamá-lo pelo seu nome "Yahweh" – o Eterno, o Criador não criado, o SENHOR.

Portanto, os discípulos de Jesus teriam intimidade com o Pai ao ponto de chamá-lo "ABBA, Pai." Jesus estabelece uma noção de paternidade que antes era inconcebível: "Filhos de Deus", ao usar o termo "Pai nosso que estás no céu." Quer dizer, para além dos nossos pais biológicos, ou humanos, agora devemos saber que ao nascermos de novo, temos um Pai que está no céu – o Pai celestial que cuida de nós e vela por nós. Com este modelo, o sentimento de medo que se tinha de Deus desaparece; a distância é encurtada e a oração interliga o céu a terra sempre que o homem na terra se comunica com Deus Pai que está no céu. Há uma noção de amor e proximidade que é estabelecida por este novo modelo introduzido por Jesus.

2. "Santificado seja o teu nome."

O princípio que se estabelece aqui é de reverência, de respeito, de louvor e adoração para com o nome do Senhor e a sua personalidade. Podemos afirmar categoricamente que ao orarmos, devemos começar com louvores e adoração e não com pedidos. Esta chama-se *oração de louvor*, conforme iremos ver mais tarde nas linhas que seguem. Caro leitor, ao orar, comece por agradecer a Deus por tudo que fez por e para você. Traga à memória as boas coisas que o Senhor fez para você e quanto o tem livrado de vários laços diabólicos. Como dizia o salmista: "Bendize, ó minha alma, ao Senhor, e tudo o que há em mim bendiga o seu santo nome. Bendize, ó minha alma, ao Senhor, e não te esqueças de nenhum de seus benefícios. É ele que perdoa todas as tuas iniquidades e sara todas as tuas enfermidades; quem redime a tua vida da perdição e te coroa de benignidade e de misericórdia; quem enche a tua boca de bens, de sorte que a tua mocidade se renova como a águia" (Salmos 103:1-5 ARC).

O pano de fundo aqui é que ao começar a orar, você deve louvá-lo, adorá-lo e render-lhe graças. Muitos crentes, sempre que querem orar, começam com pedidos infindáveis: "Pai, peço emprego, casa e dinheiro em nome de Jesus." Não é mau pedir, até porque foi Ele quem disse: "Pedi e dar-se-vos-á..." (Mateus 7:7). Mas é importante que o reconheça primeiro e antes de pedir algo novo, agradeça por aquilo que Ele já fez. Por exemplo, como se sentiria como pai ou mãe se o seu filho apenas viesse sempre para pedir e nunca agradecer? Claro que continuaria dando, mas sentir-se-ia mais motivado se ele reconhecesse o que já lhe deu ou fez por ele.

3. "Venha o teu reino. Seja feita a tua vontade, tanto na terra como no céu."

Esta chama-se *oração de intercessão*. Nela, oramos para reforçar a vontade de Deus aqui na terra para que a sua paz, alegria, luz e vontade sejam feitas na terra. Olhando para o mundo ao redor, verá muita miséria e destruição. Abrindo jornais ou ligando a televisão para ver notícias, ouvirá de guerras e roubos, violência e violações, fome e pestes, doenças e calamidades naturais. Tudo isto assola e flagela os humanos e os coloca em situação de miséria. E sabemos quem está por detrás de tudo isto – satanás, o inimigo do homem. A única entidade na terra que o pode travar é a igreja. Por isso, devemos orar pelo próximo, pelos nossos familiares não salvos para que a luz do evangelho de Cristo resplandeça nos seus corações para que sejam salvos.

Devemos orar pelos nossos governantes para que governem com justiça e com o temor de Deus e que tenham sabedoria divina para resolver problemas e trazer desenvolvimento e bem-estar para os seus concidadãos. Devemos orar pela paz de Jerusalém e pela paz nos corações dos homens no mundo inteiro. Para fazer este tipo de oração, você deve ser movido de íntima compaixão e amor pelo próximo e não ser egoísta. A solução final de tudo é o reino de Deus instalado nos corações dos humanos. Por isso, devemos orar para que o reino se instale. Não para que venha porque o reino já veio e está em nós. Agora, oramos pela sua expansão.

4. "O pão nosso de cada dia dá-nos hoje."

Esta é a oração *de petição*. Aqui você pode pedir o que quiser, em particular, a provisão do Senhor. Ele é o Deus da provisão como dizia o salmista Davi: "O Senhor é o meu pastor; nada me faltará. Deitar-me faz em verdes pastos, guia-me mansamente a águas tranquilas. Refrigera a minha alma; guia-me pelas veredas de justiça por amor do seu nome" (Salmos 23.1-3 ARC). Paulo disse: "O meu Deus, segundo as suas riquezas, suprirá todas as vossas necessidades em glória, por Cristo Jesus" (Filipenses 4:19 ARC).

5. "Perdoa-nos as nossas dívidas, assim como nós perdoamos aos nossos devedores."

Bem, neste modelo, há confissão de pecados, mas a mesma é condicional. Este modelo era antes de Cristo morrer na cruz e realmente nos lavar dos pecados. Ademais, Ele não nos perdoa as nossas dívidas porque perdoamos aos que nos devem, mas sim porque nos ama. A Escritura diz em Apocalipse: "Aquele que nos ama, e em seu sangue nos lavou dos nossos pecados e nos fez reis e sacerdotes, para Deus e seu Pai... amém" (Apocalipse 1:5-6 ARC).

Nós já fomos lavados dos pecados e fomos feitos reis e sacerdotes. Como reis, declaramos o que queremos com nossas palavras, em conformidade com a vontade de Deus e as coisas acontecem. Não somos pobres, mendigando o pão nosso de cada dia, pois já buscamos o reino de Deus e todas estas coisas de comer, beber e vestir já nos foram acrescentadas. Já chegamos ao lugar de provisão "em Cristo" onde todas as necessidades são supridas. O que fazer então? Reconhecer a provisão do Senhor e agradecer pelo pão, pelo vestuário e pelo abrigo, mesmo antes de os ter fisicamente e verá a sua manifestação. Nós perdoamos os que nos ofendem porque também fomos amados sem merecer e perdoados por Cristo na cruz.

6. "E não nos induzas à tentação, mas livra-nos do mal."

Este modelo representa *o pedido de proteção*. A ideia era pedir a Deus Pai para que nos guarde de tropeçar e nos mantenha puros e limpos até à vinda de Cristo. Também que, enquanto estamos na terra, Ele nos preserve e nos livre de todo o mal. Você pode fazer este tipo de oração também e Deus estenderá o seu braço de poder para livrá-lo do mal. Judas, não Iscariote (traidor) orou pelos irmãos, quando disse: "Ora, àquele que é poderoso para vos guardar de tropeçar, e apresentar-vos irrepreensíveis, com alegria, perante a sua glória, ao único Deus, salvador nosso, por Jesus Cristo, nosso Senhor, seja glória e majestade, domínio e poder, antes de todos os séculos, agora, e para todo o sempre. Amém" (Judas 24-25 ARC).

Deus é capaz de livrar e guardar os que a Ele se rendem de espírito, corpo e alma. Deus não nos induz a tentação e nem tenta a ninguém, como Tiago disse: "Ninguém, sendo tentado diga: de Deus sou tentado; porque Deus não pode ser tentado pelo mal, e a ninguém tenta. Mas cada um é tentado, quando atraído e engodado pela sua própria concupiscência" (Tiago 1:13-14 ARC).

7. "Porque teu é o reino e o poder e a glória para sempre. Amém."

Com este modelo há um reconhecimento da grandeza, soberania e poder de Deus. Tudo começa e termina com Ele. A Ele pertence todo o reino, poder e glória. Então, o pano de fundo aqui é que, ao terminar de orar, reconheça a grandeza de Deus. Termine a oração agradecendo-lhe e louvando-o, em reconhecimento da sua majestade.

ANOTAÇÕES DO LEITOR

PARTE II

A importância da oração

TABELA DE CONTEÚDOS – PARTE II

INTRODUÇÃO 72

A importância da oração 72

CAPÍTULO I 78

O impacto da oração no espírito do homem 78

CAPÍTULO II 85

Oração – processo de recarregamento espiritual 85

CAPÍTULO III 91

Os benefícios latentes da oração 91

Subcapítulo I 91

Subcapítulo II 93

Subcapítulo III 96

Subcapítulo IV 97

Exercício 99

CAPÍTULO IV 100

Passe tempo com Deus em oração 100

ANOTAÇÕES DO LEITOR..................106

Introdução

A importância da oração

No livro de Lucas capítulo 18, Jesus fez uma parábola do dever de orar sempre e nunca desfalecer. Ele fala de uma mulher viúva que persistentemente pedia ao juiz injusto de certa cidade que lhe fizesse justiça. Ao princípio, ele ignorou-a, mas por causa da sua persistência, ele atendeu o caso dela para que não voltasse a importuná-lo mais. Com estas palavras, Jesus queria fazer os seus discípulos perceber a importância da paciência, persistência e perseverança na oração e também encorajar-nos que Deus ouve as nossas orações e de pressa irá fazer-nos justiça. É muito comum que como crentes, muitos irmãos orem a Deus acerca de um assunto que parece estar a resistir à mudança. E por causa disso, alguns podem desfalecer na oração, pensando que Deus não está a ouvir ou que a situação não será atendida.

Como consequência, perdem confiança na oração e acabam pensando que a oração não funciona. Por isso, Jesus fez uma pergunta: "Quando, porém, vier o Filho do Homem, porventura, achará fé na terra?" (Lucas 18:8 ARC). A fé é essencial para que a oração funcione. Por isso Tiago disse: "E a oração da fé salvará o doente, e se houver cometido pecados, ser-lhe-ão perdoados" (Tiago 5:15 ARC).

A oração é tão importante que sem ela, a terra seria completamente desolada pelo diabo. São orações contínuas dos santos que travam o mal na terra. Recordo-me das palavras do Senhor Jesus quando me disse em 2013: "Orações devem subir a mim diariamente, em prol da humanidade." Com estas palavras o Senhor queria que tomássemos a oração como uma parte indispensável não só na nossa comunhão com Deus, mas também como um trabalho - o trabalho de orar. Paulo disse aos cristãos que estavam em Roma "E rogo-vos, irmãos, por nosso Senhor Jesus Cristo e pelo amor do Espírito, que combatais comigo nas vossas orações por mim a Deus, para que fique livre dos rebeldes que estão na Judeia, e que esta minha administração, que em Jerusalém faço, seja bem-aceita pelos santos" (Romanos 15:30-31 ARC). Paulo era um homem cheio do Espírito Santo e unção que até os seus lenços e aventais operavam os milagres de cura e de libertação aos oprimidos do diabo. Contudo, ele colocava muita ênfase na oração. Ele olhou para a oração como um combate – uma batalha. De fato, nas batalhas espirituais, combatemos por meio da oração. Isto revela que ela é multifuncional, pois ela serve para estabelecer e fortalecer a nossa comunhão com Deus. No entanto, também é um instrumento indispensável nas batalhas espirituais contra as forças do mal. É na oração onde nascem campeões, onde gigantes espirituais são despertados, ativados e levantados. Tanto Jesus quanto os apóstolos colocaram muita ênfase na oração. E não o fizeram somente com palavras, mas também com ações, pois conforme lemos nos capítulos anteriores, eram homens de oração.

Falando de Jesus, a Escritura diz que durante os seus anos de ministério na terra, ele ofereceu ao Pai orações e súplicas com grande clamor e lágrimas que o podia livrar da morte (Hebreus 5:7). Jesus, como Homem, na sua humanidade, orava. Como Deus não precisava, mas nesse momento, ele tinha vindo em forma humana, se encarnando para poder morrer na cruz, derramar o seu sangue e para salvar a humanidade da perdição eterna. Estando em forma humana como nós, Ele orou e fê-lo todos os dias. Acordava de madrugada e ia a um lugar deserto e ali orava. De noite saía a um monte e também orava. Os discípulos passavam a maior parte do tempo a dormir porque o sono lhes pesava. Um dos inimigos da oração é a carne. Ela não quer que você ore porque está cansado do trabalho do dia, e você vai tomar banho, jantar e depois se dirige diretamente para a cama para descansar. De manhã, acorda já com muita pressa para sair de casa à escola ou ao serviço, local de negócios, que parece não ter tempo com Deus nem para Deus. Assim, o seu espírito esfria e paulatinamente vai perdendo o seu fogo espiritual até ser uma presa fácil do diabo. Isto porque não praticou a disciplina de orar. Orar é disciplina; é preciso disciplinar a carne a orar mesmo quando você não sente vontade de orar ou quando se sente cansado. Não ceda às fraquezas da carne. Jesus disse: "O Espírito está pronto, mas a carne é fraca" (Mateus 26:41 ARC).

A carne nunca está pronta. Por isso, ela deve ser disciplinada a obedecer ao espírito, sempre que este quiser - este exercício não é fácil no início, mas com o tempo a carne vai-se conformando ao comando do espírito. Foi por isso que pela inspiração de Deus, escrevi o livro: "Os Quatro Hábitos Essenciais de Uma Nova Criatura em Cristo: CUTANE. Onório, 2022". Recomendo que o adquira e leia. Falando da carne, o apóstolo Paulo disse: "Antes, subjugo o meu corpo e o reduzo à servidão, para que, pregando aos outros, eu mesmo não venha a ser reprovado" (1 Coríntios 9:27 ARC). Você deve subjugar a carne – deve dominá-la – como? Através do investimento no seu espírito pela leitura, estudo da palavra assim como em oração e meditação, acompanhados de uma atitude. Sempre que o espírito sentir vontade de fazer algo em reação à palavra de Deus, faça-o mesmo quando a carne não queira. Tenha disciplina e domínio sobre a carne, pois somente assim terá uma vida de oração estável e crescente sem interferência da fraqueza da carne.

A Escritura narra que Jesus tinha o hábito de acordar de madrugada, ainda bem escuro. E ia a um lugar deserto e orava (Marcos 1:35).

É profundamente interessante estudar a vida de oração de Jesus Cristo. A Bíblia Sagrada diz que, embora fosse Filho, aprendeu a obediência por meio do sacrifício que passou. Durante o seu tempo de vida na terra, Ele orou a Deus, clamando com súplicas perante Aquele que o podia livrar da morte. A oração para Jesus fazia parte da sua disciplina e ética ministerial. O que acha que pedia nesses momentos de oração? É óbvio que Ele não pedia esposa, emprego, casa, dinheiro nem promoção. Igualmente, não pedia paz no seu lar, restauração do seu casamento ou que Deus cancelasse algumas dívidas que tivesse. Estes não eram os pontos de oração de Jesus. Havia algo maior que tudo isso – o cumprimento do seu propósito na terra. Ele estava tão focado na sua missão que chegou a dizer aos seus discípulos: "A minha comida e bebida é fazer a vontade daquele que me enviou e terminar a sua obra" (João 4:34 ARC). "Mas Ele não podia pedir tudo isto porque era Deus" – alguém pode pensar. Bem, já expliquei que Jesus não veio como Deus, não viveu nem ministrou como Deus. Ele veio como Homem, viveu e ministrou como um ser humano, mas dependente do Espírito Santo e sem nenhum pecado n'Ele. É essa dependência do Espírito Santo que o fazia orar – queria estar cem por cento conectado aos céus e sensível a voz do Pai celestial. Por isso, passava a maior parte do tempo com o Pai em oração. Ele compreendia a importância de orar. Como Deus, não podia e nem devia orar, mas como Homem dependente de Deus, devia.

É engraçado que os motivos que movem muitos crentes a orar são mais carnais do que divinos. Isso tem muito que ver com o suprir das necessidades biológicas e passageiras do homem: comida, bebida e vestuário. Vestuário por extensão incluiria abrigo, habitação. São estas coisas que, de grosso modo, movem o homem a estudar, trabalhar e acordar cedo ou até mesmo viver com insónias, pensativo no que irá comer ou dar aos filhos. E, para os que têm isto, a insegurança e o medo tomam conta deles, o que os leva a contratar segurança armada e, mesmo assim, vivem desconfiados de todo o mundo, incluindo da sua própria sombra e da família, porque não têm proteção. Como aconteceu com o rico sem Deus: "O que ajuntaste, com quem ficará". Jesus viu essas preocupações nos corações dos seus discípulos e não queria que também fossem levados pelas mesmas ondas de apreensão a que o resto das pessoas estavam sujeitas. Por isso, lhes deu um segredo: "Mas buscai primeiro o reino de Deus e a sua justiça, e estas coisas vos serão acrescentadas" (Mateus 6:33 ARC). Eles compreenderam isto mais tarde e se renderam à sua vontade – e o Senhor supriu todas as suas necessidades.

Como Paulo bem o afirmou: "O meu Deus, segundo as suas riquezas, suprirá todas as vossas necessidades em glória, por Cristo Jesus" (Filipenses 4:19 ARC). Ele fez valer e ecoar as palavras do rei Davi, que poeticamente afirmou: "Fui moço e agora sou velho, mas nunca vi desamparado o justo, nem a sua descendência a mendigar pão" (Salmos 37:25 ARC). O que tinham todos eles em comum? Haviam-se rendido ao Senhor Deus, para viver para Ele e depender d'Ele em tudo. É por isso que para o caso de Davi, as suas orações incluíam buscar a presença de Deus e permanecer no seu templo, em adoração e louvor. Ele acordava à meia-noite e às vezes de madrugada só para louvar ao Senhor. Não é de admirar que tenha afirmado: "O Senhor é o meu pastor e nada me faltará. Deitar-me faz em verdes pastos, guia-me mansamente em águas tranquilas, refrigera a minha alma" (Salmos 23:1-2 ARC).

Paulo, por outro lado, procurava lugares quietos para orar até ao ponto de ir com Silas e Lucas perto de um rio onde julgava haver um sítio para orar. Certamente que eles não tinham tantos pedidos carnais e egoístas que muitos crentes têm, hoje. Deus tinha assumido o controle das suas vidas e não careciam de nada. Mas por que oravam então? Bem, eles compreendiam algo sobre a oração que muitos não compreendem hoje – um aspeto indispensável na importância da oração. É o que lhe vou mostrar a seguir. Quando você atingir este nível, de nada terá falta e, sempre que orar, ficará cheio da glória de Deus.

A importância da oração não está tanto na resposta que Deus nos dá, mas sim, no que acontece no nosso espírito quando oramos.

Capítulo I

O impacto da oração no espírito do homem

Os benefícios da oração vão mais além de Deus nos dar coisas; é aquilo que Ele faz em nós. A razão pela qual Deus nos pede para orar é que quando nós oramos, Ele começa a trabalhar. Deus não age quando não há oração, sempre age em resposta à ela. Assim como o seu corpo tem poros, por meio dos quais respira, o seu espírito também os tem.

Por que é que muitas vezes nós jejuamos quando temos um assunto sério? O propósito do jejum não é mover Deus a responder à oração, senão seria um mau Pai que sempre que queremos pedir algo, Ele põe-nos a passar fome. Por que é que tenho de ficar sem comer para o meu Deus me ouvir, se Ele é meu Pai?

O propósito do jejum é enfraquecer a sua carne, para dar poder, para dar aso, dar vigor ao seu espírito.

Quando o seu espírito está cheio de Deus e de glória, ele perfura a pele e passa a conter o seu corpo, já não é mais o seu corpo a conter o seu espírito. Lembra-se do que Paulo disse em (1 Coríntios 6:19-20). Quer dizer que o Espírito Santo habita em nós. Mas há um nível em que nós passamos a habitar n'Ele, porque n'Ele vivemos, n'Ele existimos, n'Ele nos movemos.

Quando o seu espírito está ativado, fortalecido, acordado, perfura a sua pele e fica por fora da sua pele e protege o seu corpo contra os ataques que vem contra você. Imagine que eu estou a escrever um curriculum para pedir emprego; usarei a minha mão física para escrever; se essa minha mão física não estiver sujeita a Deus, mas sim às paixões da carne, será a minha carne a escrever o curriculum. E ao submeter o curriculum para pedir emprego, pode não acontecer nada. Mas quando eu oro e aquela glória vem sobre mim e envolve o meu corpo, o meu espírito é ativado e perfura o meu corpo. Depois ao pegar no computador para escrever, será o meu espírito cheio de Deus escrevendo o curriculum e não mais a minha carne. E cada coisa escrita, a unção no meu espírito, fica lá naquele papel, naquelas palavras, naquele texto. Ao levar aquele curriculum e submeter em qualquer lugar, não estarei a submeter um simples papel, mas um documento cheio de unção e não há como ser rejeitado.

Esta é a razão pela qual você terá sempre uma vida de sucesso, de glória em glória e de fé em fé. Foi por isso que o servo de Abraão, quando quis arranjar mulher para Isaque, ele orou e, depois de ter orado, o Espírito atraiu a mulher certa das que iam para pastorear as ovelhas; naquele dia outras não foram, mas a Rebeca estava lá. O Espírito de Deus repeliu as mulheres erradas e atraiu a certa, porque aquele servo tivera orado (Génesis 24:42-46).

Independentemente do seu ofício: pedreiro, mecânico, carpinteiro, engenheiro ou qualquer outra profissão, quando você ora, ativa o seu espírito e vai trabalhar. Ao olhar para o trabalho, o patrão poderá apreciá-lo e aprová-lo. E é possível que você assine vários contratos de trabalho ou de prestação de serviços por causa de um único trabalho que fez que foi apreciado e divulgado de boca-em-boca. Sabia que há pessoas que se esforçam muito e que fazem bem o seu trabalho, mas os seus superiores ou patrões não o apreciam? A glória que você ativa ou recebe nos momentos da oração pode resolver isso.

Por exemplo, as mulheres domésticas podem experimentar uma dimensão do favor e de glória também. Quando o espírito da mulher está ativado e cozinha debaixo da unção, a comida pode saber melhor ao paladar do seu esposo, como se tivesse colocado nela ingredientes que, na verdade, não chegou a pôr. Muitos maridos não apreciam a comida feita pela esposa porque é feita na carne.

Outro caso típico foi de Jesus. Numa das ocasiões, estava com cerca de cinco mil homens, sem contar com as mulheres e crianças que perfaziam maior número. Durante três dias com Ele, não tinham comido nada e estavam já com fome. Todavia, só havia cinco pães e dois peixes, que eram o lanche de um rapaz. Jesus segurou nos cinco pães e nos dois peixes, deu graças, abençoou-os e ao devolvê-los para a distribuição enquanto lhos repartiam, um milagre aconteceu. Os pães e os peixes se multiplicavam até todo o mundo ficar farto e sobejarem doze cestos de pão. O que é que aconteceu no mundo espiritual? Bem, quando Jesus pegou nos poucos pães e peixes, a glória que estava n'Ele passou para o pão e para o peixe, por isso não se esgotavam até que todos tivessem comido.

Estimado leitor, é importante ficar várias horas em oração na presença de Deus porque quando ora, algo acontece no seu espírito que você não vê. E é disso que precisa para entrar onde outros não entram, fazer o que outros não conseguem e viver com vitória neste mundo.

Por exemplo, você pode passar tempo com Deus em oração e depois dirigir-se ao local onde faz os seus negócios e ao começar a pegar ou arrumar os seus produtos, a unção pode passar para eles. As pessoas ao passarem, mesmo que não tivessem planos de comprar, acabam entrando e comprando em grandes quantidades. A compreensão desta dimensão da glória fez com que o Apóstolo Paulo escrevesse aos Colossenses: "E, quanto fizerdes por palavra ou por obras, fazei tudo em nome do SENHOR Jesus, dando por ele graça a Deus Pai" (Colossenses 3:17 ARC).

Porque é que você tem de fazer tudo em nome do Senhor Jesus? Porque você nasceu de novo e é cidadão do reino dos céus e a palavra do seu Rei, Jesus, deve ter peso na sua vida, influenciando-o em tudo que faz e dando direção aos caminhos que deve trilhar e que agradam ao Senhor. Mesmo o matrimónio deve ser sagrado e consagrado a Deus, de contrário, os demónios em forma de marido ou mulher espiritual podem entrar no meio do casal para interferir na relação negativamente. O ponto fundamental é que você deve desenvolver a consciência da presença de Cristo de modo que tudo que faz, em palavras ou ações, o faça em nome do Senhor Jesus. Por exemplo, cozinhar em nome de Jesus, conduzir o seu carro em nome de Jesus e não haverá acidente.

Lembro-me de quando estava a dar aulas na Universidade, eu era um leitor e tinha o meu tutor que era o regente com muita experiência no exercício da carreira docente e pedagógica. Ele explicava, mas os estudantes não percebiam nada. Quando eu chegava e explicava, diziam que era a mim que mais preferiam. Como assim, sendo que ele tinha um nível académico e experiência em docência muito superiores a mim? Bem, a graça e a glória de Deus faziam a diferença. Há algo sobre nós e em nós – a graça de Deus. Por isso, Deus disse a Paulo: "A minha graça te basta, porque o meu poder se aperfeiçoa na fraqueza" (2 Coríntios 12:9 ARC).

Por que é que no livro de Marcos 16:17-18 ARC, Jesus afirmou o seguinte? "E estes sinais seguirão aos que crerem: Em meu nome expulsarão os demónios; falarão novas línguas; pegarão nas serpentes; e, se beberem alguma coisa mortífera, não lhes fará dano algum; e porão as mãos sobre os enfermos e os curarão." Por causa da unção e da glória que os crentes possuiriam, em virtude do seu novo nascimento em Cristo e pelo empoderamento do Espírito Santo. É importante referenciar que nesse versículo, Jesus não se referia aos apóstolos, mas sim, a todos os crentes no geral – aos que iriam crer na mensagem pregada pelos apóstolos.

Por que é que há crentes que tem demónios quando deviam ser eles a expulsá-los em nome de Jesus? Porque não sabem quem são em Cristo e muitos deles nunca desenvolveram a sua comunhão com Deus. Jesus afirmou que se os crentes comerem ou beberem algo venenoso (que mata), poderia matar os outros seres humanos normais, mas se forem os crentes a consumi-lo, por causa da glória ativada no seu espírito e que passou para a sua carne, nada de mal lhes aconteceria. Ainda que fossem injetados ou o bebessem pela boca, ou mesmo que uma cobra lhes picasse, nenhum mal lhes aconteceria. Estes sinais e credenciais não são para os religiosos, mas para os que creem em Cristo e a Ele se renderam como seu Senhor e Salvador e estão em viva e íntima comunhão com Ele.

É óbvio que isso não quer dizer que você tem de ir tomar algum veneno de propósito pois aí estaria a tentar a Deus. No entanto, se alguém colocá-lo com o objetivo de lhe prejudicar, nada de mal lhe acontecerá. O maior problema é que muitos irmãos não creem no poder de Deus, por isso andam muito aterrorizados pelo diabo e pelos rumores lá fora. Eles são abalados por todo o tipo de vento e vivem sem paz, sem sossego nem alegria. Jesus disse: "Deixo-vos a minha paz, minha paz vos dou. Não vo-la dou como o mundo a dá. Não se turbe o vosso coração, nem se atemorize" (João 14:27 ARC).

Caro leitor, é tempo de crer no poder de Deus e nas suas habilidades. É tempo de crer na fidelidade de Deus e na integridade da sua palavra; de crer nas promessas de Deus, no seu amor para connosco; de crer em milagres - no Deus que opera milagres e torna possível o impossível. Tudo isto é possível quando passamos tempo qualitativo com o Senhor em oração e meditação na sua palavra.

Recordo-me de uma história. Um jovem cristão que estava a aprender a mecânica na área de reparação de automóveis estava com sede e, por engano tomou solução (água) de bateria pensando que fosse água. Ao se aperceber, o seu mestre ficou desesperado, porque sabia que o efeito seria fatal. Contudo, o jovem se lembrou das palavras de Jesus e dos sinais que seguiriam os crentes e pela fé confessou que bebera água mineral e não solução de bateria. Ao dizer isso, imediatamente a solução não teve efeito no seu organismo. No dia seguinte, o seu mestre dirigiu-se à casa do jovem, achando que algum mal lhe tivesse acontecido, mas para o seu espanto, encontrou o jovem a fazer trabalhos de casa, saudável e em bom estado de espírito. O que aconteceu? O jovem creu nas promessas de Jesus e firmou-se nelas.

Prezado leitor, os tempos em que vivemos agora vão selecionar os crentes dos religiosos. Não é somente quem confessar que é crente que será salvo, mas as circunstâncias atuais é que vão aferir quem é e quem não é. Podemos todos orar e celebrar, mas quando as calamidades chegarem, o saldo dos que irão ficar de pé será determinado em função da quantidade da glória que cada um de nós tem no seu espírito - quanto de Deus absorveram no seu espírito em comunhão com Ele.

Esse é o tempo de confessar a palavra de Deus sobre a sua vida. Embora satanás lance doenças com suas variantes e variadas formas de manifestação ou graus de severidade, você deve manter as confissões de fé.

Uma vez, Jesus dormiu no barco e testou os seus discípulos, permitindo que viesse um vendaval que as ondas entrassem no barco. Somente por causa de uma tempestade, mesmo estando com Jesus, os discípulos ficaram preocupados e atemorizados. Por quê?

Porque não sabiam com quem andavam, a vida que lhes tivera sido dada e muito menos a autoridade que tinham.

Capítulo II

Oração – processo de recarregamento espiritual

Compreenda isto: sempre que você ora, há algo que Deus lhe passa. E isso que Ele passa para si é muito mais importante do que as coisas que lhe pode dar. Tal se deve ao fato de que o que Deus lhe passa é a natureza d'Ele. Cada vez que ora, você está a ser blindado para ser como Ele. Deus deu-nos novas línguas para que orando, suplantemos as barreiras impostas pela nossa mente, para que o espírito ore bem, sem limitações, para dizer tudo o que queríamos dizer sem barramento de mente.

Por exemplo, se por um lado eu acordar de manhã e logo ir impor a mão sobre uma pessoa, e por outro, acordar cedo, orar (passar tempo com Deus como Jesus fazia) e depois impor a mão sobre alguém, haverá diferença. Se eu for a impor a mão sobre a pessoa sem antes ter passado tempo com Deus, precisarei de fé e de declarar palavras sobre aquela pessoa. Enquanto, se tiver orado antes, só tenho de tocar na pessoa sem dizer nada e passo algo, isto é, transfiro a bênção, a cura e a unção como Jesus disse: "...E imporão as mãos sobre os enfermos e os curarão" (Marcos 16:18 ARC).

Por que é que muitos crentes andam a colocar as mãos e nada acontece? Porque não tem nada no seu espírito a transferir, mas mãos vazias que estão a ser colocadas sobre as cabeças das pessoas, que não absorveram as glórias de Deus em oração. Por isso, Paulo ousadamente disse aos romanos: "Porque desejo ver-vos para vos comunicar algum dom espiritual..." (Romanos 1:11 ARC). Ele estava consciente do que tinha e podia ousadamente passar, ou seja, transferir para outras pessoas conscientemente.

Prezado leitor, sabia que pode orar tanto que só de sair pela rua alguém pode chegar e lhe elogiar ou reconhecer as boas coisas em você? Recordo-me que nos meus tempos de faculdade, em 2010, certa vez ouvi meus colegas em conversa dizendo que o creme que eu aplicava custava muito dinheiro pois o meu rosto brilhava de uma forma anormal. Certa vez comprei uma mochila simples a um preço muito baixo, mas meus colegas comentaram que eu tinha uma mochila muito cara. Por que? A resposta é simples: a glória foi passada de mim para uma mochila barata e encareceu-a. Porque a glória tem o potencial de embelezar aos olhos dos outros, inclusive coisas que são simples e pouco bonitas para você.

É por isso que estou a enfatizar isto: o valor da oração não se pode medir apenas pelas respostas em termos do que Deus vai ou lhe pode dar, mas sim pelos resultados dela no seu espírito. Por outras palavras, pelo impacto que ela causa no seu espírito, empoderando-o e capacitando-o para funcionar como deus na terra com habilidades sobrenaturais. Isto acontece porque a oração é o único momento em que o Espírito Santo e o espírito do homem entram em romance espiritual e neste processo, as glórias de Deus são transferidas de Deus pelo Espírito Santo ao espírito do homem, ao seu homem interior. É daqui onde surge a ousadia, a coragem, sabedoria, inteligência espiritual, fortaleza e iluminação. O seu espírito é tão iluminado que passa a ser como uma bateria recarregada, cheio de eletricidade espiritual para impactar o mundo físico e tudo que você tocar recebe a bênção. Você recebe direção e orientação do que deve fazer na vida e das escolhas que deve fazer. A título de exemplo, Moisés, depois ter passado quarenta dias e quarenta noites no monte com Deus, ouvindo a sua voz e falando com Ele, recebeu uma glória que nem ele se apercebeu dela. Levou os que estavam debaixo do monte a notar que a pele do seu rosto resplandecia a glória de Deus de tal sorte que tiveram de arranjar um véu para cobri-lo toda a vez que saía da tenda da congregação.

Pessoas que só oram quando tem problemas e Deus resolve, terão sempre outros problemas por resolver, pois nunca terão uma vida completamente resolvida; não atingiram este estágio espiritual. É por isso que Davi resumiu dizendo: "Na tua presença há abundância de alegrias; à tua mão direita há delícias perpetuamente" (Salmos 16:11 ARC).

Se você quer delícias e alegria, ative sempre a presença de Deus que está na sua vida por meio da oração.

No texto de Marcos 1:32-35, vemos um exemplo típico do diário de Jesus: acordava cedo para passar tempo com o Pai em oração e ao longo do dia, ia ministrando a boa nova, curando e libertando os cativos. Com uma simples palavra ou uma ordem calmamente dita, ordenava aos demónios que num piscar de olhos saíam; tocava nos enfermos e numa fração de segundos as doenças e enfermidades desapareciam. Consegue ver toda essa glória? Estava a tirar d'Ele para dar ao povo. O que é que Ele tinha? A alegria, a vida e a paz. Só que, quando tirava, tinha de se reencher depois. É por isso que mesmo eu, depois de ministrar, tenho de me reencher, porque ao ministrar, descarrego alguma coisa. Portanto, necessito me reabastecer em oração – passando tempo qualitativo com o Pai celestial.

Isto explica a razão pela qual a unção de muitos homens de Deus, não se manifesta da mesma forma em todos os cultos. Há vezes que a unção é forte e noutras fraca. Muitos deles não entendem porque num dado culto o poder de Deus se manifestou fortemente com curas e maravilhas e noutro tudo fica morno, morto e apagado. Ademais, eles não sabem o que fazer para manter o ritmo e o fluxo do poder de Deus constantemente em qualquer momento e em qualquer lugar, com regularidade e consistência.

Eu, por exemplo, sei o que fazer para ativar a unção sempre e ela manifesta-se sempre e funciona sem falha. É importante reencher-nos antes de distribuir o que recebemos de Deus. Por exemplo, quando eu coloco a mão na cabeça de alguém em ministração ou quando falo em ensino ou profetizo, estou a tirar algo de mim, das profundezas do meu espírito - do meu reservatório espiritual. Então, tenho de voltar a me reabastecer. Jesus tinha momentos de intimidade com o Pai de madrugada, de manhã e de noite para se reabastecer.

Compreenda isto: a oração é um processo de reabastecimento espiritual. Na arena espiritual, você é como se fosse um carro em que se enche o tanque de combustível hoje e quando conduz, a gasolina ou diesel acaba devido ao processo de combustão que faz o motor funcionar locomovendo o veículo. Portanto, tem de voltar a encher o tanque para uma outra viagem. Por isso, tem de orar sempre. Logo, depois de ter o que você pediu em oração, ore mais agora que recebeu as coisas do que antes, para não virem mais ataques acima do que recebeu. Há uma oração que você faz para ter ou alcançar sucesso em qualquer área da sua vida. Uma vez alcançado, tem de fazer outra oração para protegê-lo e mantê-lo. Muitos só oram para ter, mas como não oram para proteger, acabam sendo atacados e perdem o que pediram para ter.

Este princípio é válido para vários domínios ou esferas de vida. Muitos casais, por exemplo, são felizes no início da relação, mas depois vivem de constantes brigas. Por que? Uma das razões é porque perderam a intensidade com a qual oravam antes e a motivação que tinham para orar. Pensam que já têm o que queriam, mas deixam as conquistas desprotegidas por falta de oração. A vitória se conquista e a conquistada se protege. Porque os inimigos que você derrotou antes ficaram para trás, mas para subir outros degraus da vida, terá de enfrentar outros inimigos – conquistando novos territórios. Se você sobe alguns degraus e se relaxa em oração, não subirá mais; a tendência será a de retroceder. Por isso, a Escritura nos exorta a orar sem cessar.

É por esta causa que há muitas pessoas que vão à igreja e recebem libertação, cura e até bênçãos materiais. E, quando a sua vida começa a andar bem, abandonam a igreja e o pior lhes acontece. Depois dizem que o que receberam não era real. Era real sim, só que não souberam protegê-lo.

Você tem de aprender a proteger, inclusive, as pessoas com quem você trabalha. Vamos assumir que trabalha numa empresa e tem um patrão; ore por ele, porque se o diabo não consegue tocar em você, pode querer tocar nele e, usando-o ou influenciando-o, pode fazer que você perca o emprego ou atacar a empresa para falir, e desta maneira, perder o emprego. Se você faz negócios, ore pelos seus clientes, porque o diabo pode influenciá-los para que não comprem as coisas que vende. Ore pelo seu marido ou esposa, para que não seja a porta de entrada do diabo arruinar ou desestabilizar a sua família. Ore também por aqueles que estão debaixo de sua autoridade, se você for um líder, chefe ou patrão.

Quando o diabo não consegue atacá-lo, ele vai querer atacar as pessoas que você muito ama para fazer doer o seu coração. Ele sabe que não consegue feri-lo, mas tentará fazê-lo indiretamente por procuração ou atacando as pessoas à sua volta. É como se fosse uma guerra por procuração, onde dois países lutam um contra o outro, mas sem terem um confronto direto. É possível o diabo fazê-lo sofrer sem necessariamente tocá-lo diretamente. Pode fazer alguém ficar doente ou ter um comportamento anormal em casa ou nos seus círculos de pessoas que você preza.

Imagine que vai subir num autocarro para se deslocar ao local de trabalho; o diabo pode tocar no motorista do autocarro ou mesmo provocar avarias no carro, só para que você se atrase e seja expulso. Daí, tem de orar também pelo motorista que lhe conduz e pelo carro em que você sobe. Orar pelo piloto do avião e pelo avião. Orar por tudo e todos que estão a sua volta, na sua órbita.

Orar até pelo seu professor da escola, porque você pode ter estudado e feito o semestre com sucesso. De repente, o professor adoece e morre sem ter lançado as notas; aí pode ser obrigado a refazer os exames que já havia passado, visto que o professor morreu e se perderam as notas. E você tinha boas notas, mas agora tem de refazer os exames e responder a questões de que inclusive já se esqueceu da matéria que antes respondera corretamente. Deste modo, terá de começar do zero, como consequência de não ter coberto seus professores em oração. Deve igualmente orar pelo presidente do seu país, pelo primeiro-ministro ou pelo governo que dirige os destinos físicos e sociais do seu país. Na verdade, deve orar pelo seu país. E não se esqueça de orar pelos seus líderes espirituais na igreja. Ore por mim também e pela minha família.

Nós temos muito por que orar. Por isso, ninguém pode dizer que não tem nada para colocar como ponto de oração ou não tem palavras a dizer a Deus. Recomendo que estude muito a página 45 do livro "Os Quatro Hábitos Essenciais de uma Nova Criatura em Cristo" que fala do Diário de Jesus.

CAPÍTULO III

Os benefícios latentes da oração

Olhando para todos os gigantes espirituais descritos nas páginas das Sagradas Escrituras, podemos notar que eles eram homens de oração, com profunda intimidade com Deus. É desta comunhão onde provinha a sua ousadia, autoridade e vitória. Suas palavras eram apoiadas por Deus, sempre que eles falavam em nome d'Ele publicamente. Porque é que a oração é tão importante assim? Bem abaixo, alisto algumas razões por que ela é importante. Contudo, saiba de antemão que esta importância está ligada à eficácia da oração: aquilo que ela é capaz de fazer, ou fazer acontecer. Aquilo que ela é capaz travar e impedir que aconteça. Ou seja, tudo o que acontece na terra será decidido pela prática da oração ou a falta desta prática.

Subcapítulo I

1. A oração fortalece a nossa comunhão com Deus.

É importante saber que a base da oração é a comunhão entre o homem e Deus e vice-versa. O apóstolo João disse: "...e a nossa comunhão é com o Pai e com o seu Filho, Jesus Cristo" (1 João 1:3b ARC). Na verdade, nós fomos chamados para a comunhão com Deus. Esta comunhão se estabelece por meio da oração. E Deus é fiel para proteger, dirigir, abençoar e guardar os seus filhos com base nos parâmetros estabelecidos por esta comunhão. Como o apóstolo Paulo disse: "Fiel é Deus, pelo qual fostes chamados para a comunhão com o seu Filho Jesus Cristo" (1 Coríntios 1:9 ARC). A vida de oração é uma vida de comunhão, comunicação e intimidade com Deus. Por exemplo, como é que um casal pode fortalecer a comunhão entre si? Por meio da comunicação – eles devem dialogar, devem conversar e quando o diálogo acaba, os problemas começam. Seguindo o mesmo diapasão, podemos depreender que Deus quer que falemos com Ele, sempre. Nós falamos com o Senhor em oração e Ele fala connosco por meio da sua palavra. Quando Ele fala, somos cheios da sua glória e somos transformados, melhorados; e quando falamos com ele, a nossa comunhão se fortalece. Em oração, você conversa com Deus. Note as palavras as Daniel: "Estando eu ainda falando, e orando e confessando o meu pecado e o pecado do meu povo Israel, e lançando a minha súplica perante a face do Senhor, meu Deus, pelo monte santo do meu Deus; estando eu, digo, ainda falando na oração, o varão Gabriel, que eu tinha visto a minha visão ao princípio, veio voando rapidamente e tocou-me à hora do sacrifício da tarde. E me instruiu, e falou comigo e disse: Daniel, agora, saí para fazer-te entender o sentido" (Daniel 9:20-22 ARC).

Note que o anjo Gabriel, veio enquanto Daniel estava a falar em oração. Isto quer dizer que Daniel era consciente de estar a conversar, a dialogar com Ele com fé de que Deus o ouvia. Muitos crentes apenas, começam e oram sem ter um espírito de comunicação e comunicabilidade. Falam como se não houvesse alguém do outro lado a ouvir a oração.

Prezado leitor, já parou para pensar nisto: que quando você ora, você está a falar com Deus, assim como estaria a falar com seu pai ou sua mãe? Como é que se dirigiria a alguém com quem está a falar? Em palavras expressas em frases, com pontuação e tudo mais que deve vir numa frase. Isto é, falar, mas você está a falar em oração – falando com Deus. Então, podemos dizer que a oração é o meio pelo qual falamos com Deus. Não são necessariamente as palavras que dizemos, mas sim, o meio pelo qual elas são veiculadas para Deus; o meio pelo qual nos expressamos e nos comunicados com Deus.

A oração é como uma linha telefónica, não é linha telefónica; que fala, mas nós – que a utilizamos para veicular as nossas palavras, estabelecendo contato e comunicação entre o emissor e o recetor e vice-versa. Logo, a oração é um canal. Por meio deste canal, falamos com Deus, conversamos com o Pai celestial. É possível, inclusive, orar sem que as palavras saiam audíveis pela boca. A Ana fez isso no templo em Silo e Deus lhe concedeu o fruto do ventre (1 Samuel 1:9-19). Observe as palavras da Ana "Por este menino orava eu; e o Senhor me concedeu a minha petição que lhe tinha pedido" (Versículo 27). Notou que ela orou, mas ninguém ouviu o que ela disse. Neste nível, a oração acontece na oração estabelecendo contato com a essência divina sem que o mundo físico ouça o que se disse na interação entre dois espíritos: o espírito do homem e o Espírito de Deus, em oração. Foi por isso que eu disse que a oração ajuda a fortalecer a nossa comunhão com Deus; que consequentemente nos deixa mais fortes no espírito, na mente e no corpo.

Subcapítulo II

2. A oração aumenta a nossa sensibilidade espiritual.

Na esfera física, o homem natural funciona com base em cinco sentidos: a visão (os olhos), a audição (os ouvidos), o tato (pele, toque); o paladar (a língua) e o olfato (as narinas, narizes). Então, podemos afirmar que a combinação destes reflexos ajuda o homem a tomar conhecimento, a estar consciente e a aperceber-se do ambiente à sua volta. Ele vê com os olhos, ouve com os ouvidos, sente pelo tato, saboreia com a língua e cheira com as narinas. Ele precisa destes cinco sentidos e é a partir deles que deriva o conhecimento acerca do mundo. Isso, influencia a sua comunicação e aumenta o seu vocabulário. Por exemplo, sabe dizer que faz frio, ou faz calor porque sente na pele. Sabe dizer as cores de objetos porque os vê.

Ora, é preciso perceber que o mundo físico foi criado a partir mundo espiritual, de modo que aquilo que se vê veio do que se não vê (Hebreus 1:3). A fé ajuda a compreender isso. Portanto, se há sentidos físicos, paralelamente, existem também os espirituais. O problema é que homem natural não tem estes sentidos funcionais. Tudo isto surgiu por causa da queda do homem devido ao pecado. Ele perdeu as faculdades que lhe davam domínio sobre a terra. Tornou-se um homem natural e não um sobre-homem que Deus criara. O pecado humanizou o homem, reduzindo-o a funcionar meramente confinado aos cinco sentidos físicos. Todavia, o novo nascimento e a fé em Cristo, podem tornar o homem uma nova criatura e assim, o novo nascimento o diviniza, o deifica e o capacita pelo poder do Espírito Santo a funcionar com outros mais cinco sentidos espirituais; somando no total dez: cinco físicos e cinco espirituais. Onde é limitado naturalmente, você pode acionar e ativar o espiritual e vencer. Como? Por meio da oração. A oração ajuda a aumentar a nossa sensibilidade espiritual para estar a par e conscientes das coisas que acontecem no mundo espiritual. Compreenda isto: todas as coisas que existem em forma física, têm sua correspondência no mundo espiritual em forma de palavras. Mas, para se manifestarem na terra, e serem visíveis e tangíveis se lhes devem dar corpos materiais. Por isso, Deus fez o corpo físico para acomodar o homem espiritual que tinha criado, para torná-lo legal e funcional na terra. Sabia que mesmo os carros que conduzimos, antes existiam em forma de pensamento e palavras na mente de alguém? Então, quando o seu espírito está sensível às coisas do espírito, ele pode tomar posse de bênçãos, e de coisas espirituais que quando confessadas se transformarão em coisas materiais.

Foi por isso que quando a Agar e o filho choraram por falta de água no deserto, o anjo do Senhor apenas abriu-lhe os olhos e ela viu um poço ao lado, de água. Tirou da água e ela com o menino beberam (Gênesis 21:19). A Escritura não diz que Deus fez o poço; mas que Ele lhe abriu os olhos para ver o que já estava lá. Ele estava lá em forma espiritual e só se materializou, isto é, tornou-se acessível quando os olhos espirituais dela foram abertos. Assim, Agar teve outros sentidos espirituais que lhe deram acesso à água física que ela e o bebê beberam fisicamente. Tome nota disto: a água era física, bebida pelas bocas físicas de Agar e seu filho Ismael. Contudo, em primeiro lugar, essa água estava em forma espiritual porque embora estivesse lá no deserto, ela não a via e podia ter morrido de sede juntamente com o bebê, à procura de uma coisa que já estava lá, mas não acessível fisicamente. Por isso, Deus abriu-lhe os olhos espirituais, para ver com os olhos espirituais o que não conseguia ver com os olhos físicos, mas que precisava. Logo, aquilo que era espiritual (a água) se tornou materialmente acessível. Já parou para imaginar quanto dinheiro, quantos bens, e quantas coisas existem no mundo espiritual aqui na terra connosco, mas em forma espiritual? Se os seus olhos espirituais se abrissem, você tomaria posse delas. Por isso Paulo exortou a Timóteo a tomar posse da vida eterna (1 Timóteo 6:12). Só se pode tomar posse do que já existe. Saiba disto: Deus criou o universo em seis dias e descansou no sétimo. Portanto, ele já não está a fazer as coisas como nós imaginamos. As coisas se materializam quando acionamos os princípios espirituais; e as coisas que estavam em formato espiritual se tornarão físico-materiais; isto é, assumirão a forma material e você as terá.

Contudo, para chegar a este estágio, é preciso passar tempo com Deus em oração. A oração dá-nos acesso ao mundo espiritual.

No Novo Testamento, encontramos o exemplo do apóstolo Pedro. Deus queria falar com ele sobre uns homens que viriam lhe buscar a mando de Cornélio, centurião Romano. Sendo este homem gentio, Deus sabia que Pedro iria se recusar a entrar em sua casa. Por isso, deu-lhe vontade de subir ao terraço para orar enquanto lhe preparavam uma refeição. De repente ele entrou em transe e viu um lençol com quatro pontas e com todo o tipo de animais e quadrúpedes e a voz de Deus lhe ordenou para matar e comer; ao que ele negou porque aquilo parecia imundo e ele nunca tinha comido coisa imunda. Mas Deus lhe disse que não devia chamar imundo aquilo que Ele mesmo tinha santificado. Quando ele estava ainda a pensar na visão, os homens enviados por Cornélio já estavam a chegar. A Escritura diz: "E, pensando Pedro naquela visão, disse-lhe o Espírito: eis que três varões te buscam. Levanta-te, pois, e desce, e vai ter com eles, não duvidando porque eu os enviei" (Atos 10:19-20 ARC). Note que para Pedro ver o que viu; e ouvir a voz do Espírito Santo a lhe direcionar no que devia fazer, foi porque tinha estado em oração. A oração de Pedro ativou e aumentou-lhe a sensibilidade espiritual para ver e ouvir no espírito, de modo a resolver um problema físico. Foi aonde devia ir e fez o que devia fazer porque teve a direção de Deus. Ele orou.

Caro leitor, se você também aplicar o seu coração à oração, poderá ter os mesmos resultados e muito mais, pois, Jesus Cristo é o mesmo, ontem e hoje, e eternamente.

Subcapítulo III

3. A oração ajuda a cancelar o mal na arena espiritual.

O mundo espiritual controla o mundo físico e tudo o que acontece no mundo físico tem suas origens no mundo espiritual: os acidentes onde os demónios bebem sangue em grandes quantidades, as guerras, as brigas nos lares e casamentos, os jovens viciados em drogas, o mundo do crime e outras vicissitudes que assolam a humanidade têm sua origem o reino das trevas encabeçado pelo diabo. Todos os planos diabólicos podem cancelados por meio da oração.

Vemos isto em várias ocasiões nas Escrituras Sagradas. Por exemplo, o plano de Herodes de mandar matar Pedro foi cancelado, quando a Igreja orou e o anjo do Senhor foi enviado para libertá-lo da prisão (Atos 12:5-11). Darei mais explicação detalhada acerca disto na oração de intercessão, nos próximos capítulos.

Os planos do rei Senaquerib da Assíria de tomar presa Jerusalém, da nação de Judá foram abortados quando Isaías, o profeta e o rei Ezequias oraram. Deus enviou um anjo do Senhor foi enviado, o qual destruiu todos os homens valentes do exército assírio, incluindo os príncipes e os chefes do arraial do rei; e este tornou com vergonha de rosto à sua terra e os seus filhos o mataram (2 Crónicas 32:20-21).

Caro leitor, se você também orar, planos malignos podem ser cancelados e abortados no mundo espiritual antes de acontecerem no físico. Use o nome de Jesus "Em nome do Senhor Jesus Cristo, eu neutralizo todos os planos do diabo e dos seus agentes contra a minha vida, família e meu país".

Subcapítulo IV

4. A oração reforça a vontade de Deus na Terra e no cumprimento das promessas e profecias.

Nem tudo o que Deus prometeu na sua palavra acontecerá, somente porque Ele prometeu. Existe uma quota-parte nossa como humanos, de orarmos para reforçar o seu cumprimento. Daniel é um dos exemplos práticos com relação a este aspeto. Ele tinha lido nos manuscritos a profecia de Jeremias, o profeta de que a assolação (a escravidão) de Israel seria de apenas setenta anos e, findo este período, eles seriam livres. Contudo, ele se apercebeu de que embora Deus tivesse feito a promessa, Israel continuava cativa. Face a isto, ele se apegou as promessas de Deus e fiado nas suas muitas misericórdias, decidiu no seu coração orar e jejuar (Daniel 9:1-3). A Daniel foi revelada uma palavra acerca de uma guerra prolongada, e ele entendeu essa palavra e teve entendimento da visão. Por esta causa, ele ficou de jejum e oração por três semanas completas, sem desejar manjares. (Daniel 10:1-4). Na verdade, havia um príncipe das trevas responsável por influenciar e controlar o príncipe físico da Pérsia para manter Israel presa. A prisão na qual estavam pareceria física e dependente do príncipe da Pérsia; mas a realidade mostra que havia forças espirituais por trás disto tudo. Foi isto que o anjo lhe disse e que havia pedido socorro ao Arcanjo Miguel, que era o príncipe dos exércitos que guardavam e lutavam por Israel. Finalmente, Daniel venceu aquela batalha por meio da oração e reforçou o cumprimento da profecia de Jeremias.

É preciso olhar para a vida do ponto de vista espiritual e acionar as leis espirituais para mudar situação na terra. E, a oração é uma destas leis. Mesmo no modelo de oração de Jesus, Ele disse: "Vós orareis assim: Pai nosso que estás nos céus, santificado seja o teu nome. Venha o teu reino. Seja feita a tua vontade, tanto na terra como no céu" (Mateus 6:9-10 ARC).

Notou que mesmo a vontade de Deus na terra deve ser reforçada por meio da oração? Porque Ele deu a terra aos filhos dos homens e cabe a nós como humanos e ao mesmo tempo como cidadãos do reino de Deus passarmos tempo com a palavra de Deus, em estudo e meditação para decifrarmos a sua vontade e depois, orarmos para que aconteça o que Deus disse na sua palavra acerca de nós.

Por exemplo, é vontade de Deus que você como mulher tenha filhos porque disse: "Não haverá alguma que aborte, nem estéril na tua terra, o número dos teus dias cumprirei" (Êxodo 23:26 ARC). Se a irmã não consegue conceber, pode reivindicar o cumprimento desta promessa, em oração. "Pai, segundo a palavra, eu não seria estéril e nem sofreria aborto espontâneo, por isso, em nome do Senhor Jesus recebo a graça para ser mãe, recebo o fruto do ventre e repreendo o espírito de esterilidade para que me largue para sempre. Obrigada por me dar a alegria de ser mãe."

Se está doente pode reivindicar a sua cura "Pai, disseste na tua palavra que tirarias de mim as enfermidades. Portanto, em nome de Jesus, eu repreendo esta enfermidade e recebo a cura agora."

Exercício

1. Olhe para as Escrituras Sagradas (Bíblia Sagrada) e procure as promessas de Deus concernente a sua vida ou situação;
2. Ore com base nelas ao Senhor, reivindicando o seu cumprimento, em nome de Jesus.

Capítulo IV

Passe tempo com Deus em oração

"E aconteceu que naqueles dias subiu ao monte a orar, e passou a noite em oração a Deus. E, quando já era dia, chamou a si os seus discípulos, e escolheu doze deles, a quem também deu o nome de apóstolos" (Lucas 6:12-13 ARC).

Vemos aqui que Jesus passou a noite em oração, porque queria escolher bem os seus discípulos. Você não pode tomar decisões importantes sem antes orar. Aprenda a ter lugares solitários para orar, dedique dias, semanas para orar. Pode orar em jejum, assim como não; seja campeão em oração.

Quando Jesus passou tempo com o Pai em oração, Ele absorvia a glória e as virtudes dos céus. Ao descer do monte todos queriam tocar-Lhe porque o que recebera estava a fluir d'Ele para os enfermos que eram curados milagrosamente. Aqui já não é preciso orar para que as pessoas sejam curadas, mas quem tiver sede irá beber desta glória. Não era Ele a orar pelos doentes, cada doente ia tocar e recebia a sua porção de cura e de bênção.

Olhando para este cenário, você pode pensar que é fácil, mas não. Antes daquele momento de glória, antes daqueles milagres e curas instantâneas, daquelas profecias forenses e extraordinárias, houve um tempo de se lançar diante do Pai e orar, de se derramar, de se render ao Espírito Santo.

Não é por acaso que a sede da nossa igreja está numa zona rural, mas as pessoas de várias classes sociais, nações e línguas, etnias e raças deslocam-se das cidades e dos seus países e vem ao nosso ministério em massa. Sempre, antes de eu subir ao altar para ministrar, há um trabalho a ser feito nos bastidores – tempo com Deus.

Por isso é que Paulo disse: "Orai sem cessar" (1 Tessalonicenses 5:17). Quando passa tempo com Deus, mesmo inconscientemente (não o sabendo ativamente), você recebe uma glória que não vê. Algo acontece sempre que nós oramos. Você não precisa de sentir, mas o seu espírito absorve as glórias celestiais do mundo que está por vir. Você começa a explodir em ideias criativas e inovadoras, visões e revelações vem. Uma ideia que não poderia ter vindo de qualquer forma, vem à sua mente depois de ter orado, e projetos gloriosos nascem neste processo. Por isso, não fique pobre ou doente, porque como Ele é, assim somos nós neste mundo (1 João 4:17b).

Eu costumo dizer: "Nunca brinque, nunca ameace, nunca tente prejudicar um homem ou mulher que oram. Essas pessoas são perigosas."

Tome o caso do rei Senaquerib da Assíria, por exemplo, que mandou seus soldados invadirem Samaria e levarem tudo quanto tinham. Mas o rei Ezequias e o profeta Isaías oraram a Deus – o Deus dos céus que criou todo o universo. A Bíblia Sagrada diz que Deus mandou um anjo, o qual matou cento e oitenta e cinco mil homens valentes em resposta à oração de dois homens que tinham fé e comunhão com Deus (Isaías 37:36).

Quando você tem um homem ou mulher que ora e é íntimo de Deus, não toque nele ou nela, é perigoso. Quando eu vejo um homem que prega a palavra de Deus, eu reconheço-o. Mas quando descubro que esse homem tem intimidade com Deus, é homem de oração, respeito-o. Por que? **Porque quem se coloca de joelhos**

diante de Deus, permanecerá sempre de pé diante dos desafios e problemas neste mundo.

Aquele demónio que arrancou seu marido não sabe com quem está a lidar. Os seus joelhos estão a correr em busca dele para voltar, enquanto você está no quarto, de joelhos ou de pé, em oração. Aquele colega no trabalho que tenta lhe tramar por estar perto do chefe, não tem ideia do poder das orações que você faz.

Quando eu ainda era mais novo, Jesus falou comigo e me disse: "Onório, cuidado com uma coisa, você não se pode zangar. É muito perigoso ter na terra uma pessoa que lhe faça zangar-se, não importa quem seja ela, essa pessoa será destruída. Então, se você quer poupar algumas pessoas, evite zangar-se com elas." De fato, ao longo da minha vida, eu tenho tido muito cuidado de uma coisa: da minha língua e ser **paciente**. Se eu me zangar com alguém e ela continuar viva por um ano, é sorte. É por isso que algumas pessoas que estão perto de mim e pensam que eu me zanguei, o que elas não sabem é que a minha zanga tem quarteirões. Posso ficar triste por uma coisa e termina na minha mente, mas quando aquela coisa atinge o meu espírito, eu sei que a pessoa não vai resistir por muito tempo ou a situação com a qual estou triste não permanecerá de pé por muito tempo.

Todas as pessoas que me tentaram perseguir, a maior parte delas não estão entre nós.

Um dia, em 2015, apareceram três bandidos armados na minha casa e eu não estava presente. Erraram e prenderam o jardineiro, então a minha esposa voltava da faculdade e viu-os a sair com uma AKM47, levando o jovem jardineiro. Quando ela me contou, eu me zanguei no espírito. Naquela noite, tive uma visão em que Deus disse que em três dias a situação estaria resolvida. Depois de três dias, eles entraram numa casa de um senhor na zona em que vivíamos antes e enquanto saíam, cruzaram-se com a polícia e os três foram alvejados mortalmente.

Numa outra ocasião, foram pessoas armadas na igreja, perseguindo uma irmã; eu disse só uma palavra. Saindo para casa tiveram acidente e um deles ficou sem uma perna.

Nunca se deve brincar com os ungidos do Senhor. Por isso, Deus avisou: "Não toqueis nos meus ungidos, não maltrateis os meus profetas" (Salmos 105:15 ARC).

Em certa ocasião, em 2003, se não estiver em erro, um grande curandeiro me ameaçou. Eu disse-lhe para tomar cuidado comigo. O senhor foi para casa e ficou gravemente doente e enquanto ele morria, a esposa pediu-me que perdoasse o marido. Eu disse que eles não podem brincar com pessoas que não conhecem e lhe disse: "Vai, ele está livre" e ele ficou curado e a família se converteu a Cristo. As pessoas não podem abusar de Deus e da igreja.

De tudo o que você pode fazer, nunca faça com que o apóstolo se zangue.

Houve um ministro do evangelho de uma certa igreja, que movido por inveja começou a falar mal de mim. Dias depois, a igreja que ele dirige ficou sem ninguém e até agora que escrevo este livro, não tem crentes, a não ser ele e a sua família e alguns próximos.

Paulo disse: "Portanto, se o teu inimigo tiver fome, dá-lhe de comer; se tiver sede, dá-lhe de beber; porque, fazendo isto, amontoarás brasas de fogo sobre a sua cabeça. Não te deixes vencer do mal, mas vence o mal com o bem" (Romanos 12:20-21 ARC).

Com isso, quero dizer que se deve tomar cuidado, com pessoas que só dependem de Deus e mais nada. Quando alguém depende unicamente de Deus e o colocou como seu braço forte, não tem outro recurso a não ser Ele, tenha muito cuidado com essa pessoa, principalmente se a mão de Deus está com ela como esteve com o povo de Israel quando saiu do Egito.

Recordo-me da oração de Josafat, rei de Judá quando disse: "Em nós não há força perante esta grande multidão que vem contra nós, e não sabemos nós o que faremos; porém os nossos olhos estão postos em ti" (2 Crónicas 20:12 ARC). Deus confundiu os inimigos que lutaram e se mataram entre si e o povo de Deus ficou três dias a recolher o despojo em forma de ouro, prata, roupas e animais.

Por isso é que eu não reajo quando as pessoas me falam mal. Os meus missionários sabem disso, todos as pessoas que tentaram destruir o nosso ministério não prevaleceram! Sabe por quê? Porque nós carregamos grandeza em nós, porque confiamos somente em Deus.

Paulo disse: "Se convém gloriar-me, gloriar-me-ei no que diz respeito à minha fraqueza" (2 Coríntios 11:30 ARC). Davi disse: "Gloriai-vos no seu santo nome" (Salmos 105:3 ARC).

Passe tempo com Deus: orando ao Pai em nome de Jesus; adorá-lo, louvá-lo, dizer que Ele é bom, é santo. Esse momento é muito útil. Se praticar isso começando hoje, há uma garantia de que mesmo aquilo que você não pediu, tê-lo-á sem havê-lo pedido. A glória que você carrega vai trazer as coisas.

O que fazer?

Lendo atentamente o texto de Isaías 36:37, vemos que a oração que Ezequias e Isaías fizeram, não levou muito tempo. Eles o fizeram uma vez com fé e naquela mesma noite houve resposta e Deus livrou o seu povo.

Repare isto: quando você tem um problema ou um desafio, na família, no trabalho, no casamento, no lar,etc; pegue esse problema, escreva-o num papel, vá ao seu lugar de oração, fique de joelhos e apresente o problema a Deus. Você tem de ser específico sobre o que quer que Deus resolva. Se você tem um assunto hoje, se não consegue escrevê-lo, coloque-o na sua língua e apresente-o a Deus. Você vai receber notas de vitória no seu espírito. A oração é o poder que Deus nos deu, de mover os céus e a terra e alterar o curso dos eventos.

Agora, levante as mãos e ore.

ANOTAÇÕES DO LEITOR

PARTE III

Princípios para uma oração eficaz no Novo Testamento

Tabela de Conteúdos – Parte III

INTRODUÇÃO 111
Como orar e receber respostas de Deus 111

CAPÍTULO I 113
Princípio número 1 113
   O poder das orações curtas 118

CAPÍTULO II 124
Princípio número 2 124
   Você tem acesso direto ao trono de Deus 127
   Você tem um Advogado perante o Pai 129
   Oração 131

CAPÍTULO III 132
Princípio número 3 132
   Quando orar, perdoe 132
   Como guardar o seu coração? 133
   Fale positivamente consigo mesmo 137

CAPÍTULO IV 139
Princípio número 4 139
   Ore ao Pai em nome de Jesus 139
   Ore em nome de Jesus 141

CAPÍTULO V 144

Princípio número 5 144
    Quando orar, creia que já recebeu o que pediu 144
    Duas razões pelas quais você deve ter fé em Deus ao orar 144
    A oração produz experiências com Deus 146
    Porquê a fé é necessária?... 148

CAPÍTULO VI 150

Princípio número 6 150
    Quando orar, agradeça como quem já recebeu 150
    Descanse no Senhor 152
    A paz de Cristo – o sinal interior 152

ANOTAÇÕES DO LEITOR 157

Introdução

Como orar e receber respostas de Deus

A oração é uma lei espiritual, é um princípio que funciona sempre que o acionamos. Ademais, existem alguns subprincípios que fazem a oração produzir resultados e se nós seguirmos os mesmos princípios estabelecidos na Palavra de Deus, teremos resultados. O texto de 1 João 5:14-15 ARC atesta: "E esta é a confiança que temos nele: que, se pedirmos alguma coisa, segundo a sua vontade, ele nos ouve. E, se sabemos que nos ouve em tudo que pedimos, sabemos que alcançamos as petições que lhe fizemos." Quando acionamos os princípios que fazem a oração funcionar, teremos sempre testemunhos. Ademais, teremos confiança de duas coisas:

1. Que quando oramos, Deus nos ouve,
2. Que Ele responde e nos concede as petições que lhe pedimos.

Todavia, devemos orar segundo a sua vontade e esta está expressa na sua Palavra. Foi Deus quem definiu as linhas de comunicação que devemos usar para nos conectarmos com Ele de formas a que nos responda. Por isso, Jesus disse: "Se vós estiverdes em mim, e as minhas palavras estiverem em vós, pedireis tudo que quiserdes, e vos será feito" (João 15:7 ARC). Que promessa maravilhosa do Senhor Jesus! Ele promete que o Pai nos ouvirá e responderá. E nisto tudo, a nossa confiança n'Ele cresce pois Ele é um Deus vivo, fiel e que ouve e responde quando os seus filhos oram. Agora, vamos ver o que a Palavra de Deus prescreve para nós no Novo Testamento no concernente a oração, ou seja, como orar corretamente e receber respostas. De resto, o que as Escrituras que lemos nos indicam é que Deus promete responder e nos conceder o que lhe pedimos. Isso já em si deveria gerar uma expetativa e vontade de falar com Deus.

Porque é que muitos pedem, mas não recebem? Tiago responde: "Pedis e não recebeis, porque pedis mal, para o gastardes em vossos deleites" (Tiago 4:3 ARC). Quando você pede mal, não recebe. Portanto, deve pedir segundo a vontade d'Ele expressa na sua Palavra porque senão, alguém poderia pedir a Deus para lhe dar o marido ou a casa do marido da sua irmã ou a esposa do seu irmão. Tudo que se pede e não é consistente com a vontade de Deus expressa na sua Palavra não lhe será concedido porque o Senhor estaria a violar os preceitos da sua Palavra e assim perde a sua credibilidade. Glória a Deus porque Ele não pode perder a credibilidade por ser perfeitamente fiel e você pode confiar nele! Como se afirma em Malaquias 3:6 ARC: "Porque eu, o Senhor, não mudo..." "O céu e a terra passarão, mas as minhas palavras não hão de passar" (Mateus 24:35 ARC).

CAPÍTULO I

Princípio número 1

1. Reconheça a sua necessidade e dependência de Deus.

Você precisa de Deus e deve depender d'Ele confiadamente no seu coração.

De acordo com as Sagradas Escrituras, tudo parte deste princípio de reconhecimento de que você e eu precisamos de Deus. Não há outra motivação para orar e buscar a Deus se o homem se considerar autossuficiente e independente de Deus. Você precisa d'Ele. Quer rico ou pobre, são ou enfermo, fraco ou forte, pecador ou justo, grande ou pequeno – todos precisamos de Deus. Este é berço do contato com a divindade- fome e sede de Deus. Porque é que este princípio é importante? A resposta é simples: porque a oração deve sair do coração – do mais profundo do seu íntimo e não meramente da mente. Em oração, você deve estabelecer este contato de dependência de Deus e a sua provisão, dependência de Deus e da sua direção, proteção, ajuda e vida. A oração que move Deus é aquela que parte do um coração rendido a Ele, de um coração confiante e dependente d'Ele. Por isso é que Ele disse ao povo de Israel que depois de terem entrado na terra prometida, habitado em suas novas casas, comido de uvas e do mel, não se deviam esquecer do Senhor, seu Deus que os tirara da casa da servidão. Antes, deviam se lembrar que é Ele quem nos dá poder para adquirimos "riqueza" para confirmar o seu concerto que fez com os pais Abraão, Isaque e Israel (Deuteronómio 8:11-18).

Observe os versículos 12, 13 e 14: "Para que porventura, havendo tu comido, e estando farto, e havendo edificado boas casas, e habitando-as, e se tiverem aumentado as tuas vacas e as tuas ovelhas, e se acrescentar a prata e o ouro, e se multiplicar tudo quanto tens, se não eleve o teu coração e te esqueças do Senhor teu Deus, que te tirou do Egipto, da casa da servidão." Notou que Deus está interessado no estado dos nossos corações, sabendo que sempre precisamos e dependemos d'Ele? Por isso, avisou que o nosso coração não se deve elevar acima da nossa necessidade e dependência porque é Ele que nos dá tudo.

É muito fácil alguém orar quando não tem nada para comer nem onde viver. Outrossim, é muito frequente ver pessoas sem emprego, sem lares ou lares estáveis orarem, jejuarem e buscarem a Deus e não faltar aos cultos na igreja. Elas estão sempre nos cultos, chegam cedo, sem importar a distância. Acordam cedo para orar e estudar a sua Bíblia. São fiéis nos programas semanais ou mensais da sua congregação. Porquê? Qual é a motivação? Uma das razões pode ser as suas necessidades, a fome, as doenças, as misérias, as maldições familiares, o azar na vida profissional, sentimental ou acadêmica. Mas quando já estão libertos, curados e abençoados, esquecem-se de Deus. Acham que já têm tudo, que não precisam mais de orar nem de ir aos cultos da igreja. Já se casaram, têm casas, têm bons empregos e os filhos estão nas escolas elite. Conduzem os carros que querem e há comida em abundância em casa. Os negócios estão a correr bem e o dinheiro já não é problema. Muitos destes irmãos e irmãs já nem oram, nem em casa nem na igreja. Acham que não precisam de Deus. As bênçãos e riquezas desviaram os seus corações de Deus. O que eles não sabem é que estão a caminho de uma grande queda.

Tal como Deus perguntou ao fazendeiro que tinha ajuntado tudo nos seus celeiros e não precisava de Deus. O Senhor lhe perguntou: "Esta noite te pedirão a tua alma, e o que tens preparado para quem será?" (Lucas 12:20 ARC). As escamas lhe caíram dos olhos e logo se apercebeu que a vida do homem não consiste na abundância dos bens que possui, mas sim na graça de Deus. Por isso Deus disse a Paulo: "A minha graça te basta, porque o meu poder se aperfeiçoa na fraqueza" (2 Coríntios 12:9 ARC). Que fraqueza? A fraqueza de um coração rendido à Palavra de Deus, de um espírito sedento de Deus e uma pessoa dependente de Deus em todas as ocasiões e circunstâncias.

Você deve chegar a um nível em que mesmo tendo tudo o que necessita ou que os outros não têm; continue simples, humilde e com bom caráter – dependente de Deus. Muitas pessoas não são necessariamente humildes é a pobreza que as faz parecer que são. Quando alguém não tem nada, é fácil mostrar falsa humildade e demonstrar falso amor. Dê-lhe o poder, o dinheiro, a posição e o poder e verá as suas reais cores. Como uma vez observou Abraham Lincoln: "O poder corrompe e o poder absoluto corrompe absolutamente." Noutra ocasião observou: "Quase que todos os homens podem suportar/resistir as adversidades, mas se quiser testar o seu caráter, dê-lhes poder". Esta observação é quase atemporal. Já parou para observar que quase em todos os sábados, domingos ou outros dias de culto, a maioria das pessoas que têm algum poder material não afluem as igrejas? Porquê? Porque estão ocupadas com coisas temporais desta vida. O poder e o dinheiro e a fama lhes deram um sentimento de uma falsa segurança – algo sorrateiro, passageiro e evaporável. É tudo corriqueiro, pois nada é firme e seguro sem Deus.

As pessoas tendem à procurar Deus quando estão em desespero, em aperto, num beco sem saída. Um parente está em estado terminal no hospital ou na clínica e o dinheiro e os médicos já não podem fazer nada para aumentar pelo menos mais um dia de vida dessa pessoa. O casamento está em risco e precisam de restauração, de um milagre. O contrato do emprego está prestes a findar ou mesmo porque está num carro em risco de acidente ou avião em zona de turbulência. Ou porque está numa zona de guerra e sua vida está em perigo. Quando já estão bem, dispensam Deus como se fosse algo descartável. Deus quer nos prosperar e quer que tenhamos saúde, mas primeiro que o nosso espírito, o nosso coração esteja firme n'Ele. Como diz em 3 João 2 ARC: "Amado, desejo que te vá bem em todas as coisas e que tenhas saúde, assim como bem vai a tua alma". É da vontade de Deus que você prospere e desfrute de abundante saúde, mas que nunca se esqueça do Senhor. Assim atesta a Escritura: "A bênção do Senhor é que enriquece e ele não acrescenta dores" (Provérbios 10:22 ARC).

Você não precisa de uma bênção que traga dores, incómodos. Precisa de paz da alma e só Deus lha pode dar. Por isso, deve entregar-lhe o seu coração, confiar n'Ele e ser consciente da sua presença.

Assim nasce o princípio da oração – a partir de um coração dependente de Deus. Mesmo o rei Davi que tinha tudo do bom e do melhor à sua disposição, nunca o descartou da sua vida, do seu coração. Antes pelo contrário afirmou: "Uma coisa pedi ao Senhor e a buscarei: que possa morar na casa do Senhor todos os Dias da minha vida, para contemplar a formosura do Senhor e aprender no seu templo. Porque no dia da adversidade me esconderá no seu pavilhão, no oculto do seu tabernáculo me esconderá, pôr-me-á sobre uma rocha" (Salmos 27:4-5 ARC). Este é o hábito dos grandes homens e das grandes mulheres de Deus – orar. Os Patriarcas Abraão, Isaque e Jacó eram homens de altares. Portanto, homens de oração - homens que estavam em constante interação, contato com os céus. Contato com Deus pela oração, dependente d'Ele.

Um estudo de caso poder ser feito, observando as atitudes do rei Asa:

1. Coração dependente de Deus.

Quando Salomão morreu, o reino de Israel (todas as 12 tribos unificadas) dividiu-se em dois reinos: o reino de Judá que era o reino do Sul com capital em Jerusalém e o reino de Israel, também descrito como reino do Norte e com capital em Samaria. No período em que Asa era rei de Judá, vieram os etíopes (reino da Etiópia) com um milhão de soldados e carros e cavalos de guerra em número largamente maior que os do exército de Judá. Nesse período, o coração de Asa estava voltado para Deus, confiando n'Ele e dependendo d'Ele para a sua vitória, proteção e provisão. Diante deste massivo exército, numericamente superior a ele, Asa tinha do seu lado o maior Deus, superior a todo o exército etíope. Primeiro, ele tirou os altares dos deuses estranhos e os altos e quebrou as estátuas e cortou os bosques. Segundo, mandou a Judá que buscassem ao Senhor, Deus de seus pais (Abraão, Isaque e Jacó) e que observassem a lei e o mandamento de Deus (2 Crónicas 14:3-4). Isto era reto aos olhos de Deus.

Em suma, ele limpou o seu coração e o desviou dos ídolos para se voltar unicamente ao Senhor. Assim, com coração rendido ao Senhor e confiante n'Ele, orou: "Senhor, nada para ti é ajudar, quer o poderoso quer o de nenhuma força; ajuda-nos, pois, Senhor, nosso Deus, porque em ti confiamos e no teu nome viemos contra esta multidão. Senhor, tu és o nosso Deus, não prevaleça contra ti o homem" (versículo 11). Em resposta, o Senhor feriu os etíopes diante de Asa e diante de Judá e fugiram. O povo de Judá ficou a recolher o despojo da vitória que Deus lhes havia concedido.

Como conseguiu o rei Asa lograr tamanha vitória numa situação que se apresentava desvantajosa para ele e o seu povo? A resposta é simples: confiou no Senhor com todo o seu coração e orou a Ele em total e completa dependência.

Caro leitor, quero que note uma coisa aqui: a oração que Asa fez não levou nem uma hora, nem trinta minutos, mas teve um grande impacto. "Porquê, apóstolo Onório?" – você pode perguntar. Bem, porque aquela oração saiu do mais íntimo do seu coração. Não havia mais nada que ele e o seu povo podiam fazer diante de uma situação tão assustadora que se apresentava como um beco sem saída. Ele assentou o seu coração em Deus plenamente – Espírito, alma e corpo. Por isso, venceu a batalha com a ajuda de Deus. É isto que chamamos de "poder das orações curtas".

O poder das orações curtas

Compreenda isto: o poder "ou impacto" da oração não está nas longas ou curtas horas que oramos, nem no grito ou voz baixa. Não está na posição do seu corpo quando ora de joelhos, de pé, de barriga ou de costas, mas sim no estado do seu coração – que reconhece e depende completamente de Deus. Este tipo de oração sairá do coração com poder e vida e seguramente produzirá resultados. Porquê? Porque o seu espírito está lá envolvido. É por essa razão que a Escritura diz: "Porque, quanto ao Senhor, seus olhos passam por toda a terra, para mostrar-se forte para com aqueles cujo coração é perfeito para com ele..." (2 Crónicas 16:9 ARC). Pela euforia da vitória, Asa e o povo de Israel "entraram no concerto de buscarem ao Senhor, Deus de seus pais, de todo o seu coração e com toda a sua alma" (2 Crónicas 15:12 ARC).

Já me aconteceu várias vezes estar numa situação muito urgente de saúde de alguém que estava entre a vida e a morte e eu perto da ambulância com os médicos sem saberem se a pessoa irá resistir até ao hospital ou não. E nesse instante fiz uma oração curta: "Pai, mostra a tua glória e não permitas que ela morra. Eu repreendo o Espírito da morte para que largue a alma dela agora, em nome de Jesus Cristo." E de repente, o milagre aconteceu. A pessoa voltou à vida sob o espanto de todos os médicos e pessoal de saúde. Este tipo de oração sai com toda a sua alma porque você não tem outra alternativa nem solução a não ser olhar para Deus. Como disse Josafat: "Em nós não há força perante esta grande multidão que vem contra nós, e não sabemos nós o que faremos; porém os nossos olhos estão postos em ti" (2 Crónicas 20:12 ARC).

Caro leitor, já aconteceu isto consigo? Já esteve numa situação destas? Eu já estive e várias vezes. Houve uma que dada a urgência e emergência da situação, nem tempo para abrir a boca tive. Apenas orei no fundo do meu coração, confiante e dependente de Deus e vi o poder de Deus a agir – abrindo até portas que estavam cerradas, tocando em pessoas que eram duras e mudando situações desfavoráveis para vantajosas. Por isso, escrevi este livro para ajudá-lo também.

Recordo-me de uma ocasião em que a minha esposa deu à luz à Ester, minha filha caçula. Ela nasceu prematura e era tão pequenina que os médicos disseram que ela não iria viver. Tivemos de lhe fazer como um canguru (colocá-la dentro da minha camisa no peito ou na blusa da mãe para aquecê-la). Por três vezes ela morreu e nós oramos. O Senhor a ressuscitou dos mortos. Nesse dia, o hospital não tinha ambulância nem oxigénio. Foi uma das coisas que me moveu mais tarde a comprar uma ambulância e oferecê-la ao hospital provincial da Matola, para ajudar outras pessoas.

Muitos pensam que nós, como homens de Deus, não passamos por provações e que apenas nos sentamos com uma Bíblia Sagrada à espera de pessoas que têm problemas para orarmos por elas. Muitos trazem seus vários tipos de casos e problemas para nós e temos de ser professores, conselheiros, bombeiros, psicólogos, psiquiatras, médicos, pais e mães para essas pessoas. Elas não têm noção de que nós também somos humanos, super-humanos agraciados com uma graça especial para libertar e abençoar outras pessoas. Muitas das pessoas que vem pedir ajuda e são abençoadas nunca mais voltam a agradecer. Isso não é um problema, pois sabemos quem nos chamou. Somos soldados e devemos defender espiritualmente os que o diabo aprisionou ou procura oprimir.

Muitas vezes somos odiados por coisas que não fizemos; apenas por fazer o bem para outras pessoas. Muitos não têm noção da vida de um homem de Deus. Não podemos ir a certos lugares nem fazer certas coisas que os crentes normais fazem – somos soldados de Cristo, estamos sempre em missões porque o diabo, adversário da humanidade, não dorme. Temos sempre de vigiar e orar, jejuar e pensar no povo.

Minha filha ficou internada no hospital e eu tinha de ir visitá-la de dia; e de noite ir ministrar para as grandes multidões que estavam à minha espera com seus vários problemas e todos ou a maioria era liberta, curada e abençoada sem procurar saber o que se passava comigo e com a minha esposa. Ninguém vinha dizer: "Toma isto, vai comprar combustível para o seu carro ou leite para a bebé." Todos vinham para ser socorridos. Por isso, ao longo dos anos, aprendi a confiar em Deus e a depender d'Ele, somente. Muitos pensam que vivemos com base nas ofertas da igreja e outros olham para as grandes multidões que se aglomeram nas minhas cruzadas ou nos cultos da nossa igreja e veem dinheiro. Porém, não sabem a realidade no terreno, que as pessoas vêm, sim, em massa, não com malas de dinheiro, mas com fardos de doenças, problemas, sofrimento, demónios, aflições. Deus me usa para aliviá-las. Eu e a minha esposa temos os nossos negócios que fazemos para sustentar a nossa família e apoiar a visão que Deus me deu para o ministério. O fato é que nós amamos o Senhor e as pessoas e é o amor de Cristo que nos move e nos motiva - a presença infalível do Espírito Santo connosco que nos dá a paz, a alegria e vitórias. Como Deus disse a

Moisés: "Irá a minha presença contigo para te fazer descansar" (Êxodo 33:14 ARC). E nós que cremos já entramos em repouso porque aprendemos a descarregar os fardos aos pés de Jesus e vivermos com a sua paz. É o nosso chamado – a nossa vocação celestial e não um fardo.

Prezado leitor, dei-lhe o meu exemplo para que seja encorajado que este Deus a quem servimos e adoramos é fiel e responde às orações, ainda que sejam curtas. A minha menina agora é grande, esbelta, linda e extremamente inteligente. Quem a vê hoje não faz a mínima ideia de onde veio para estar e ser o que é hoje. Por isso, eu estou convencido deste nosso Deus e do poder do nome de Jesus Cristo. O seu nome funciona, o seu poder é verdadeiro e o seu amor é real.

Já imaginou uma situação na qual você vê uma criança ou um adulto a atravessar uma estrada e um autocarro ou um caminhão se aproxima a alta velocidade? Você tenta gritar para aquela pessoa se afastar, mas a voz não chega e o perigo é iminente. O que fará? Orar. Mas quanto tempo precisará de orar para que o carro pare ou que a pessoa seja salva? Nesta situação terá de fazer uma oração curta, que saia do coração – uma oração interventiva de alguém que depende de Deus. "Pai, em nome de Jesus, salva aquela pessoa. Nada é impossível para ti. Faz algo, ó Pai." E milagrosamente, o carro para ou a pessoa é empurrada por uma força que não compreende e logo é salva. Circunstâncias como esta e outras, exigirão que a sua oração saia do coração rendido e dependente.

2. Coração afastado de Deus.

O rei Asa voltou para o seu palácio com despojo, alegria e celebração da vitória que Deus lhe tinha concedido – porque tinha orado. Contudo, tempos depois, já muito rico, próspero, cheio de ouro e de prata, o seu coração paulatinamente deixou de confiar em Deus; deixou de depender d'Ele. Começou a oprimir o povo que Deus lhe tinha confiado (abuso de poder). Mudou de comportamento e ficou gabarito, orgulhoso. O seu coração se elevou. Já tinha muito dinheiro e não precisava de Deus para nada. Até que um dia ficou doente – uma infeção acometeu-se aos seus pés. Mesmo assim, ele não buscou ao Senhor. Antes pelo contrário, mandou chamar os melhores médicos, dadas as possibilidades económicas que tinha.

Todavia, os médicos não lhe conseguiram curar nem ajudar até que os seus pés se apodreceram e morreu. Assim, foi o fim da história de um homem que começou com Deus e com oração e terminou sem Deus e podre (2 Crónicas 16:12-14). A Escritura diz: "grande por extremo era a sua enfermidade, e, contudo, na sua enfermidade, não buscou ao Senhor, mas, antes, aos médicos" (versículo 12b ARC). Nada de errado com médicos, pois eles são uma grande bênção e a ciência médica tem sido uma grande ajuda para a humanidade e precisamos dela. Mas o problema era que o dinheiro lhe tinha subido à cabeça, ao ponto de achar que podia resolver tudo com dinheiro sem precisar de Deus.

Sabia que há doenças que mesmo os comprimidos ou injeções não podem resolver? Porque são causados por demónios e nenhum demónio é detetável num exame de raio-X ou numa ecografia – leva o poder de Deus para quebrar as maldições e destruir as obras do diabo. Em tudo, confie em Deus, independentemente do seu nível de prosperidade. Não seja teimoso ao ponto de o diabo o cegar para ver o caminho de volta para Deus – volte para o Pai celestial enquanto ainda é cedo. Assim diz a Escritura: "Buscai ao Senhor enquanto se pode achar, invocai-o enquanto está perto" (Isaías 55:6 ARC).

Resumindo, o primeiro passo ou princípio para fazer uma oração com resposta é a predisposição do seu coração para confiar e depender de Deus. Você até pode não conseguir dizer tudo que queria dizer, mas Deus lê o seu coração e sabe qual é a intenção do seu espírito. Tudo começa com o coração. Como diz a Escritura: "E aquele que examina os corações sabe qual é a intenção do Espírito; e é ele que segundo Deus, intercede pelos santos" (Romanos 8:27 ARC). Com o coração rendido a Deus "...sabemos que todas as coisas contribuem juntamente para o bem daqueles que amam a Deus, daqueles que são chamados por seu decreto" (versículo 28 ARC). Lembre-se das palavras de Deus ao profeta Samuel: "Não atentes para a sua aparência, nem para a altura da sua estatura, porque o tenho rejeitado. Porque o Senhor não vê como vê o homem. Pois o homem vê o que está diante dos seus olhos; porém o Senhor olha para o coração" (1 Samuel 16:7 ARC).

Como está o seu coração agora? Reconhece que Deus existe e confia n'Ele como seu Redentor, Protetor, Provedor, Salvador e Guia? Se a resposta for sim, então pode começar a orar. Lembre-se de que Deus tem mais que mil e um caminhos para o ajudar a sair de qualquer situação. A distância entre você e o seu milagre está no seu coração e na sua fé na Palavra de Deus. Ele é confiável. Ele é uma Rocha eterna: Abraão, Moisés, Elias, Paulo, Pedro, Daniel confiaram n'Ele e Ele os livrou. Tome um tempo agora e agradeça a Deus por tudo que já fez por você. Louve-o.

CAPÍTULO II

Princípio número 2

1. Reconheça a sua posição ou estado espiritual diante de Deus: justiça em Cristo Jesus.

"Os olhos do Senhor estão sobre os justos e os seus ouvidos atentos ao seu clamor" (Salmos 34:15 ARC).

Uma das coisas importantes que o crente deve ter é a consciência da sua justiça diante de Deus. Justiça, neste caso, é retidão do espírito do homem diante de Deus. No meu livro "Graça Para Reinar," debrucei-me muito sobre este conceito e valerá a pena ao leitor adquirir e ler essa obra complementar. No texto de Mateus 6:31-32, Jesus advertiu aos seus discípulos que não ficassem preocupados com o que iriam comer, beber ou vestir. Obviamente, estas três necessidades humanas é que movem a vida de muita gente na terra hoje. Todo o mundo quer alimentos, abrigo, vestuário e algo para beber. Acorda-se cedo, estuda-se e trabalha-se para se suprir estas necessidade e elas constituem a principal preocupação dos seres humanos, acoplados com a necessidade e segurança. Jesus, ao nos querer aliviar desta preocupação e nos dar uma vida gloriosa de provisão inesgotável de recursos, deixou-nos uma fórmula: "Buscai primeiro o reino de Deus e a sua justiça, e todas estas coisas vos serão acrescentadas" (Mateus 6:33 ARC).

O reino de Deus é o domínio de Deus nos nossos corações por meio da sua Palavra e do seu Espírito, moldando o nosso caráter e impactando-nos com a sua cultura, vontade e propósitos de modo que o agrademos em tudo, como nosso Rei. Ao aceitar Jesus como nosso Senhor e Salvador, nascemos de novo no nosso espírito – nosso homem interior - e tornamo-nos filhos de Deus e simultaneamente cidadãos do reino dos céus. Assim, Deus nos confere o dom de justiça que serve como uma certidão de que diante d'Ele, já não temos mais nenhuma culpa, pois todo o nosso pecado foi descarregado sobre Jesus Cristo. Assim, Deus credita em nossa conta a justiça de Cristo e aparecemos diante d'Ele como quem nunca pecou. Isto não é fruto de algo merecedor ou de algum sacrifício que tenhamos feito, mas sim resultado do seu amor para connosco e a nossa parte é receber o que a graça de Cristo tornou disponível para nós. Por isso, a Escritura diz: "Àquele que não conheceu pecado, o fez pecado por nós para que nele fôssemos feitos justiça de Deus" (2 Coríntios 5:21 ARC). Portanto, a questão do pecado ficou resolvida no dia em que aceitamos o sacrifício vicário de Cristo; desde o momento em que o aceitamos como nosso Senhor e Salvador. Agora, estamos em Cristo e o pecado que nos separava de Deus já foi removido e não há mais barreira entre nós e Deus.

Lembre-se do texto em Isaías 59:1-2 ARC: "Eis que a mão do Senhor não está encolhida, para que não possa salvar, nem o seu ouvido, agravado para não poder ouvir. Mas as vossas iniquidades fazem divisão entre vós e o vosso Deus, e os vossos pecados encobrem o seu rosto de vós, para que vos não ouça." Esta era a sua condição antes de aceitar Cristo e descansar na sua obra consumada. Agora, esta cédula de dívidas já foi removida em virtude de você ter aceite o senhorio de Jesus Cristo. Você já foi justificado, isto é, declarado inocente por Deus porque Cristo pagou o preço necessário para a nossa libertação e liberdade. Portanto agora, somos novas criaturas em Cristo e estamos livres das consequências do pecado. Como diz Paulo: "Portanto, agora, nenhuma condenação há para os que estão em Cristo Jesus, que não andam segundo a carne, mas segundo o Espírito, porque a lei do Espírito de vida, em Cristo Jesus, me livrou da lei do pecado e da morte" (Romanos 8:1-2 ARC). Por esta causa, nós temos paz com Deus por meio de Cristo. Aleluia.

Assim nasce uma consciência em nós, uma mentalidade: a consciência da justiça de Deus em Cristo Jesus. Diga assim comigo: "Eu sou a justiça de Deus em Cristo Jesus. Fui lavado pelo sangue de Cristo, justificado e santificado pelo poder do seu amor. Estou livre do pecado. Sou de Jesus." Com esta consciência, você já pode orar e esperar respostas da parte de Deus.

Observe a nossa Escritura de abertura deste capítulo "Os olhos do Senhor estão sobre os justos e os seus ouvidos atentos ao seu clamor" (Salmos 34:15 ARC).

Pense nisto: os olhos do Senhor estão sobre quem? Sobre os justos. Então pense assim sempre: "Os olhos de Deus estão sobre mim 24h00 por dia e sete dias por semana." Os olhos aqui referem-se ao Espírito do Senhor, à sua atenção e cuidado. Ou seja, o Espírito do Senhor está sobre você agora e todos os dias. Ademais, os seus ouvidos estão atentos às nossas orações.

O salmista Davi usa a expressão "clamor" porque na altura muitos deles precisavam de gritar em alta voz quando oravam, daí o constante uso desta expressão. Parecia que Deus estava distante deles e, portanto, deviam clamar, chorar ou gritar. Essa consciência derivava do fato de que eles tinham tanta reverência de Deus que nem pelo seu nome o podiam chamar. Ele parecia um Deus distante, temido e assustador para eles. Eles não lidavam com Jeová diretamente e por isso o povo de Israel pediu a Moisés que fosse falar com Deus a seu favor porque eles mesmos temiam morrer.

Mas no início não era assim. Deus sempre quis interagir diretamente connosco, com cada um dos seus filhos. Mas eles pediram um intermediário, por isso somente os sacerdotes e os profetas é que ministravam para o povo em nome do Senhor e levavam os problemas do povo a Deus. Havia uma rutura, um hiato

– o Deus que queria estar perto e junto deles era temido, como um fogo consumidor. Então mais ninguém além desta classe dos profetas, juízes, sacerdotes e reis podia falar diretamente com Deus. Daí surgiu neles essa consciência de um Deus distante, embora Ele estivesse todos os dias com eles, de dia numa coluna de nuvem e de noite numa coluna de fogo. Ele teve de enviar o anjo da sua presença para ir adiante do povo em seu lugar, para que eles não fossem consumidos pela sua ira, por causa dos seus pecados. Portanto, a relação que o povo tinha no Antigo Testamento não era de intimidade com Deus, mas sim de leis, sacrifícios, morte para o pecador, dente por dente e olho por olho. Mesmo Moisés, o homem santo de Deus não chegou a entrar na terra prometida por causa da ira que o povo lhe causou, pois eles eram rebeldes de tempo em tempo, aos mandamentos do Senhor, desviando os seus corações para adorar um bezerro ou outros deuses no lugar d'Ele.

Agora compreende porque é que no princípio número 1 falámos sobre a predisposição do seu coração para reconhecer o Senhor como o único Deus e confiar nele dependentemente? É essencial que o seu coração esteja virado para Deus. Agora quando Jesus veio, foi chamado Emanuel que traduzido quer dizer "Deus connosco". E quando Cristo ascendeu aos céus, enviou-nos a promessa do Pai – o Espírito Santo para que ficasse connosco para sempre. O véu do templo rasgou-se ao meio, a presença de Deus está agora disponível para todos os que, de coração sincero o buscam. Assim atesta a Escritura: "Havendo Deus, antigamente, falado, muitas vezes e de muitas maneiras, aos pais, pelos profetas, a nós falou-nos, nestes últimos dias, pelo Filho" (Hebreus 1:1 ARC).

Você tem acesso direto ao trono de Deus

Nos dias que correm, Deus não precisa de nenhum intermediário para poder falar consigo. E você não precisa de nenhum para poder falar com Ele. O caminho está livre para você, pois Jesus é o caminho, a verdade e a vida. Ninguém vem ao Pai senão por Ele (João 14:6).

Com esta consciência de que você está em Cristo, não precisa de clamar ou gritar quando ora, pois você está em Cristo e Deus o ouve como estivesse a ouvir Cristo.

No capítulo a seguir explicarei isto com detalhes, mas o ponto principal aqui é que você deve reconhecer a posição e o lugar em que está – em Cristo, nos lugares celestiais.

Um dia ouvi um pregador a dizer num culto: "Irmãos, gritem bem alto porque Deus pode não nos vai ouvir por causa do barulho dos aviões no espaço." Não necessariamente. Deus não está confuso. Não há nada no espaço impedindo as suas orações. Nunca leu o texto de Efésios 1:3 ARC onde Paulo diz o seguinte? "Bendito o Deus e Pai de nosso Senhor Jesus Cristo, o qual nos abençoou com todas as bênçãos espirituais nos lugares celestiais em Cristo." Nós estamos em Cristo neste momento, assentados com Ele nos lugares celestiais. É a partir desta posição que nós oramos, fazemos decretos proféticos e reinamos com Cristo e em Cristo, com absoluta autoridade sobre o diabo e toda a sua constelação demoníaca.

Ademais, o apóstolo Pedro teve de corrigir esta noção de clamar ou gritar no Novo Testamento. Citando Salmos 34:15 e interligando-o à obra consumada por Cristo na cruz, disse: "Porque os olhos do Senhor estão sobre os justos e os seus ouvidos, atentos às suas orações." No lugar de "clamor," ele usou o termo "orações" para se referir à intimidade e proximidade que temos com Deus em Cristo.

Agora note isto: os ouvidos do Senhor estão atentos às nossas orações. Com esta consciência, ore crendo e sabendo que Deus o ouve em qualquer momento: de madrugada, de dia ou de noite, pois os seus ouvidos estão atentos à sua oração. Ele está perto de você. N'Ele vivemos, andamos e nos movemos. Creia neste fato e comece a viver na consciência do Jeová *Shammah*, que quer dizer, "Deus está aqui." Ele está presente em nós, portanto, está connosco. Sempre que oramos, Ele nos ouve e nos responde.

Você tem um Advogado perante o Pai

Nós chegamos a um lugar no espírito (em Cristo) em que somos justos e onde o Senhor sempre ouve as nossas orações e responde. Não deixe que o diabo ataque a sua mente com acusações falsas de que por causa do seu passado e dos erros que cometeu, Deus já não o pode ouvir. Pelo contrário, se tropeçar nalgum pecado ou erro, confesse isso ao Senhor e receba o seu perdão. Como receber o perdão de Deus? O texto de 1 João 2:1-3 ARC, diz: "Meus filhinhos, estas coisas vos escrevo para que não pequeis; e, se alguém pecar, temos um Advogado para com o Pai, Jesus Cristo, o Justo. E ele é a propiciação pelos nossos pecados e não somente pelos nossos, mas também pelos de todo o mundo." Creia nisso. Ele é poderoso para nos perdoar e nos purificar de todo o mal. Por isso, a partir de hoje, renda o seu corpo a Deus; à moradia santa do Espírito Santo e renove a sua mente por meio da meditação na Palavra de Deus.

Saiba disto: Deus não está lá no Céu com um martelo ou chamboco nas mãos à espera que você e eu falhemos ou escorreguemos no pecado e depois vir a correr para nos castigar. Antes pelo contrário, foi Ele quem contratou dois Advogados para nós: um no céu e o outro na terra.

No céu está Jesus, junto do Pai em nossa defesa e nossa representação. Alguém uma vez disse que o diabo, de vez em quando, sobe ao céu e fala com Deus acerca de nós para nos tentar como fez com Jó. Deus, de vez em quando, permite ao diabo nos castigar um pouco para podermos ficar na linha. Este pensamento revela ignorância acerca das Escrituras. Satanás fazia isto no Antigo Testamento, pois era antes de Cristo morrer na cruz por nós e nos comprar com o seu sangue. A Escritura diz de nós: "Mas vós sois a geração eleita, o sacerdócio real, a nação santa, o povo adquirido, para que anuncieis as virtudes daquele que vos chamou das trevas para a sua maravilhosa luz. Vós que em outro tempo, não éreis povo, mas agora, sois povo de Deus; que não tínheis alcançado misericórdia, mas agora, alcançastes misericórdia" (1 Pedro 2:9-10 ARC). Notou o emprego repetitivo de expressão "agora" como em "agora sois povo... agora alcançastes misericórdia?" Reconheça que não foi pela sua própria santidade, mas pela graça. Você e eu achamos favor aos olhos do Pai celestial. Jesus está lá no céu por nós. Aliás, nós estamos n'Ele, reinando juntos. E saiba disto: o Juiz que é Deus, é o nosso Papai celestial e o Advogado, que é Jesus, é nosso irmão maior, Senhor e Salvador. Glória, glória! Estamos imensamente agraciados. O diabo já não tem como ir ao céu nos acusar. O texto em Apocalipse 12:10-11 ARC, confirma: "E ouvi uma grande voz no céu que dizia: agora, chegada está a salvação, e a força, e o reino do nosso Deus, e o poder do seu Cristo; porque já o acusador de nossos irmãos é derribado, o qual diante de nosso Deus os acusava de dia e de noite. E eles o venceram pelo sangue do cordeiro e pela palavra do seu testemunho..."

Satanás foi derribado e não pode mais ir ao céu fazer queixa alguma. Como é que foi vencido? Pelo sangue do cordeiro – pelo sangue de Jesus. A Escritura nos conforta: "Àquele que nos ama, e em seu sangue nos lavou dos pecados, e nos fez reis e sacerdotes para Deus e seu Pai; a ele glória e poder para todo o sempre. Amém!"

(Apocalipse 1:5-6). No céu, satanás é uma *persona non grata* – não é bem-vindo lá e não costuma passear por lá faz dois mil anos.

Por outro lado, na terra está connosco e em nós o Espírito Santo como nosso Advogado. Ele ajuda-nos nas orações e fraquezas. Dá-nos palavras e inspira-nos, guia-nos a toda a verdade. Ele protege as nossas mentes por meio da Palavra de Deus em que meditamos. É muito essencial que você passe tempo a estudar e a meditar na Palavra para que o diabo não semeie dúvidas, nem acusações na sua mente. Ore usando a Palavra de Deus.

Oração

"Pai celestial, muito obrigado pelo seu amor eterno e incondicional para comigo. Obrigado pela sua graça e misericórdia. Eu sou a justiça de Deus em Cristo Jesus. Sempre que oro, o Senhor me ouve e responde. Obrigado porque os seus ouvidos estão atentos às minhas orações e me concedem as minhas petições. Sou forte e estou firme na graça que há em Cristo. Obrigado por proteger a minha mente e o meu coração. Vivo com paz e alegria, a alegria de saber que estou salvo, protegido e amado por si, em nome de Jesus."

CAPÍTULO III

Princípio número 3

Quando orar, perdoe

"E quando estiverdes orando, perdoai, se tendes alguma coisa contra alguém, para que vosso Pai, que está nos céus, vos perdoe as vossas ofensas. Mas, se vós não perdoardes, também vosso Pai, que está que nos céus, vos não perdoará as vossas ofensas" (Marcos 11.25-16 ARC).

O perdão é um dos princípios basilares para que as nossas orações sejam ouvidas e respondidas por Deus. "Mas porque é que Deus quer que eu perdoe os que me ofendem se eu me sinto ferido por eles?" – alguém pode questionar. A razão pela qual Deus quer que você perdoe é que Ele está interessado no seu coração e, por isso, não quer que o mesmo esteja fechado, amargurado ou rancoroso, pois isso criaria um curto-circuito às orações que faz. O perdão beneficia-o mais a você que perdoa do que à pessoa que o ofendeu. Deus está interessado em relacionamentos e não quer que haja algo interferindo no espírito do homem que ora. O ódio, a inveja, o rancor, as amarguras formam uma camada de peso tão enorme no coração do homem que podem pesar contra si no momento da oração. Por isso é que a Palavra de Deus diz: "Irai-vos e não pequeis; não se ponha o sol sobre a vossa ira" (Efésios 4:26 ARC). O que acontece quando se fica um dia inteiro ou dias prolongados zangado? A Escritura responde: "Não deis lugar ao diabo" (versículo 27). O diabo ganha poder sobre o crente quando vê que o seu espírito (seu coração) está fragilizado. Lembra-se do princípio número dois que aprendemos sobre ter um coração virado para Deus? Bem, isso é fundamental porque a parte que mais interessa a Deus é o seu coração. Por isso é que a Escritura exorta: "Sobre tudo o que se deve guardar, guarda o teu coração, porque dele procedem as saídas da vida" (Provérbios 4:23 ARC).

Como guardar o seu coração?

Uma das formas de proteger e guardar o seu coração é praticar a arte de descontar as ofensas. Isto equivale a dizer que quando uma ofensa vier, você terá de decidir no seu coração que não se deixará dominar por ela. Jesus fez-nos perceber que é mister que as ofensas venham, ou seja, enquanto você estiver neste mundo, sempre ou de vez em quando será ofendido. O diabo poderá mover alguém para dizer palavras ofensivas contra si ou fazer coisas que tentem prejudicar o seu sucesso ou ofuscar o seu brilho. É a natureza humana, fraca e frágil. Nós queremos sempre ter razão e queremos sempre provar que estamos certos. Compreenda isto: você não precisa de se justificar diante das pessoas que o amam, pois elas irão entendê-lo. Outrossim, não precisa de se tentar justificar diante dos seus adversários, porque eles decidiram nunca o compreender. Portanto, não importa o que você faz ou diz certo, nada disso lhes vai convencer a mudar de opinião, porque eles querem que você caia ou fracasse a todo o custo. Por isso, guarde o seu coração. Esta é uma decisão importante que terá de tomar pelo resto da sua vida. Ao acordar todas as manhãs, decida que não irá perder a sua motivação nem o seu ânimo. Por isso, Jesus disse: "No mundo tereis aflições, mas tende bom ânimo, eu venci o mundo" (João 16:33 ARC). Ele venceu o mundo por nós e devemos descansar na sua vitória. Contudo, é preciso que você olhe para Jesus como modelo e veja como Ele reagia diante dos seus críticos.

Durante os três anos e meio do seu ministério terreno, Jesus enfrentava uma severa oposição da constelação religiosa de Israel que o considerava uma espécie de um desvio às leis estabelecidas por Moisés na Antiga Aliança. Eles amavam as posições de liderança e o elogio dos homens que viam os seus interesses e estatuto sendo ameaçados pela popularidade de Jesus e do seu ministério. Criticavam-no por tudo e sempre procuravam uma falha, uma brecha para acusá-lo e derribá-lo. Até curar um enfermo era um problema para eles. Mas em tudo, Jesus se portava com sabedoria, era firme com uma fortitude de caráter diante dos seus detratores e, ao mesmo tempo, com uma atitude de amor e compaixão pelo povo sofrido e oprimido pelo diabo. Ele sabia gerir as suas emoções.

Um dos problemas com muita gente é que não sabem ou não aprenderam a gerir relacionamentos nem a administrar as suas emoções. Zangam-se por coisas mínimas e do nada desistem dos projetos importantes que Deus lhes deu na vida. Assim, dão ocasião ao diabo para retê-los no mesmo lugar e no mesmo nível na vida. Você não pode ficar um dia inteiro ou a vida toda se lamentando e alimentando as tristezas, porque isso pode causar amargura na sua alma. Um coração amargo não pode orar bem, porque não está envolvido na comunhão com Deus. Zangar-se não é pecado, mas sim o que faz quando está zangado. Quando você é ofendido, entra em estado de zanga, a sua mente fica aberta e propensa à manipulação do diabo. Ele pode dizer-lhe para bater em alguém, partir loiça, insultar e tomar decisões de que se poderá arrepender no futuro. Por isso, quando estiver zangado, não diga nada e não fale nada. A Escritura nos dá uma prescrição: "Está alguém entre vós aflito? Ore. Está alguém contente? Cante louvores" (Tiago 5:13 ARC). Deus sempre nos orienta no que devemos fazer em cada situação. Por isso é que Paulo exortou que a palavra de Cristo habitasse abundantemente em nossos corações (Colossenses 3:16).

Compreenda isto: o seu coração é mais importante de que qualquer outra coisa, porque é lá onde o Espírito Santo fala e a partir donde Ele nos guia. Como diz a Escritura: "A alma do homem é a lâmpada do Senhor, a qual esquadrinha todo o mais íntimo do ventre" (Provérbios 20:27 ARC). O seu coração é como se fosse uma lâmpada; se deixar a amargura, ira, rancor, inveja ou ódio entrarem lá, eles poderão ofuscar o poder desta luz ou lâmpada para que não brilhe mais. Daí em diante, passa a não ouvir mais a voz de Deus, perde direção e motivação na vida, enquanto as pessoas que lhe ofenderam estão a viver bem no seu canto, deixando-o com as suas sementes que germinando, poderão travar o potencial que você tem.

A Escritura exorta-nos a corrermos cada um a sua carreira, olhando para Jesus, autor e consumador da fé. O qual pelo gozo que lhe estava proposto, suportou a cruz, desprezando a afronta (Hebreus 12:1-2). Qual é a coisa que o motiva a acordar cada manhã e dizer: "Este é o dia que o Senhor fez. Portanto, me alegrarei nele e tirarei o máximo das oportunidades que Deus me der hoje?" Quando você vive se queixando toda a hora e se achando pobre, desprezível e vítima de tudo que lhe acontece ao redor, não verá as oportunidades que Deus lhe dá. Será como uma tamargueira no deserto e não sentirá quando vier o calor. Deus quer que você seja como uma árvore plantada junto a ribeiros de água e seja sempre frutífero e produtivo. Se compreender isto e pôr em prática, a sua vida irá de glória em glória, para a frente e para cima apenas. Não haverá altos e baixos, apenas altos e avanços.

Outra coisa que pode fazer é não se associar aos escarnecedores, fofoqueiros ou zombadores. Sabia que há pessoas que não têm nada para fazer na vida a não ser ir de casa em casa ou sentar-se em algum lugar para falar da vida de outras pessoas? Em vez de agir e fazer progresso nas suas vidas, elas apenas reagem em função do progresso dos outros. São comentadores baratos da vida alheia. A Palavra de Deus tem um conselho para você: "Bem-aventurado o varão que não anda segundo o conselho dos ímpios, nem se detém no caminho dos pecadores, nem se assenta à roda dos escarnecedores. Antes, tem o seu prazer na lei do Senhor, e na sua lei medita de dia e noite. Pois que será como a árvore plantada junto a ribeiros de águas, a qual dá fruto na estação própria, e cujas folhas não caiem, e tudo que fizer prosperará" (Salmos 1:1-3 ARC). Você pode prosperar em tudo que fizer.

Note isto: o perdão é muito importante porque determina a saúde da sua alma e esta determina a prosperidade na vida e a saúde do seu corpo. Por isso é que a Escritura em 3 João 2 ARC vinca: "Amado, desejo que te vá bem em todas as coisas e que tenhas saúde, assim como bem vai a tua alma." Porquê tudo isto? Porque Deus quer vê-lo sempre animado, motivado e em bom espírito, posto que assim ouvirá bem a sua voz, seguirá a sua direção e desfrutará da vida.

Outra coisa que pode fazer é desenvolver o hábito de estar sempre a meditar nas Escrituras, cantar e louvar a Deus em seu coração. Isto irá criar uma atmosfera celestial dentro e ao seu redor, o que lhe fará experimentar os céus na terra e transportar a presença de Deus em todos os lugares onde estiver. É por isso que Paulo disse: "Não vos embriagueis com vinho, em que há contenda, mas enchei-vos do Espírito" (Efésios 5:18 ARC). Não há como se encher do Espírito Santo alimentando amargura no seu coração; então aí fica apenas uma religiosidade e não uma comunhão viva com Deus. Agora, como se encher do Espírito? Paulo prescreve: "Falando entre vós com salmos, hinos, e cânticos espirituais, cantando e salmodiando ao Senhor no vosso coração, dando sempre graças por tudo a nosso Deus e Pai, em nome de nosso Senhor Jesus Cristo" (versículos 19-20).

Fale positivamente consigo mesmo

Aprenda a falar consigo mesmo em Salmos: "O Senhor é a minha luz e a minha salvação, a quem temerei? Recuso-me a ficar com medo. O Senhor é o meu pastor, nada me faltará: a alegria, a paz, a saúde e a prosperidade não me faltarão." E por fim, aprenda a ser grato por tudo que Deus faz por você. Pare de reclamar e seja grato. A gratidão abrirá o seu espírito para oportunidades que jamais viriam à sua vida sem ela. A gratidão lhe fará apreciar a glória de Deus e desfrutar de cada estágio de sucesso na vida. Mas isso brotará de um coração limpo que perdoou e sabe perdoar. Perdoar não significa que você não foi ofendido, mas que já não tem a ferida, apenas a cicatriz e não doi mais. Perdoar não quer dizer que você deve confiar em todo o mundo. Ame todo o mundo com o amor de Cristo, mas não confie em todo o mundo. Pessoas sempre são passíveis de decepcioná-lo, mas confie sempre em Deus e nunca deve confiar nas pessoas usando a confiança com a qual confia em Deus. As pessoas mudam, mas Deus não. Ele nunca lhe irá desapontar, porquanto você confia n'Ele. Das pessoas, crie uma margem de erro, isto é, espere que em algum momento podem mudar. Pode ser por fraqueza da carne ou por influência do diabo ou mesmo porque não vigiaram na vida. Se fizer isto, estará preparado para não ser decepcionado e não se surpreenderá quando o seu marido, sua esposa, filhos, pais, irmãos, amigos ou colegas de repente demonstrarem um comportamento bipolar e mudarem.

Uma das razões pelas quais muitos ficam decepcionados é porque confiam demais nas pessoas e não em Deus e depositam nelas suas expetativas quando deviam depositá-las em Deus. A Escritura exorta: "Maldito o homem que confia no homem, e faz da carne o seu braço, e aparta o seu coração do Senhor" (Jeremias 17:5 ARC). Mas também encoraja: "Bendito o varão que confia no Senhor e cuja esperança é o Senhor. Porque ele será como a árvore plantada junto a ribeiros de água, que estende as suas raízes para o ribeiro e não receia quando vem o calor, mas a sua folha fica verde; e no ano de sequidão, não se afadiga nem deixa de dar fruto" (versículos 7-8).

Se alguém o ofendeu, perdoe e não seja assombrado pelo rancor ou mágoa. Faça esta oração: "Sara-me, Senhor, e sararei, salva-me e serei salvo; porque tu és o meu louvor" (Jeremias 17:14 ARC).

"Porque eu o Senhor, esquadrinho o coração, eu provo os pensamentos; e isso para dar a cada um segundo os seus caminhos e segundo o fruto das suas ações" (versículo 10).

Quando passar tempo a meditar na Palavra de Deus, a sua voz interior passará a ser a voz de Deus produzida pela sua Palavra. Assim, você pode abençoar-se a si mesmo pensando coisas boas, positivas e gloriosas acerca de si e de outras pessoas. Não terá nenhuma voz a acusá-lo e a roê-lo por dentro. O espírito de tristeza e amargura não terá lugar em você. Será uma pessoa alegre, viva e animada. E mesmo orando em seu coração, Deus o ouvirá e responderá porque está em constante interação com Ele por meio da sua Palavra e do seu Espírito. Treine o seu coração, a sua língua a falar em consistência com o amor de Deus. A Escritura diz que Deus derramou o seu amor em nossos corações por meio do Espírito Santo que nos deu (Romanos 5:5). Ame como seu Pai celestial. O amor de Deus é a maior forma de guardar o seu coração. Como disse o apóstolo Judas (não o Iscariotes): "Conservai a vós mesmos, no amor de Deus, esperando a misericórdia de nosso Senhor Jesus Cristo, para a vida eterna" (Judas 21 ARC).

CAPÍTULO IV

Princípio número 4

Ore ao Pai em nome de Jesus

"E naquele dia nada, me perguntareis. Na verdade, na verdade, vos digo que tudo quanto pedirdes a meu Pai, em meu nome, ele vo-lo há de dar" (João 16:23 ARC).

A Escritura supracitada revela-nos um dos princípios fundamentais de como devemos orar no Novo Testamento. É preciso compreender que antes do Verbo se tornar carne e ser chamado Jesus, ninguém em todo o Antigo Testamento teve o privilégio de chamar Deus de "Pai." Pensem nos patriarcas como Abraão, Isaque e Jacó que tinham aliança com Deus. Pensem nestes grandes homens de Deus como Moisés, Elias e Daniel que andaram com Deus e ouviam constantemente a sua voz. Nenhum deles em algum momento se chegou a referir a Deus de Pai. Ademais, uma das razões por que os judeus religiosos odiaram e entregaram Cristo para ser crucificado foi porque Ele se dizia ser Filho de Deus e para eles isso era tido como um sacrilégio. Jesus trouxe uma dispensação, uma era, um novo momento em que o Deus que parecia estar longe estaria perto de nós, estabelecendo íntima comunhão connosco.

Nas suas orações, referia-se a Deus sempre de Pai. Ele fez com que os seus primeiros discípulos soubessem que têm um Pai celestial a quem deviam orar. Por isso, no modelo da oração em Mateus 6:9 disse: "Vós orareis assim: Pai nosso que estás nos céus..." Aqui é nos apresentado pelo Mestre a forma de tratamento que devemos dar ao Deus com quem andamos, a quem servimos e adoramos: "Pai." É claro que este Pai é onipresente, onipotente, onisciente, santo, grande Deus, Deus dos exércitos, Deus da paz, Senhor nossa bandeira, Deus autossuficiente, entre outros muitos dos seus atributos. Contudo, apesar de todas estas suas facetas, continua sendo nosso Pai.

Se olhar para a maior parte das orações dos homens da Antiga Aliança, notará que geralmente usam o termo "Senhor," "Senhor Deus," mas na Nova Aliança, Jesus trouxe-nos a presença do Pai. Estamos na presença do Pai agora e vivemos lá. Portanto, sempre que orar, ore ao Pai. Obviamente que pode adorá-lo, louvá-lo: "Pai tu és santo, poderoso, misericordioso e compassivo. Não há Deus igual a ti." Chamá-lo de Pai revela um nível de intimidade que temos com Ele. Quando é que se tornou o nosso Pai celestial. Bem, nem todos são filhos de Deus. Existem criaturas de Deus e filhos de Deus. Assim atesta a Escritura: "E a todos quanto o receberam, deu-lhes o poder de serem feitos filhos de Deus, aos que creem no seu nome" (João 1:12 ARC). Fomos feitos filhos de Deus quando cremos em Jesus e o aceitamos como Senhor e Salvador. Somos filhos palavra de fé que ouvimos. "Sendo de novo gerados, não de semente corruptível, mas da incorruptível, pela palavra de Deus, viva e que permanece para sempre" (1 Pedro 1:23 ARC).

Caro leitor, note isto: quando nos tornamos filhos de Deus, algo acontece no nosso espírito. Há uma adoção de filiação. Assim diz a Escritura: "E porque sois filhos, ele enviou o Espírito de seu filho, que clama: Aba, Pai" (Gálatas 4:6). "Aba" é uma expressão aramaica que significa "Pai." O aramaico era a língua falada por Jesus na região onde cresceu. Note que antes de Jesus, ninguém era chamado de *filho de Deus*. A expressão "filho de Deus" não quer dizer que Deus teve uma mulher e esta engravidou e teve um filho humano ou divino; mas sim, "Deus em forma humana." Note que Jesus não era Jesus antes de se encarnar. Ele era sempre o Verbo, a Palavra eterna que procedia do Pai. Agora, este Jesus, por meio do Espírito Santo, tornou-se numa semente lançada aos nossos corações pela fé e que nos tornou também filhos de Deus. A nossa adoção como filhos de Deus ocorre em Cristo pela fé n'Ele e assim passamos a receber o Espírito Santo. É por meio deste Espírito Santo - que veio no lugar de Jesus para o glorificar e convencer o mundo do juízo, da justiça e do pecado - que o homem pode ser regenerado e chamar Deus, Pai. Quem não tem o Espírito de Deus é apenas uma criatura de Deus e não filho.

Por exemplo, sempre que chamo Deus de Pai em oração, sinto o seu amor, o seu aconchego e o seu poder que manifesta a sua presença. O meu espírito é ativado e fico cheio de unção. O meu espírito o reconhece como o Deus autossuficiente e a Ele se rende completamente. Não preciso de gritar, pois o Pai me ouve e responde. Portanto, como filhos de Deus, em oração, devemos chamá-lo de Pai.

Ore em nome de Jesus

No texto de João 14:6 ARC, Jesus disse: "Eu sou o caminho, e a verdade, e a vida. Ninguém vem ao Pai senão por mim." Com esta afirmação, percebe-se claramente que Jesus Cristo é o único caminho para Deus Pai. Ademais, o próprio Pai aprovou Jesus como mediador entre Deus e os homens ao ressuscitá-lo dentre os mortos e pondo-o a destra de sua majestade, acima de todo o governo, reino e nome. É por meio d'Ele que chegámos ao Pai, não há atalho. O Pai é tão santo, que por nós mesmos não poderíamos nos achegar a Ele. Éramos pecadores e merecíamos o seu castigo. Mas o castigo que nos traz estava sobre Jesus e pelas suas pisaduras fomos sarados (Isaías 53:4-5).

Agora, Jesus deu-nos a procuração para que usemos o seu nome em oração perante o Pai.

Observe a Escritura de abertura: "E, naquele dia, nada me perguntareis. Na verdade, na verdade, vos digo que tudo quanto pedirdes a meu Pai, em meu nome, ele vo-lo há de dar" (João 16:23 ARC). A que dia se referia Jesus aqui? Bem, é preciso notar que antes d'Ele morrer na cruz do calvário e ressuscitar dentre os mortos, não havia ainda o Novo Testamento e a igreja nem existia na terra. Jesus viveu e ministrou sob a Antiga Aliança. A Nova Aliança foi ratificada pelo seu sangue quando morreu na cruz e na sua ressurreição e na descida do Espírito Santo, a Igreja nasceu. Portanto, quando dizia: "Naquele dia" não se referia ao céu, mas sim ao dia da salvação, ao dia do Novo Testamento. E nós estamos *nesse dia* hoje; estamos nessa dispensação da graça salvadora em Cristo. Quando Jesus usa a expressão "na verdade, na verdade," quer enfatizar o valor do que quer comunicar aos seus discípulos; quer estabelecer um princípio que precisa de ser tomado em conta, crido e aceite. "Tudo quantio pedirdes a meu Pai, em meu nome, ele vo-lo há de dar." A quem pedimos? Ao Pai. O que pedimos? Tudo que quisermos, em conformidade com a sua vontade. Como pedimos? "Em nome de Jesus." O princípio subjacente aqui é que ao orarmos ao Pai, devemos fazê-lo em nome de Jesus. Ao dizer: "em nome de Jesus," você está literalmente a dizer o mesmo que "pela autoridade de Jesus, no lugar de Jesus." Isto porque Jesus deu-nos procuração para usarmos o seu nome. O Pai nos ouve como se fosse Jesus a orar. Somos membros do seu corpo, somos a sua voz, seus ouvidos e seus olhos. Ele deu toda a sua autoridade à igreja. Por isso, não deve orar a Jesus em nome de Jesus. A forma correta é orar ao Pai, em nome de Jesus, pois você está no lugar de Jesus agora.

Ora, os discípulos de Jesus já tinham expulsado demónios e curado enfermos em nome de Jesus, mas nenhum sequer tinha usado o nome de Jesus em oração. Eles ainda estavam sob a vigência do Antigo Testamento em virtude de Cristo ainda não ter padecido. Por isso é que Ele lhes disse: "Até agora, nada pedistes em meu nome; pedi e recebereis, para que a vossa alegria se cumpra" (versículo 24). Notou aqui que Deus está interessado em responder às orações e conceder as nossas petições? Com estas palavras, Jesus banca a fé dos discípulos na infalibilidade do seu nome. Como quem diz: "Se pedirem algo ao Pai em meu nome, Ele vo-lo dará. Falem diretamente com o Pai, mas usem o meu nome." O nome de Jesus dá-nos acesso ao trono do Pai celestial. Em oração, o nome serve como canal e em ministração aos enfermos ou ao expulsar os demónios, o nome é um instrumento. Você pode confiar no nome de Jesus.

A partir de hoje, pode orar ao Pai em nome de Jesus e verá resultados positivos. Apenas use o nome com fé e em comunhão com Jesus. É desejo de Deus ver-nos alegres. Por isso Jesus nos disse para pedirmos para que a nossa alegria se complete. A alegria surge sempre que oramos e Deus nos responde positivamente. Ore em nome de Jesus. Não use nomes de santos ou de pessoas mortas. Use o nome d'Aquele que ressuscitou dos mortos, venceu e vive para sempre. Use o nome de Jesus. Tome um tempo agora, levante as mãos e comece a orar. Pratique o uso deste maravilhoso nome. Peça a Deus o que quiser e, pela fé, receba-o agora.

CAPÍTULO V

Princípio número 5

Quando orar, creia que já recebeu o que pediu

"Por isso, vos digo que tudo o que pedirdes, orando, crede que o recebereis e tê-lo-eis" (Marcos 11:24 ARC).

Os primeiros discípulos de Jesus estavam admirados ao ver uma figueira que no dia anterior, Jesus tivera amaldiçoado, se secara completamente. Jesus mostrou-lhes que eles também podiam ter os mesmos resultados, no sentido de que tudo que dissessem aconteceria e tudo que pedissem teriam, se tão somente cressem. A questão da fé é tão fundamental que as Escrituras dizem: "Ora, sem fé é impossível agradar-lhe, porque é necessário que aquele que se aproxima de Deus creia que ele existe e que é o galardoador daqueles que os buscam" (Hebreus 11:6 ARC).

A fé é deste modo um dos maiores princípios que regem a oração.

Duas razões pelas quais você deve ter fé em Deus ao orar

Primeira: porque o crente deve crer que Deus existe.

Como oraria e confiaria num Deus não-existente? Ele não é uma mitologia judeo-cristã – é uma realidade. Por exemplo, uma irmã contou-me que se sentia fraca na oração porque o seu marido não orava com ela. Ademais, o marido achava que ela era paranoica, a falar com alguém que ele não via. Isto é comum se você for salvo e os membros da sua família ou colegas não. Eles podem julgar que você esteja louco porque está aí a falar com alguém que não veem., mas Deus é mais real que a roupa que você usou.

A Bíblia Sagrada diz que n'Ele vivemos, e nos movemos, e existimos (Atos 17:28). A sua presença não está longe de nós. É por isso que Jesus rogou ao Pai para que nos enviasse o Espírito Santo. Por sua vez, o Espírito Santo transporta a presença de Deus e o amor d'Ele para nós para onde estamos a orar e passamos a sentir o poder dessa presença, do seu amor e a sua glória. Ele é real.

Muitas vezes, quando eu oro sozinho, mesmo em casa, acontece que de repetente um vento parece soprar e as minhas roupas começam a esvoaçar. Eu sei que naquele momento não liguei nenhuma ventoinha nem algum ar condicionado. O que será este fenómeno? É a presença de Deus trazida e reproduzida pela pessoa do Espírito Santo. A extensão da presença de Deus acompanha-nos e manifesta-se sempre que oramos ao Senhor. Esta presença de Deus produz um sentimento de segurança, proteção. Não é de admirar que Davi tenha dito: "Ainda que andasse pelo vale da sombra da morte, não temeria mal algum, porque tu estás comigo. A tua vara e o teu cajado me consolam" (Salmos 23:4 ARC). Era a certeza de que Deus estava com ele. Caso contrário, não teria tido a audácia de enfrentar Golias, o gigante, sem confiar no Senhor - seu Deus. Por isso, Paulo encorajou-nos: "Nos demais, irmãos meus, fortalecei-vos no Senhor e na força do seu poder" (Efésios 6:10 ARC).

Caro leitor, você pode fortalecer-se no Senhor e na força do seu poder. Reconheça sempre a presença de Deus consigo e verá a sua manifestação.

Compreenda isto: os homens e as mulheres que revolucionaram o mundo do seu tempo trouxeram avivamento, operaram grandes milagres e deixaram grandes legados de fé e modo de vida e impactaram as gerações passadas. Não tinham títulos honoríficos ou académicos, mas eram pessoas que tiveram experiências com Deus. Homens que souberam ouvir a voz de Deus e andaram com Ele. Por causa desta consciência da presença de Deus com eles, não tinham medo de nada nem de ninguém. Por isso Abednego, Mesaque e Sadraque foram socorridos da fornalha acesa, porque ousaram ter fé no seu Deus. Daniel escapou da boca dos leões porque confiou em Deus.

A oração, quando feita com fé e com o reconhecimento do poder e da grandeza de Deus, produz experiências extraordinárias.

A oração produz experiências com Deus

Recordo-me que, em 2010, estava no meu quarto em oração numa manhã quando de repente as chapas – o telhado da casa– desapareceram. Fui levado numa visão espiritual – em transe ou êxtase. Estive entre o céu e a terra e, do espaço, olhava e via o meu corpo deitado na cama, e ao mesmo tempo eu na cama, conseguia ver-me no espaço. Foi uma grande experiência. E comecei a ter visões de coisas que iriam acontecer a seguir e informações sobre pessoas, eventos e situações. E tudo acontecia da mesma forma.

Recordo-me que numa dessas belas manhãs, por volta das 7h00, vi um jovem chamado Páida, com um coração quebrantado, triste e quase a pensar em se suicidar porque a sua vida e a da família estavam completamente barradas pelo diabo. O pai tinha morrido e ele vivia com a mãe e com a irmã. Estava em lágrimas. Vi a cara dele muito claramente naquela visão. Depois, saí para evangelizar aos arredores do meu bairro e encontrei o jovem da mesma maneira que o tinha visto na visão: com as mesmas roupas, semblante e mesmo estado. Orei por ele e a sua vida e da irmã nunca mais foram as mesmas.

Estou a dar estes pormenores para o ajudar a perceber que momentos de oração são momentos de elevação espiritual e que Deus é real, a sua Palavra é fiel e você pode confiar n'Ele.

Ora, é a partir desta sua natureza de ser fiel, todo-poderoso, misericordioso, onisciente e onipresente, e ao mesmo tempo, se interessar pela humanidade, que você pode ter fé n'Ele em oração, que nunca falha. Por isso, Jesus disse aos seus discípulos "Tende fé em Deus" (Marcos 11:22 ARC). A fé em Deus produz resultado.

Segunda: ore com fé porque Deus é o galardoador dos que o buscam.

Isto quer dizer que sempre que buscamos o Senhor, Ele nos recompensa, ou melhor, algo de mais valia é sempre creditado e acrescentado em nós sempre que oramos a Deus.

Muitas pessoas oram, mas não recebem respostas porque não creem. Entretanto, Jesus disse: "Tudo o que pedirdes orando, crede que o recebereis e tê-lo-eis." Isto não é uma promessa, mas sim uma garantia, uma declaração de realidade espiritual. Às vezes pergunto a algumas pessoas: "o irmão ou a irmã crê que já recebeu o que pediu?" e a resposta de alguns é: "não sei se recebi ou não, nem sei ainda se vou receber." Porque é que ora então se não crê que Deus vai responder? Como antes o disse, é vontade de Deus responder às nossas orações, mas Ele quer que você creia.

Porquê a fé é necessária?

Como lemos no texto de Hebreus 11:6, é impossível agradar a Deus sem fé. A oração deve ser feita com fé – com expetativa e confiança. Ademais, no mundo espiritual, crer é sinónimo de receber. O que você pede a Deus, recebe quando crê que recebeu. Ou seja, a habilidade de crer que Deus lhe concedeu o que você pediu, em oração, é em si mesma a prova de que já recebeu. Por isso, não deve mais ficar preocupado. A propósito, o texto em Hebreus 4:3 diz que nós, os que cremos, entramos em repouso. O que equivale dizer que já não estamos preocupados, não estamos apreensivos nem atemorizados.

Por exemplo, se você está a orar a favor de emprego pode dizer: "Pai, eu peço este emprego e o recebo agora, em nome de Jesus." Pronto, agora já se pode ver a trabalhar mesmo antes de ser chamado para assinar o contrato.

A fé é uma atitude, isto é, não deve somente crer, deve também agir como quem já recebeu. Deve manifestar a atitude de quem já tem o que pediu. Você deve confessar o que já recebeu.

Noutro capítulo, aprofundaremos mais sobre esta matéria quando aprendermos sobre a tipologia de orações. De momento, o que quero que compreenda e retenha é que quando orar e pedir algo, creia primeiro que já recebeu antes de ver a manifestação dessa coisa que você pediu. Uma coisa é certa: quando oramos, Deus examina os nossos corações para ver se cremos que Ele é capaz de fazer o que pedimos ou não. Como Jesus perguntou aos dois que pediam que lhes curasse da sua cegueira: "Credes vós que eu possa fazer isso? Disseram-lhe eles: sim, Senhor. Tocou, então, os olhos deles, dizendo: seja-vos feito segundo a vossa fé. E os olhos se lhes abriram." (Mateus 9:28-30ª ARC). Notou que foi simples a cura desses cegos? Eles responderam positivamente a Jesus, dizendo que criam que Ele era capaz e logo se lhes fez conforme creram.

Que Deus lhe conceda o seu pedido segundo a sua fé! Tudo é possível ao que crê. Quando orar, faça-o com fé.

CAPÍTULO VI

Princípio número 6

Quando orar, agradeça como quem já recebeu

No princípio número 5, aprendemos o valor e a necessidade da fé quando oramos. A fé dá-nos acesso ao que a graça de Cristo tornou disponível para nós. Por exemplo, a salvação, a saúde, a prosperidade e vida de glória estão disponíveis para nós. Não são coisas pelas quais nos devemos sacrificar para ter, pois já estão disponíveis para toda a humanidade dos que se chegam a Deus, em Cristo com um coração rendido e fé.

Ora, sabendo que tudo que pedimos orando devemos crer que já recebemos, implica que deve haver uma atitude da nossa parte, logo após termos orado.

A questão que fica é: o que fazer depois de você ter orado? Bem, se crê que já recebeu o que pediu em oração, a melhor forma de manifestar uma atitude recetora é agradecer. As ações de graça devem pontuar a oração do crente porque somente com esta atitude é que você terá paz e alegria de saber que todas as preocupações já foram atendidas por Deus.

Observe o texto aos Filipenses 4:6 ARC: "Não estejais inquietos por coisa alguma; antes, as vossas petições sejam em tudo conhecidas diante de Deus, pela oração e súplicas, com ação de graças." O que o Espírito de Deus está a dizer aqui, por meio de Paulo, é que quando tiver entregado a sua petição a Deus, em oração, deve agradecer.

Do ponto de vista de Deus, como seu filho ou sua filha, você não deveria andar preocupado. Não deveria ter algo que lhe inquiete ou que lhe cause preocupação. A preocupação é uma das **razões** pelas quais muita gente anda doente, fraca e com falta de apetite para comer. Por conta da preocupação, as pessoas perdem sossego, paz e alegria de viver. Umas estão preocupadas com o que irão comer, vestir ou beber e outras estão preocupadas com os seus negócios, empregos, família e muitas outras coisas. A prescrição que a Palavra de Deus nos dá é esta: "Não estejais inquietos por coisa alguma." Que desejo de Deus para com os seus filhos! Por isso, Jesus disse que deixassem as crianças ir ter com Ele porque delas era o reino dos céus. Uma das características das crianças é que confiam facilmente, perdoam facilmente e são gratas por pequenas coisas. Ademais, as crianças não andam preocupadas pensando como pagarão as propinas na escola, o que comerão amanhã, nem onde irão dormir no dia seguinte. Algo dentro delas lhes aquieta, sabendo que a mãe e/ou o pai irá cuidar do resto. Por isso, a maior parte do tempo lhes é reservada para estudar, comer e brincar enquanto os seus pais estão emagrecendo de tanto ficar preocupados.

A fase mais feliz da vida é esta. Desfrutar da vida, brincar e exprimir as suas emoções. O adulto não é assim, ele anda sempre pensativo e muitas vezes na defensiva. Gosta de se preocupar por coisas que nem deviam ocupar a sua mente. Ficam toda a noite acordados a pensar em como pagar as contas de luz, água e renda de casa. Durante o dia, não tem sossego e de noite, não tem paz. Estão a procurar um beco para se esconderem dos desafios e problemas da vida porque não aprenderam a lançar os seus fardos ao Senhor. Não aprenderam a confiar, a depender de Deus. Querem fazer o que somente Deus pode fazer. Muitos, depois de terem orado, continuam mais preocupados do que antes da oração. No momento da oração, no lugar de entregar os seus fardos ao Senhor ou fazer sabidas as suas petições, lembram-se do seu sofrimento e se queixam a toda a hora. Por isso, mesmo orando, não recebem nada e mesmo que Deus lhes dê uma instrução, não estão atentos para ouvir e seguir. A razão? Estão preocupados. Você deve aprender a descansar no Senhor.

Descanse no Senhor

A paz de Cristo – o sinal interior

A Escritura, em Salmos 55:22 ARC, diz: "Lança o teu cuidado sobre o Senhor e ele te susterá, nunca permitirá que o justo seja abalado." Como lançar os seus fardos sobre o Senhor? Entregando as suas petições a Deus em oração e com ação de graças. As ações de graça são um sinal de que, pela fé, você já recebeu o que pediu ao Senhor. O que faz alguém que já recebeu aquilo que pediu? Obviamente, agradece. Agora, nas coisas de Deus, ou seja, no reino de Deus, o princípio é que você deve agradecer por aquilo que pediu como quem já recebeu. Você não está a tentar receber ou supor que recebeu. O fato é que quando crê que recebeu, na arena espiritual você é concedida a petição no espírito antes de se manifestar no físico.

Olhe para o exemplo da Ana, mãe de Samuel; a Escritura diz que ela era estéril e a sua rival, Penina, tinha filhos e por causa disso, a humilhava. Certa vez, quando iam a Silo para adorar ao Senhor, ela ficou no templo a orar sem dizer palavras audíveis. Apenas suspiros e gemidos saíam dela porque orava a partir do seu coração. O homem de Deus, Eli, notou que ela balbuciava palavras, mas não se ouvia nada do que dizia. Pelo que a teve por embriagada. Todavia, ela explicou o motivo pelo qual fazia a petição a Deus, dizendo que queria ter filhos. Na verdade, nem chegou a dizer exatamente ao homem de Deus que era um filho o que ela queria, mas que estava a derramar a sua alma perante o Senhor. Note as palavras de Eli, o sacerdote do Senhor: "Vai em paz, e o Deus de Israel te conceda a petição que lhe pediste" (1 Samuel 1:17 ARC). Era tudo quanto ela queria ouvir – uma palavra que viesse da parte de Deus para o seu caso. Sabia que a Palavra de Deus nunca falha. Observe a reação dela: "Assim a mulher se foi seu caminho e comeu, e o seu semblante já não estava triste" (versículo 18).

Notou que a tristeza desapareceu e a alegria veio ao coração dela e se manifestou no seu rosto? Porquê? Porque ela soube receber. De fato, ela concebeu e teve um menino ao qual deu o nome de Samuel e este foi um juiz, sacerdote e profeta. Foi ele quem ungiu o primeiro rei de Israel, Saúl e mais tarde, ungiu a Davi, de cuja linhagem veio o Salvador – Jesus Cristo. Ademais, ela teve outros filhos além de Samuel, mas este o dedicou ao Senhor.

Caro leitor, não fique preocupado. Apenas ore com fé e depois agradeça como quem já tem o que pediu. Qual é o seu pedido ao Senhor hoje? Use estes princípios e apresente os seus pedidos ao Senhor, pela oração e ações de graça.

Há uma coisa que acontece quando você agradece: Deus lhe concede paz – uma paz que o tranquiliza e lhe faz saber que o assunto está resolvido.

Compreende agora porque falamos da importância de manter o seu coração limpo e perdoador? Para que ele possa captar os sinais emitidos pelo Espírito Santo.

Por exemplo, quando eu oro e peço algo a Senhor, Ele me dá uma paz interior. Note que já temos a paz de Cristo em nós. Mas há um tipo de paz que vem depois de termos descarregado qualquer que seja o fardo ao Senhor em oração e com ações de graça. Esta paz serve como sinal de que já está tudo resolvido. E quando você continua preocupado mesmo após ter orado, perde essa paz e consequentemente, perde a capacidade de receber o que pediu a Deus em oração. Por isso a Escritura garante: "E a paz de Deus, que excede todo o entendimento, guardará os vossos corações e os vossos sentimentos em Cristo Jesus" (Filipenses 4:7 ARC).

Quando é que experimentará esta paz? Quando orar com ações de graça. Esta paz é uma nota de vitória que vem da parte de Deus para os seus filhos – uma forma de comunicar a resposta no coração do homem, antes de que aquilo que pediu se manifeste fisicamente. Agora, se após a oração você continuar preocupado, é sinal de que orou em vão e jejuou em vão porque não seguiu este princípio divino. Veja a magnitude desta paz: ela guardará o seu coração e a sua mente. Onde é que o diabo costuma colocar preocupações? Na mente do homem. Onde é que satanás deposita o medo no homem? No seu coração. Agora, esta paz resolve tudo isso de uma só vez, de modo que você viva todos os dias sem nenhuma preocupação nem medo na sua mente e no seu coração. Receba a paz agora.

Notei que uma das razões por que muitos irmãos andam preocupados e com medo, mesmo após terem orado, é porque consideram o problema que enfrentam ou a situação na qual estão maiores que Deus e mais graves e severos do que a sua fé. Quando isto ocorre, a oração sai de um coração congelado com o medo e flagelado pelas circunstâncias. Deus disse: "Eis que eu o Senhor, o Deus de toda a carne (humanidade). Acaso, seria qualquer coisa maravilhosa demais para mim?" (Jeremias 32:27 ARC). Claro que não há! Tudo é possível para o que crê diante do Deus para o qual nada é impossível.

Compreenda que estamos aqui a tratar de leis espirituais que fazem com que a oração seja respondida por Deus. Deus não responde simplesmente porque alguém chorou, mas porque creu e deu graças.

Olhe para a reação de Jesus. Diante da tumba de Lázaro, a oração foi: "Pai, graças te dou, por me haveres ouvido. Eu bem sei que sempre me ouves, mas eu disse isso por causa da multidão que está ao redor, para que creiam que tu me enviaste" (João 11:41-42 ARC). Note que Jesus agradece ao Pai pela ressurreição de Lázaro muito antes de ele ser ressuscitado. Porquê? Porque este é um princípio espiritual e funciona muito bem. Muitos crentes já receberam da parte de Deus o que pediram, mas não tomaram e nem se manifestou ainda porque não creem e nem deram ações de graça. Eles dizem: "Eu irei agradecer quando vir a coisa a acontecer." Mas não deve ser assim.

Por exemplo, se você está doente, pode dizer: "Pai, a tua Palavra diz que Cristo levou todas as minhas enfermidades e as minhas dores. Eu recuso-me a ficar doente e rejeito esta dor, esta enfermidade, este vírus, em nome de Jesus. Obrigado por removeres de mim toda a dor e enfermidade. Pelas pisaduras de Cristo, fui sarado. Obrigado pela cura." Daí, demonstre os frutos da sua fé, comece a agir como quem está curado e faça o que não fazia antes, pela fé. É emprego, casamento, finanças, restauração do seu lar? Transformação do seu marido, da sua esposa ou salvação dos seus familiares? Comece agora a agradecer pela salvação deles. Mesmo antes de começarem a vir à igreja, reconheça que já está feito.

Não se esqueça: sempre que orar, creia que recebeu e agradeça. Receba a paz de Cristo agora. Não fique preocupado. Quando descansa, Deus trabalha para você, mas quando anda preocupado, você trabalha e Ele deixa de tratar o seu expediente. Como Pedro uma vez disse: "Lançando sobre ele toda a vossa a ansiedade, porque ele tem cuidado de vós" (1 Pedro 5:7 ARC). Lance o seu cuidado sobre o Senhor, agradeça e receba paz.

Tendo aprendido todos estes seis princípios espirituais, é tempo de pô-los em prática agora e ver resultados na sua vida e no seu andar com Deus.

ANOTAÇÕES DO LEITOR

PARTE IV

Tipos de Oração

Tabela de Conteúdos – Parte IV

INTRODUÇÃO 163

Tipos de oração 163

CAPÍTULO I 167

A oração da petição 167
    Porque é que Deus quer responder às nossas petições? 168
    Acedendo a provisão do Senhor 169
    O que fazer com a palavra de Deus? 175
    Coloque o seu pedido de forma objetiva e específica diante de Deus 178
    Como saber que Deus respondeu à sua petição e quando parar de pedir? 180
    Conte as suas bênçãos 181

Exercício 1 182

Exercício 2 183

CAPÍTULO II 184

A Oração de Ação de Graças 184

Ações de Graças, Uma Arma de Guerra Espiritual 186
    O que fazer diante de um desafio 186
    Porque é que a Oração de Ação de Graças é Poderosa? 189

Exercício 189

CAPÍTULO III 191

A Oração da Fé 191
  Princípios da Oração da Fé 192

Como Fazer a Oração da Fé? 195

CAPÍTULO IV 201

A Oração de Louvor e Adoração 201
  O que é a adoração e o que é o louvor 203
  Como exprimir os louvores 206
  Benefícios da oração de louvor 207

Subcapítulo - O Poder do Louvor 208

O louvor como arma de guerra 208
  Como vencer sem lutar e prosperar sem suar 208
  Libertos da prisão sem usar a força humana 210
  Compreendendo a adoração 211
  Benefícios da oração de adoração 212
  Como fazer a oração de adoração? 213

Exercício 215

CAPÍTULO V 216

A Oração em Línguas 216
  Um Breve Historial 216
  Porque é que o Espírito Santo desceu no dia de Pentecoste? ... 217
  Línguas estranhas, a nova linguagem da nova criação 222
  A importância de orar em línguas 225

CAPÍTULO VI 235

A Oração de Consulta 235

Legalidade dada ao diabo para afligir o homem: como quebrá-la? 254

Bases para a oração de consulta, na identificação da raiz do mal . 263

Exercício 268

CAPÍTULO VII 269

A Oração de Intercessão 269
    Jesus Cristo – o maior intercessor da humanidade 272
    Características dos intercessores 276
    Princípios da oração de intercessão 280
    O nosso chamado para interceder 283

Exercício 285

CAPÍTULO VIII 286

A Oração de Concordância 286
    Princípios da oração de concordância 288
    O poder da oração de concordância 289

Exercício 291

CAPÍTULO IX 292

Enunciados Proféticos 292
    Como obter enunciados proféticos e decretá-los? 297
    Como ativar o seu espírito 298

ANOTAÇÕES DO LEITOR 301

Introdução

Tipos de oração

"Orando em todo tempo com toda oração e súplica no Espírito e vigiando nisso com toda perseverança e súplica por todos os santos" (Efésios 6:18 ARC).

A Palavra de Deus nos recomenda a orar em todo o tempo e nunca desfalecer. Por isso, podemo-nos encontrar em diversas situações nas quais devemos orar. Situações de desafios e tentação porque estamos diante de um obstáculo que ameaça pôr em causa a nossa vida, estabilidade, família ou nação. Ou porque queremos reverter o curso de um acontecimento ou evento, ou situação que nos parece desfavorável. Ou mesmo porque estamos felizes por uma conquista, uma vitória e estamos em celebração. Em diversos momentos da vida, teremos sempre de orar e para cada situação existe um tipo de oração recomendável ou aplicável. Portanto, conhecer os diversos tipos de oração é muito importante para saber como orar em cada situação. Ainda que muitos a tomem como uma bala de prata, é preciso saber quando usá-la e saber fazer corresponder o tipo de oração com a situação na qual estamos, o que sentimos ou quando queremos a intervenção divina, o que coloca o crente em larga vantagem em relação a quem não sabe.

Por exemplo, nove dos discípulos de Jesus tinham ficado para trás quando Ele levou Pedro, Tiago e João para o monte a orar. Sozinhos, foi-lhes trazido um rapaz que era lunático, surdo e mudo, por quem o seu pai pediu a intervenção deles. Infelizmente, eles não conseguiram expulsar o espírito imundo, muito menos curar o menino. É somente quando Jesus desce do monte, depois de ter estado em oração, que ministra libertação para esse jovem com palavras de autoridade, curtas, mas potentes no seu impacto: "Tu espírito surdo e mudo, eu te ordeno que saias dele"; e imediatamente, ele saiu. Os nove discípulos ficaram espantados porque provavelmente devem ter tentado usar o mesmo método de Jesus "de emitir ordens aos espíritos para que saíssem e assim acontecia". Na vez deles, porém, saíram palavras destituídas de poder, gritaria sem solução e lhes levou muito tempo para tentar expulsar um demónio que para Jesus lhe levou apenas uns segundos. Face a esta tentativa frustrada e de espanto, os discípulos lhe perguntaram à parte por que não tinham conseguido expulsar o demónio. A resposta do Mestre foi reveladora: "Esta casta não sai, senão por oração e jejum." Eles pensavam que só porque tinham autoridade, podiam apenas falar e as coisas aconteceriam sem ter em conta a importância da oração e do jejum.

Compreenda isto: há situações que requererão só oração e outras, oração e jejum para que sejam resolvidas. Por isso, não tome de ânimo leve a questão da oração.

Na escritura de abertura em Efésios 6:18, Paulo nos exorta a orar com todo o tipo de oração e súplica. Esta escritura sugere que existem vários tipos de oração e em certos momentos na vida, deveremos usá-los. Se há uma área na qual todo o cristão deve evoluir, deve ser na oração.

Ora, antes deste versículo e recomendação, Paulo esclarece o contexto no qual estes vários tipos de oração devem ser empregues. No versículo 12, ele faz-nos entender que estamos em guerra – guerra espiritual - e isto quer dizer que existe uma força opositora cuja intenção e missão é fazer de tudo para tornar a vida dos humanos insuportável, lutando contra a sua felicidade, sucesso, saúde e prosperidade. Este é o reino das trevas encabeçado pelo diabo com as suas hostes espirituais de maldade nos lugares celestiais. Sobre esta matéria, aconselho o leitor a adquirir e ler a minha nona obra: "O Mundo Espiritual: compreendendo as forças que ditam a vida dos humanos na terra" (CUTANE, Onório, 2021).

O ponto fulcral aqui é que Paulo fala de um "dia mau" e o Espírito de Deus quer que você e eu sejamos capazes de resistir às investidas e ciladas do diabo e permanecermos de pé. Já teve um dia mau na sua vida? Um dia em que parece que o mundo desabou sobre si e parece que está no fim do túnel? Tentou tudo e ligou para todos que conhece, mas pareceu estar tudo fechado e os seus adversários aumentaram contra si? Parecia que todos estavam contra si e era o fim do mundo para você? Bem, eu já tive, mas o conhecimento dos vários tipos de oração e a comunhão com Jesus me deram vitória. Jesus disse aos seus discípulos: "Eis que chega a hora, e já se aproxima, em que vós sereis dispersos, cada um para a sua casa, e me deixareis só; mas eu não estou só, porque o Pai está comigo" (João 16:32 ARC). Jesus desfrutava de uma profunda comunhão com o Pai que mesmo tendo sido abandonado pelos seus discípulos, não ficou abalado. Como Paulo uma vez disse: "Eu sei em quem tenho crido" (2 Timóteo 1:12 ARC). Existem aqueles dias que o diabo, depois de várias tentativas fracassadas para derrubá-lo, decide fazer uma investida – e lançar os seus melhores mísseis contra sua vida, sua família, pessoas que você ama e preza ou seu emprego ou nação. O problema é que se você não souber que existem diversos tipos de oração, poderá andar preocupado até mesmo abalado porque orou, mas não viu mudanças. Contudo, é preciso perceber que Deus já nos deu a solução para tudo na provisão da sua palavra. Por isso, Paulo nos exorta a orarmos com todo o tipo de oração. A oração é alistada neste contexto como uma das armaduras espirituais do crente contra as ciladas astutas do adversário – Satanás. Como soldado de Cristo, devidamente preparado e vigilante, deverá ter discernimento para saber que tipo de arma empregar face à situação que lhe é contrária. Vai usar uma pistola de pequeno calibre ou vai usar uma arma de longo alcance? Qual irá usar? Uma bazuca ou um míssil espiritual? O conhecimento dos vários tipos de oração é essencial. Vários homens e mulheres de Deus da antiguidade oraram e prevaleceram quando foram confrontados por diversos desafios da vida e do seu tempo. O livro dos Salmos é um exemplo típico de homens que, mesmo de forma poética e lírica, oraram em momentos de guerra, rodeados por seus inimigos quando odiados ou ainda em momentos de euforia, de alegria – em tudo invocaram o Criador do universo e Ele lhes respondeu.

Neste capítulo, iremos aprender alguns tipos de oração mais comuns. Consciente de que não poderia esgotar este tema de oração e sua tipologia também e ciente de que poderei ter que escrever uma segunda ou terceira edição deste livro com mais subsídios e inputs espirituais, vou-me cingir apenas a oito. A saber: a oração de petição, oração de ação de graças, da fé, de louvor e adoração, em línguas, de consulta, de intercessão, de concordância e os enunciados proféticos. Repito, este conjunto tipológico de orações não esgota tudo que há sobre esta matéria, mas creio que será útil para o leitor. Eles funcionam e nunca falham porque o Deus que os recomenda nas Escrituras também nunca falha. Se os outros, nos tempos bíblicos andaram com Deus e venceram, você também não poderia ser uma exceção, pois Jesus Cristo é o mesmo, ontem, e hoje e eternamente (Hebreus 13:8). Até porque a Escritura nos exorta a imitar os que, pela fé e paciência, herdaram as promessas de Deus (Hebreus 6:12).

CAPÍTULO I

A oração da petição

"Até agora, nada pedistes em meu nome; pedi e recebereis para que a vossa alegria se cumpra" (João 16:24 ARC).

Nesta escritura, Jesus encoraja os seus discípulos a pedirem e ao mesmo tempo, garante que estas petições serão satisfeitas, ou seja, serão concedidas.

A oração de petição é aquela na qual o candidato se propõe a pedir algo a Deus. O objetivo deste tipo de oração é pedir. Vamos aprender ao longo destas linhas os procedimentos que acompanham este tipo de oração, de modo que o que pedimos nos seja dado.

Certa vez, ouvi um pregador a dizer: "Não incomodem a Deus com vários pedidos porque Ele deve estar exausto de toda a hora ter pessoas em todo o mundo a pedirem algo." Bem, isto não corresponde com a verdade no que concerne a Deus, pois Ele é onisciente e onipotente e não anda confuso porque em várias partes do mundo as pessoas lhe pedem coisas. Pedir não é mau, até porque foi Ele que nos convidou a pedir. O texto em Mateus 7:7 diz: "Pedi e ser-vos-á dado." Deus não nos iria convidar a pedir se não tivesse vontade de dar. É a forma como pedimos que precisa de ser revista. No texto de abertura em João 16:24, Jesus notou que os discípulos não tinham ainda tirado proveito desta abertura de Deus, desta oportunidade de, sem nenhum intermediário, usarem o nome de Jesus para colocar as suas petições a Deus.

Porque é que Deus quer responder às nossas petições?

Bem, olhemos novamente para a parte b do versículo 24: "Pedi e recebereis para que a vossa alegria se cumpra." Aqui está mais que claro que o motivo pelo qual Deus nos quer conceder as nossas petições: *para que a nossa alegria se cumpra*. Estas palavras de Jesus revelam o coração do Pai para connosco: Ele quer ver-nos alegres e não tristes. Notou o uso do pronome possessivo "vossa?" Nossa quê? Alegria. Ó glória! Deus quer ver-nos alegres pelo fato de que pedimos algo em nome de Jesus e Ele no-lo concedeu.

Durante muitos anos, cresci a ouvir que Deus não estava muito interessado na nossa alegria, mas na alegria d'Ele. Este versículo deita abaixo esse argumento. A alegria que Ele quer ver é a nossa, pois Deus é o dono do ouro e da prata. Tudo lhe pertence e não carece de nada. Por isso, n'Ele não há trevas, tristeza nem amargura. Nós aqui na terra é que precisamos d'Ele e da sua provisão. Foi quem alimentou Elias com pão que era trazido por corvos e com a água do ribeiro de Querite. Quando o ribeiro secou, foi Ele quem multiplicou a farinha e o azeite da viúva de Serepta, livrando-o assim da morte e da crise de fome que perdurou 3 anos e meio.

Foi Ele que multiplicou cinco pães e dois peixes para alimentar uma multidão faminta e, a segunda vez, multiplicou sete pães. Ele é o Deus da provisão, por isso o rei Davi exclamou: "O Senhor é o meu pastor e nada me faltará" (Salmos 23:1 ARC).

Veja as palavras de Davi, na sua velhice – palavra de um homem que andou com Deus e viu a sua fidelidade: "Fui moço e agora sou velho, mas nunca vi desamparado o justo, nem a sua descendência a mendigar o pão" (Salmos 37:25 ARC). E Jesus aprece aqui no texto de João 16:24 a dizer que os discípulos não tinham pedido nada em seu nome. O fato é que há uma alegria que brota do coração de uma pessoa que pediu algo a Deus e lho concedeu. Ele tem muitos dons, muitas dádivas e quer dá-los aos seus filhos. Não fique triste quando você lhe pede algo, pois, a vontade d'Ele de dar é maior que a sua capacidade de pedir. Por isso, nos encoraja: "Pedi e ser-vos-á dado." A razão pela qual você deve pedir é porque o Senhor quer lhe dar. Há, portanto, uma interligação entre o pedido (a petição) e a dádiva (o ato de dar). Ambos estão interligados e você deve saber pedir e ao mesmo tempo, saber receber. Muitos irmãos não sabem receber. Por isso, continuam a pedir a mesma coisa todos os dias quando Deus já lhes concedeu. Deus tem muitos tesouros infinitos. A Escritura afirma: "Toda a boa dádiva e todo o dom perfeito vem do Pai das luzes, em quem não há mudança, nem sombra de variação" (Tiago 1:17 ARC). Quando você pede algo a Deus, Ele não dará o que não presta como fazem os humanos, mas sim, toda a boa dádiva. Por isso, Paulo disse: "O meu Deus, segundo as suas riquezas, suprirá todas as vossas necessidades em glória, por Cristo Jesus" (Filipenses 4:19 ARC).

Notou a forma como Deus suprirá todas as nossas necessidades em glória? Por Cristo. Agora quero que observe duas expressões neste versículo:

Acedendo a provisão do Senhor

a) "**Em glória.**"

Esta expressão sugere que as riquezas com as quais Deus suprirá as nossas necessidades não dependem do banco mundial ou de alguma fonte física na terra. Antes pelo contrário, dependem da sua glória, pois, estão alojadas na sua glória. É fácil compreender isto, olhando para o primeiro homem, Adão. A Bíblia diz: "Que é o homem para que dele te lembres? Ou o filho do homem para que o visites? [...] de glória e de honra o coroaste e o constituíste sobre a obra de tuas mãos" (Hebreus 2:6-7 ARC). Antes de Adão pecar e cair do domínio, não sabia o que era carência, fome, miséria ou passar necessidades. Porquê? Porque tinha sido coroado de glória. E o que perdeu quando pecou? Romanos 3:23-24 ARC responde: "Porque todos pecaram e destituídos estão da glória de Deus, sendo justificados gratuitamente pela sua graça, pela redenção que há em Cristo Jesus." Quando o homem pecou, perdeu a glória e essa perda o destituiu do lugar de provisão, de bênçãos e de tudo quanto era glorioso. Notou que a primeira coisa que Adão descobriu quando pecou e seus olhos se abriram, foi que estava nu? "Estar nu" significa "carência de roupa, de algo para cobrir-se." Logo, podemos dizer que a primeira manifestação do pecado na ótica do homem foi: "necessidade, carência" ou seja, "pobreza."

A pobreza é a falta de meios de subsistência. Diz-se que todos os que vivem abaixo de um dólar por dia estão na linha da pobreza. Mas quando é que Adão descobriu que não tinha nada? Quando pecou e se desligou de Deus. Por isso é que a primeira mensagem de Jesus quando citou o livro de Isaías 61 ARC foi: "O Espírito do Senhor Jeová está sobre mim porque o Senhor me ungiu para pregar boas-novas aos mansos; enviou-me a restaurar os contritos de coração, a proclamar liberdade aos cativos e a abertura de prisão aos presos; a apregoar o ano aceitável do Senhor." Notou que o primeiro problema que a unção em Jesus (no Messias) iria resolver seria "a pobreza?" Se o Evangelho é a Boa Nova, qual é ela para o pobre? Certamente que Deus o quer ver próspero. Moisés disse ao povo de Israel: "Antes te lembrarás do Senhor teu Deus, que ele é o que te dá força para adquirires poder, para confirmar o seu concerto, que jurou a teus pais, como se vê neste dia" (Deuteronómio 8:18 ARC). O que Deus daria? "Força" "poder," isto é, uma graça especial para prosperar em tudo o que o homem fizer. Nos versículos 12 e 13, Deus fala em o seu povo poder comer e se fartar, edificar boas casas e habitar nelas, ter sua fazenda (gado bovino e ovino), o ouro e a prata (símbolos de dinheiro) aumentar.

Ó glória! Isto revela que Deus quer ver você rico e próspero para poder financiar a pregação do Evangelho. Sabia que Jesus foi judeu, assim como o foram os primeiros 12 apóstolos? Sabe uma coisa? Até hoje os judeus creem nestas promessas de prosperidade, por isso são ricos e estão na classe dos maiores inventores de tecnologia, possuidores de bancos e de muita intelectualidade. Eles sabem e creem que são filhos de Abraão. Aos cristãos lhes foi ensinado um evangelho que os desliga da vida diária aqui na terra. Por isso, alguns irmãos são preguiçosos e não creem na prosperidade. Pregadores de pobreza andam a criticar os ministros de Deus que receberam a graça para prosperar e fazer prosperar o povo de Deus. Muitos cristãos dizem que são filhos de Abraão, mas preferem imitar o Lázaro pobre e enfermo do que o pai Abraão que era rico em gado, em ouro e em prata e, ao mesmo tempo, era amigo de Deus. Para seu espanto, inclusive Lázaro quando morreu, foi para o seio de Abraão porque lá havia conforto. O evangelho da pobreza não é bíblico. Jesus se fez pobre para que na sua pobreza nós enriquecêssemos (2 Coríntios 8:9), mas não se fez pobre espiritualmente, e sim materialmente, pois nasceu numa manjedoura, partilhando acomodação com animais.

É tempo de crer no real evangelho. O problema é que se a sua crença for errada, a sua vida também ficará errada. Se a sua teologia for errada, o seu modo de vida e destino também estarão errados. Tudo porque não estudou a palavra de Deus por si mesmo, preferiu estar amarrado a dogmas de homens ignorantes das Escrituras. Como Jesus censurou a constelação religiosa de então, dizendo: "Errais, não conhecendo as Escrituras, nem o poder de Deus" (Mateus 22:29 ARC). Quando a palavra de Deus trouxer luz à sua mente e ao seu coração, o poder de Deus irá materializar o que crê nas Escrituras. Se você crê na pobreza, ele irá manifestar essa pobreza na sua vida. E ficará um bom cristão, mas pobre e miserável e no fim irá para o céu. Se crê na prosperidade, o poder de Deus irá manifestar a prosperidade e você será próspero, feliz na terra e depois irá também ao céu. Reparou que a questão do céu já foi resolvida há muito tempo? "Quando?" —você poderá perguntar. Quando você entregou a sua vida a Jesus e o aceitou como seu Senhor e Salvador. Ele levou os seus pecados e o fez príncipe e sacerdote para Deus (Apocalipse 1:5-6). Recuse-se a ficar como escravo quando você é filho do Rei. Recuse-se a ser pobre quando o seu Pai celestial é o dono do ouro e da prata. Creia na verdade.

Agora, notou que Deus quer vê-lo próspero e não miserável? É um fato, creia nisso. Adão era próspero porque tinha a glória de Deus sobre si. Mas por causa do pecado perdeu tal glória e toda a humanidade ao nascer, herdou a natureza caída e desprezível. Mas graças a Deus por Jesus Cristo, que veio resolver essa pobreza (?). Que foi que o homem perdeu? A glória. E o que Jesus fez através da sua morte e ressurreição? A Escritura responde: "Trouxe muitos filhos à glória" (Hebreus 2:10). Por isso, a nossa provisão está na sua glória. Não olhe para as pessoas, porque podem desapontá-lo. Olhe para Jesus. Receba a graça para prosperar agora, no seu espírito e a partir de hoje, aonde quer que você for, verá luz e glória.

b) **"Por Cristo Jesus."**

Esta expressão é muito profunda, pois revela como Deus nos irá dar a sua provisão. A resposta é que será através de Cristo. O texto em Hebreus 2:10 diz que Cristo, por meio do seu sofrimento na cruz, trouxe muitos filhos à glória. Como? Por meio dos seus sofrimentos. Agora, compreenda isto: a vida de glória segue após os sofrimentos de Cristo (1 Pedro 1:11). Isto quer dizer que tudo o que

Cristo conquistou pela sua morte na cruz é disponibilizado para o crente, para nós, mediante a sua graça; e nós tomamos posse pela fé.

Compreenda também isto: você não precisa de sofrer para ter o que Cristo já lhe conquistou na Cruz. É seu, apenas tome posse (1 Timóteo 6:12). A saúde, a prosperidade, e vida de glória são suas. Observe esta escritura: "...E pelas suas pisaduras **fomos** sarados" (Isaías 53:5 ARC).

Pedro, olhando para esta escritura e vendo o seu cumprimento em Cristo na cruz do calvário, tomou posse da sua cura – da sua porção. Por isso, quando citava a mesma escritura para os irmãos da Igreja, disse: "Levando ele mesmo em seu corpo os nossos pecados sobre o madeiro, para que mortos para o pecado pudéssemos viver para a justiça; e pelas suas feridas **fostes** sarados" (1 Pedro 2:24 ARC). Ele não disse "fomos sarados," mas sim, "fostes," porque queria que eles compreendessem o que ele mesmo tinha compreendido. Queria que tomassem posse da saúde da qual ele mesmo tinha tomado posse. Por isso, quando ministrou cura para Eneias que estava acamado com paralisia por oito anos, apenas disse: "Eneias, Jesus Cristo te dá saúde; levanta-te e faze a tua cama. E logo se levantou" (Atos 9:34 ARC). Você pode também dizer: "Em nome de Jesus, eu tomo posse da minha cura agora e declaro que estou curado." Então, levante-se e ande - está livre. Pode dizer: "Eu tomo posse do meu emprego, da minha vitória e do meu casamento, em nome de Jesus." Já está.

O ponto principal que quero que pegue aqui é que você deve compreender o que Cristo já lhe conquistou e tomar posse de tudo. Deve tomar consciência de que Cristo venceu por você e tomar posse dessa vitória. Por isso, a seguir vamos estudar dois princípios que regem a oração de petição:

1. Fique cheio da palavra de Deus. Seja amigo da palavra de Deus.

"Se vós estiverdes em mim, e as minhas palavras estiverem em vós, pedireis tudo que quiserdes, e vos será feito" (João 15:7 ARC).

Atendendo ao fato de que a natureza da oração de petição é mesmo pedir algo ao Senhor, o conhecimento da palavra de Deus torna-se fundamental neste processo. A razão é que este tipo de oração é mais abrangente no que concerne ao suprimento das necessidades do candidato ou do proponente. Isto quer dizer que você pode pedir qualquer coisa. No texto de João 16:23 que lemos na parte introdutória, Jesus promete que tudo que pedirmos ao Pai, em seu nome, Ele no-lo concederá. Ora, é precisamente por causa deste "tudo o que quiserdes," que o crente deve conhecer a vontade de Deus no concernente ao que pedir. Por exemplo, já sabemos como orar, mas o problema de muitos é o que pedir como convém. No texto em Romanos 8:26 ARC, Paulo diz: "E da mesma maneira também o Espírito ajuda as nossas fraquezas; porque não sabemos o que havemos de pedir como convém, mas o Espírito intercede por nós com gemidos inexprimíveis." O apóstolo Paulo, que mesmo sendo um ministro de Deus experiente e diferenciado por ter ido ao terceiro céu e ouvido palavras inefáveis que a homem nenhum é permitido falar, dá a entender que o nosso pedir a Deus não deve ser feito de qualquer maneira.

Há uma grande responsabilidade com a oração de petição, pois alguém pode orar e pedir o que não devia, ou seja, que não convém. Por exemplo, se um irmão da igreja orar para que Deus lhe dê a esposa de seu irmão na fé ou que uma irmã na Igreja peça a Deus que a sua irmã da igreja se divorcie para que ela fique com o marido desta; este tipo de pedido em oração não será atendido por Deus. Imagine que você ora ao Senhor para que o seu próximo tenha acidente de modo que você fique no lugar dele no trabalho ou fique com a casa dele; estaria a orar em contravenção à palavra de Deus. "Mas Jesus não disse que qualquer coisa que eu pedisse ao Pai, Ele ma concederia?" Sim, Jesus fez esta promessa, mas o direito às regalias por detrás dela requer que você conheça a vontade de Deus acerca desse assunto. João aumenta luz ao mesmo assunto quando diz: "E esta é a confiança que temos nele, que se pedirmos alguma coisa, segundo a sua vontade, ele nos ouve. E se sabemos que nos ouve em tudo que pedirmos, sabemos que alcançamos as petições que lhe fizermos" (1 João 5:14-15 ARC).

João advoga que se pedirmos algo segundo a sua vontade, Deus nos ouve e concede nossas petições. A questão que fica é: "Como saberei se estou a pedir segundo a sua vontade ou não?" A resposta está no versículo introdutório deste capítulo: "Se vós estiverdes em mim, e as minhas palavras estiverem em vós, pedireis tudo que quiserdes, e vos será feito" (João 15:7 ARC).

A condição para pedir tudo que quiser segundo a vontade de Deus é conhecer a sua palavra. A palavra de Deus revela a sua vontade expressa para a humanidade em geral, e para os seus filhos, em particular. Ela deve ganhar raiz nos nossos corações e tornar-se o padrão que orienta as nossas escolhas, pedidos, desejos e vontade, até que a vontade de Deus seja a nossa. Assim, estaremos orando dentro de sua vontade. Por isso Paulo disse: "A palavra de Cristo habite em vós abundantemente, em toda a sabedoria, ensinando-vos e admoestando uns aos outros, com salmos, hinos e cânticos espirituais; cantando ao Senhor com graça em vosso coração" (Colossenses 3:16 ARC).

O que fazer com a palavra de Deus?

1. Estudá-la.

Tenha tempo diariamente para estudar as Escrituras. É muito importante.

2. Meditar nela.

A meditação na palavra é como a digestão que fazemos dos alimentos. Meditar é pensar repetidas vezes sobre as palavras de Deus que você leu até que elas façam parte do seu subconsciente e dominem a sua mente e o seu coração. Neste sentido, a palavra de Deus vai remover os pensamentos contrários a vontade de Deus até que a sua mente e o seu coração sejam inundados de luz divina. Com isto, a meditação vai ajudá-lo a renovar a sua mente - a sua forma de pensar - e consequentemente o seu comportamento, até que chegue ao nível em que Paulo chegou quando disse: "Quanto fizerdes por palavras ou por obras, fazei tudo em nome do Senhor Jesus" (Colossenses 3:17 ARC). Os pensamentos negativos, as ideias sussurradas pelo diabo e toda a impureza deste mundo que entra na mente e no coração do homem por meio de ouvidos e dos olhos são filtrados e impedidos de penetrar no seu sistema psíquico para não contaminarem mais o seu espírito. Isso tem grandes benefícios porque a sua mente já não é mais manipulada pelo diabo, mas sim guiada pelo Espírito Santo. A Escritura diz: "E não vos conformeis com este mundo, mas transformai-vos pela renovação do vosso entendimento (da vossa mente) para que experimenteis qual seja a boa, agradável e perfeita vontade de Deus" (Romanos 12:2 ARC).

Nesta condição moldada pela palavra de Deus, você já pode pedir tudo o que quiser e lhe será dado. Porquê? Porque pedirá dentro das balizas da palavra – segundo a sua vontade. A maior vantagem disto é que estimula a sua fé, pois a fé nasce e fortalece-se quando conhecemos a vontade de Deus. Com este conhecimento, podemos recusar o que não vem de Deus e reivindicar o que vem d'Ele para nós.

Por exemplo, conforme aprendemos na parte introdutória, se você sabe que a vontade de Deus é curá-lo, abençoá-lo, prosperá-lo, protegê-lo e conceder-lhe vitória, então será fácil estar motivado a pedir estas coisas em oração, reivindicá-las ou tomar posse delas. Isso até pode ajudá-lo a acelerar a resposta de Deus. Lembra-se das palavras de Elias quando orou a Deus para que mandasse descer fogo sobre o altar de pedras que tinha feito? "Ó SENHOR, Deus de Abraão, de Isaque e de Israel, manifeste-se hoje que tu és Deus em Israel, e que eu sou teu servo, e que conforme a tua palavra fiz todas estas coisas. Responde-me, SENHOR, responde-me, para que este povo conheça que tu, SENHOR, és Deus e que tu fizeste tornar o seu coração para trás" (1 Reis 18:36-37 ARC).

Nesta oração, diante dos quatrocentos e cinquenta profetas de Baal e do povo de Israel, Elias não passou vergonha porque estava firmado na palavra de Deus, na sua vontade e o que estava a pedir ia dar glórias a Deus. Foi uma oração simples, curta, mas cheia de fé, de entrega e de coração. Como resultado, sem demora, a Escritura regista: "Então, caiu fogo do Senhor e consumiu o holocausto, e a lenha, e as pedras e o pó, e ainda lambeu a água que estava no rego" (versículo 38). Quanto tempo levou a Deus para que respondesse à esta oração de Elias? Minutos. Quanto tempo levou Elias para fazer a oração? Minutos. O que equivale a dizer que a oração (a petição) e a resposta não levaram muito tempo para se corresponderem porque ele orou de coração segundo a palavra de Deus. Esta história inspira fé em nós outros.

Recordo-me do ano de 2008. Estava com um grupo de jovens a fazer uma cruzada de salvação e milagres no bairro da Zona Verde, nos arredores da cidade de Maputo, em Moçambique. Havia muita gente; grandes e pequenos e era de tarde, por volta das 18H00. De repente, começou a chover e a chuva estava a prejudicar o evento porque algumas pessoas não se queriam molhar e iriam abandonar o local da cruzada. Não tínhamos palco; usávamos a parte de trás de uma camioneta como palco porque era onde eu parava e pregava. Juntei um grupo de irmãos e começamos a interceder enquanto alguns adultos religiosos se riam de nós, como se a chuva não fosse parar e que eu estava a desafiar as leis da natureza. Inclusive, um deles disse-me para cancelarmos o evento e o reprogramarmos para outro dia. Mas eu estava convicto de que era a vontade de Deus fazê-lo para ganharmos almas.

O Espírito Santo me havia dado esta indicação e confirmado várias vezes. Sabendo da vontade de Deus e lembrando-me do que Elias havia feito, sendo que eu também adoro e sirvo ao mesmo Deus que Elias servia, mandei que todo mundo que tinha guarda-chuvas os baixasse porque a chuva ia parar. Depois, comecei a orar: "Pai, estamos aqui por tua causa, por causa do teu reino. Gosto da chuva porque os meus pais são camponeses e precisamos dela para produzirmos nos campos de cultivo, mas hoje tenho um trabalho teu a fazer. Que esta chuva pare, em nome de Jesus". Depois, virei-me e olhei para o céu e disse: "Chuva, pare agora, em nome de Jesus!" Imediatamente, a chuva parou, ao espanto de todos. Ouvi alguns a dizer: "Este jovem é feiticeiro; como conseguiu ele parar a chuva?" Porque eu orei, isto é, pedi segundo a sua vontade. Com este conhecimento, você pode travar os planos do diabo e reivindicar para se que faça apenas a vontade de Deus. Tudo o que pedir lhe será dado porque não pedirá por motivos egoístas. Como disse Tiago: "Pedis e não recebeis, porque pedis mal, para o gastardes em vossos deleites" (Tiago 4:3 ARC).

Coloque o seu pedido de forma objetiva e específica diante de Deus

2. Seja específico e objetivo no que está a pedir.

"Não estejais inquietos por coisa alguma; antes, **as vossas petições sejam em tudo conhecidas diante de Deus**, pela oração e súplica, com ação de graças" (Filipenses 4:6 ARC).

A palavra "petições" empregue por Paulo no texto em Filipenses 4:6, vem do termo grego "***aitēma,***" que significa "coisa pedida," "objeto desejado" e geralmente significa aquilo que é solicitado. É um termo sinónimo de "súplica" derivado do grego "***deesis,***" que significa tornar conhecida uma necessidade específica.

O uso destes dois termos "Petição" e "Súplica" no mesmo contexto de pedir algo a Deus que supre as nossas necessidades, conforme vemos no versículo supracitado, indica que o pedido deve ser objetivo e específico. Portanto, o princípio fundamental para que o crente possa fazer a oração de petição ou de súplica é que deve ter clareza na sua mente e no seu coração sobre a coisa que quer pedir a Deus, especificamente.

Por exemplo, é comum ouvir alguém a dizer: "Pai, em nome de Jesus, peço casa ou emprego. Não, Pai, na verdade, eu quero um carro; ó não, quero casamento." Até aqui, você não está a ser específico nem objetivo. A oração da petição requer que você seja objetivo no que quer pedir a Deus. Muitos pedem tantas coisas ao mesmo tempo que já não sabem o que realmente precisam. Por isso, não recebem porque não ficou claro o que queriam. Estão a deambular nas matas. Esta é uma das razões pelas quais as suas orações se tornam repetitivas. Alguém pode dizer: "Mas Deus sabe o que precisamos, Ele lê os nossos corações. Então, vai conceder-me o meu pedido porque já leu o que se passa dentro de mim." Lógico, é um fato que Deus, por ser onisciente, sabe tudo o que pensamos até antes que o pensamento entre em nossa mente. Na arena espiritual, pensamentos e palavras são sinónimas = ambos são objetos visíveis no espírito e não necessariamente coisas abstratas, como acontece no mundo físico.

Contudo, a própria definição da oração implica comunicação e embora você possa comunicar com Deus em seu coração, no nível mais elevado dessa intimidade, a regra é que dê voz a essa comunicação, necessidades ou coisas que quer pedir ao Senhor. Isto para evitar que fique preocupado na sua mente ou ansioso no seu coração. Por isso, a orientação bíblica é: "Não estejais inquietos por coisa alguma; antes, **as vossas petições sejam em tudo conhecidas diante de Deus**, pela oração e súplicas, com ação de graças" (Filipenses 4:6 ARC). O princípio aqui é que essa petição que você tem deve ser conhecida diante de Deus. Como? Pela oração e súplica com ações de graças. Ou seja, você deve entregar essa petição pessoalmente a Deus por meio da oração e das súplicas. E definimos *súplica* como pedido específico que sai do coração do homem. Se Deus tivesse sempre que ler o que desejamos no nosso coração sem que oremos, então não nos iria recomendar a orar. Mas o fato é que a oração é dar a Deus permissão legal para que intervenha nos assuntos da terra. Ele sabe o que precisamos, mas quer que oremos.

Como saber que Deus respondeu à sua petição e quando parar de pedir?

A resposta à esta pergunta está no versículo 7 da nossa escritura de abertura: "E a paz de Deus que excede todo o entendimento, guardará os vossos corações e os vossos sentimentos em Cristo Jesus." Quando oramos com fé e pedimos algo a Deus, Ele nos dá uma paz interior, uma paz sem igual. A palavra "paz" aqui vem do grego "***eirene,***" que é o depósito da tranquilidade e do descanso de Deus nos nossos corações. Esta paz é sinal de que o assunto já foi recebido e tramitado e a sua manifestação está prestes a acontecer. A razão por que Paulo usa a expressão "**paz de Deus que excede**

todo o entendimento" fundamenta-se no fato de que ainda que não veja as respostas fisicamente e não tenha ainda aquelas coisas que pediu em formato físico, você está tão tranquilo e descansado como quem já as tivesse em forma visível. Isso cria uma atitude e uma forma de ser e de estar, um modo de vida chamado "a vida da fé." Você passa a viver pela fé e porque tem fé no seu coração, a preocupação e o medo são expulsos e a paz de Deus passa a reinar no seu coração. Já pode começar a agradecer a Deus pelas coisas que pediu sabendo que já lhas foram concedidas. Já tem aquele emprego, os negócios estão a correr bem e a família está com saúde e estável. Você precisa dessa paz. Como recebê-la? Pela fé porque Cristo já a conquistou na cruz do calvário; Ele deu-nos acesso ao trono da graça por meio do seu sangue. Notou que as pessoas carnais só podem ter paz quando já tem as coisas que pediram fisicamente? Contudo, para você, como espiritual, a paz que Deus lhe dá é a garantia de que a coisa pedida já foi concedida e espera a sua manifestação. E quando você agradece, acelera a manifestação porque mostrou uma atitude de fé. Se continuar preocupado e inquieto é sinal de que não creu quando orou e não recebeu o que pediu. Não porque Deus não ouviu ou não quis dar, mas porque você mesmo bloqueou os canais por falta de fé e confiança na capacidade de Deus. É uma questão de mente e do coração porque Ele disse que essa paz servirá de preservante e guardará os nossos corações e as nossas mentes.

Conte as suas bênçãos

É desejo de Deus que cada um dos seus filhos lhe peça algo e Ele deferir positivamente. Assim, o crente vai acumulando bênçãos e momentos de vitórias e glórias num mundo tenebroso. Ele se torna a luz deste mundo. Com isso, vem a responsabilidade de registar as coisas que Deus fez para nós de modo que possamos ter momentos de fazer outros tipos de oração, como é o caso da oração de louvor e adoração, e não continuarmos só a pedir. Deus quer que você desenvolva a confiança neste canal de comunicação chamado "oração," de forma a ter a garantia de que sempre que ora, Ele ouve e responde.

Portanto é importante ter duas coisas:

1. Pontos de oração.

Os pontos de oração são a sequência daquelas coisas que vamos pedir a Deus, o assunto sobre o qual queremos a sua intervenção. Qual é ou quais são essas coisas que você lhe quer pedir?

Exercício 1

Aliste abaixo três coisas específicas sobre as quais queria a intervenção de Deus ou que queria que Ele lhe concedesse.

I.

II.

III.

2. Pontos de louvor e agradecimentos.

Os pontos de louvor e agradecimento são a sequência daquelas coisas que Deus já nos concedeu e já as temos na arena física. São aqueles pedidos de oração que Deus já respondeu e sobre os quais já vimos resultados ou a intervenção positiva de Deus. Neste sentido, você não deve continuar a pedir a mesma coisa. Deve tomar nota do que Ele fez e começar por cada uma dessas coisas. Isso chama-se "contar bênçãos." O salmista disse: "Bendize, ó minha alma, ao Senhor, e não te esqueças de nenhum de seus benefícios" (Salmos 103:2 ARC). No versículo a seguir, ele enumera, isto é, conta a sequência destas bênçãos:

       1. Perdão dos pecados;
       2. Saúde: cura de todas as enfermidades;
       3. Proteção;
       4. Favor e misericórdia;
       5. Bens materiais e suprimento das necessidades espirituais; emocionais e materiais;
       6. Rejuvenescimento

Exercício 2

No seu caso também, caro leitor, quero que tome nota de todas as coisas específicas que Deus fez por você. Depois, torne os pontos de oração ou de pedido em pontos de agradecimento e de louvor.

Agora, aliste abaixo as 3 coisas específicas que pediu a Deus e recebeu. Depois, agradeça-lhe por elas.

    I.
    II.
    III.

Capítulo II

A Oração de Ação de Graças

"Bendize, ó minha alma, ao Senhor, e tudo que há em mim bendiga o seu santo nome. Bendize, ó minha alma, ao Senhor, e não te esqueças de nenhum de seus benefícios" (Salmos 103:1-2 ARC).

A Escritura acima mencionada é um dos exemplos típicos da oração de ação de graças. Neste tipo de oração, o princípio é o reconhecimento dos feitos de Deus em nossas vidas e desse reconhecimento surgem as ações de graças. Na prática, o objetivo deste tipo de oração é essencialmente render graças a Deus em reconhecimento da sua bondade, misericórdia e amor para connosco. A oração de ação de graças revela o nível elevado de sensibilidade do homem para com os feitos de Deus na sua vida.

O ponto principal é que de tudo que Deus faz na sua vida, desde a salvação, proteção até à provisão, você deve reconhecê-lo em todos os momentos e exaltar os seus feitos.

No texto de Lucas 17:11-19 lemos a história de dez leprosos que tinham sido curados por Jesus. Era costume para os judeus que as pessoas que padecessem de lepra fossem isoladas socialmente. Como aconteceu com o caso da covid-19, visto que a lepra era vista como uma impureza e uma doença contagiosa. Portanto, estes homens eram socialmente rejeitados e não se podiam misturar com outras pessoas. Já imaginou a dor de ficar separado de sua esposa e filhos? De ficar separado de seus colegas de trabalho, vizinhos e o resto dos familiares porque representava uma ameaça de infeção e era espiritualmente tido como impuro? Ninguém podia tocar nas roupas que eles usavam nem nos seus lençóis, muito menos nos talheres. Era uma vida difícil. Mas graças a Deus, tiveram contato com a palavra do Mestre, pois Jesus teve compaixão deles e ordenou-lhes: "ide e mostrai-vos aos sacerdotes. E aconteceu que indo eles, ficaram limpos." Reparou que eles creram na palavra de Jesus e agiram sobre ela? Não esperaram para ver se a lepra desaparecia ou não. Apenas foram crendo que Deus era fiel e que a palavra saída da boca de Jesus não falhava. Por causa deste ato de fé e da sua ação sobre a palavra do Mestre, a lepra despereceu deles e ficaram todos limpos, ou seja, purificados da lepra.

Apesar de todos os dez terem sido curados, apenas um que era samaritano, voltou e se prostrou aos pés de Jesus para adorá-lo em gesto de agradecimento pelo milagre que tivera recebido. Os outros não se deram ao trabalho de voltar e dar as ações de graças, pois estavam mais focados na dádiva da cura do que no Doador da dádiva; estavam mais focados no milagre do que no Operador do milagre. A Escritura descreve a atitude do homem grato: "E um deles, vendo que estava são, voltou glorificando a Deus em alta voz. E caiu aos seus pés, com rosto em terra, dando-lhe graças; e este era samaritano" (Lucas 17:15-16 ARC). O Senhor Jesus sabia que Deus Pai gosta de receber as ações de graças porque quer que os homens saibam que Ele está entre nós e também se interessa por nós. Em meio àquela multidão, disse: "Não foram dez os limpos? E onde estão os nove? Não houve quem voltasse para dar glória a Deus, senão este estrangeiro?"

Analisando atentamente esta passagem da Escritura e as palavras do Mestre, perceberá que Jesus esperava que os dez voltassem para dar glória a Deus. Deus quer a glória e cada vez que opera um milagre em nós ou nos livra ou abençoa, devemos render-lhe ações de graças.

Caro leitor, quantas vezes por dia você toma um tempo para dar graças a Deus por tudo o que lhe deu desde o dom da vida eterna, da salvação e outras dadivas? O problema da natureza humana é que apenas queremos pedir continuamente e receber sem primeiro parar para ver o que Deus fez por nós até aqui. Davi bem afirmou: "O SENHOR me livrou da mão do leão e da do urso; ele me livrará da mão deste filisteu" (1 Samuel 17:37 ARC).

Ações de Graças, Uma Arma de Guerra Espiritual

O que fazer diante de um desafio

Face ao novo desafio que era Golias, que havia quarenta dias vinha atormentando os exércitos de Israel - de dia e de noite - Davi ganhou forças em Deus, simplesmente lembrando-se das vitórias passadas que o Senhor lhe tivera concedido: "teu servo apascentava as ovelhas de seu pai; e vinha um leão ou um urso e tomava uma ovelha do rebanho; e eu saia após ele, e a livrava da sua boca, levantando-se ele contra mim, lançava-lhe mão da barba e o matava. Assim feria o teu servo o leão como o urso; assim será este incircunciso filisteu, porquanto afrontou os exércitos do Deus vivo" (versículos 34-36). No versículo 32, Davi encorajou o rei Saul a não desfalecer ou desanimar por causa deste grande problema que ameaçava a nação inteira de Israel.

É importante destacar que a coragem de Davi diante deste algoz que psicologicamente ameaçava o exército de Israel e frustrava todas as possíveis estratégias convencionais de guerra (batalha) que Saul e seus comandantes militares tinham, era fruto do reconhecimento de Deus. Davi tinha registado todas as batalhas em que o Senhor o livrara e rendia ações de graças ao Senhor. Com esta fórmula, ele venceu não só Golias, como também todas as batalhas que teve na vida. Foi ele quem disse: "Os filhos dos leões necessitam e sofrem fome, mas aqueles que buscam o Senhor de nada tem falta" (Salmos 34:10 ARC).

Querido irmão ou irmã, tome este exemplo de Davi; reconheça cada vitória, cada livramento que Deus lhe conceder e use-os como pontos de ações de graças. Diante de um novo desafio, não fique atemorizado nem preocupado. Não seja intimidado pela gravidade do problema, pelo relatório médico assustador (que causa desespero); pense nos desafios maiores do passado dos quais o Senhor o livrou; pense na grandeza d'Ele e como o ajudou até aqui e comece a agradecer-lhe. As ações de graças ativam o poder de Deus porque colocam o Senhor acima das circunstâncias da vida. Saiba disto ao longo da sua jornada aqui na terra. Sempre terá desafios, uns aparentemente maiores do que outros dependendo do nível de glória que você alcançou ou que quer alcançar.

Em tudo reconheça a Deus e continue a contar as bênçãos e a cantar vitórias porque Jesus Cristo é o mesmo ontem, e hoje, e eternamente. Ele não muda. Ele já derrotou o diabo por nós. O instinto humano lhe faz muitas vezes esquecer das maravilhas de Deus e da sua poderosa mão. Quando somos confrontados com novos tipos de desafios ou com o diabo em outra roupagem, tendemos a ficar assustados como se não houvesse solução para qualquer problema e nos esquecemos do que Deus fez ontem.

Reconheça a Deus em todos os estágios da sua vida. Isso irá ajudá-lo a desenvolver a confiança em Deus e fortalecer a sua comunhão com Ele. Por isso, Davi não teve medo de enfrentar Golias porque conhecia o seu Deus e queria que esse Deus fosse glorificado. A solução que Davi teve para resolver o dossier "Golias" não foi convencional (espada, lança e escudo) mas sim uma funda e um seixo (pedra lisa). Porque tinha comunhão íntima com Deus e lhe era grato, o Senhor deu-lhe estratégias fora do pensamento e métodos comuns para matar Golias. Deus não mudou. Mesmo hoje, Ele pode dar-lhe ideias inovadoras para os negócios que você faz; abrir portas para trabalhar e trazer provisão para as necessidades que tiver fora das portas normais de que você esperava. Mas deve reconhecê-lo primeiro e tomar nota de cada coisa que Ele faz na sua vida.

A oração de ações de graças serve como registo das vitórias passadas e ao mesmo tempo, como uma força de atração para o futuro glorioso desejado, de modo a manter constante a intervenção de Deus nas nossas vidas, ontem, hoje e para sempre.

Um exemplo típico foi quando Jesus se confrontou com a morte de Lazaro que estava sepultado havia quatro dias e já cheirava mal por decomposição. Numa situação que parecia não ter saída; Ele fez a oração de ação de graças: "Pai, graças te dou por me haveres ouvido" (João 11:41 ARC). Depois ordenou que Lázaro saísse do túmulo e para o espanto de todos, o milagre aconteceu – Lázaro foi ressuscitado. Notou aqui que Jesus deu graças ao Pai pela ressurreição de Lázaro muito antes de emitir a ordem "Lázaro, vem para fora" (versículo 43)? A oração de ação de graças empoderou as palavras de comando que ele dava e tudo que dizia se materializa. Há poder na oração de ação de graças.

Noutra ocasião, quando estava uma multidão de cerca de cinco mil homens famintos (sem contar com crianças e mulheres) fez uma oração de ação de graças e o pão e peixe do rapaz que os tinha trazido foram multiplicados para alimentar todo o mundo presente até sobejarem doze cestos de pão. Podemos concluir que quase que diante dos maiores desafios, Jesus fez a oração de ação de graças para a operação de maiores milagres.

Porque é que a Oração de Ação de Graças é Poderosa?

A oração de ação de graças traz a revelação da provisão do Senhor – a revelação de que Deus já resolveu o problema, curou a doença e trouxe socorro e vitória aos seus filhos – mesmo se isto ainda não aconteceu fisicamente. Isto move o coração de Deus e faz com que os propósitos eternos de Deus se materializem nas nossas vidas. Por isso, Jesus disse ao samaritano que tinha sido curado de lepra: "Levanta-te e vai, a tua fé te salvou" (Lucas 17:19). A palavra "curou" denota um estado em que a pessoa está restaurada completamente. Ou seja, embora os ingratos tenham sido curados de lepra no sentido de que a doença ou a infeção foi removida da pele deles, este homem recebeu ressurreição dos seus membros (dedos) que tinha perdido por causa da lepra.

O que acontece é que quando você agradece, Deus dá mais do que aquilo que Ele deu antes de lhe agradecer. Por isso, não tenha vergonha de parar diante dos irmãos da Igreja e testemunhar o que Deus fez por você. Não tenha receio de contar isso às pessoas no seu local de trabalho, no seio familiar ou até colegas de escola. Em tudo, glorifique a Deus, tenha um coração grato. Se você já orou por um assunto e aparentemente não se resolveu, levante as mãos aos céus, ajoelhe-lhe se puder e comece a agradecer a Deus por aquilo que já fez e ainda fará.

Finalmente, ao fazer a oração de ação de graças, seja específico, diga a Deus o que Ele realmente fez por si. Conte as bênçãos e cante as vitórias.

Exercício

Tome alguns minutos do seu tempo e pense em tudo que Deus fez por você. Pense em pelo menos três coisas gloriosas que o

Senhor fez ou em três momentos críticos da sua vida nos quais você viu a mão de Deus operando. Agradeça-lhe objetivamente.

CAPÍTULO III

A Oração da Fé

"E a oração da fé salvará o doente, e o Senhor o levantará; e se houver cometido pecados, ser-lhe-ão perdoados" (Tiago 5:15 ARC).

Na nossa Escritura de abertura, vemos a menção da oração da fé e o seu impacto na salvação do doente. Obviamente, esta salvação pode abranger outras áreas da vida, pois inclusive o perdão pode ser concedido quando este tipo de oração é feito.

Ora, é preciso perceber que todos os tipos de oração de que estudamos envolvem fé, pois sem fé, é impossível agradar a Deus. Contudo, quando se trata da oração da fé, estamos diante de um tipo de oração que resolve até casos tidos como impossíveis ao olho humano. A própria natureza deste tipo de oração requer que o crente ou candidato tenha como requisito–a fé audaciosa e inabalável no poder de Deus e da sua palavra. Em várias ocasiões os crentes oram, mas há momentos em que a situação pode desafiar as possibilidades de alguma solução humana.

Por exemplo, imagine uma situação na qual uma família é informada pelos médicos que o familiar enfermo - que está em estado terminal - já não tem cura e não há nada a fazer; que o mesmo tem apenas alguns dias para viver. Como reagiria um membro cristão que anda com Deus? Bem, é normal ele ou ela ficar abalado, perplexo, principalmente quando vê que parece não haver melhoria no estado clínico do paciente. Nesse momento, tudo o que aprendeu na igreja - nos cultos, nos seminários e convenções, até mesmo o que leu ou estudou na Bíblia Sagrada, pode ser desafiado pela situação iminente. Repare que muitos irmãos nesta situação podem recorrer à oração, mas orando sem fé pensando que é possível reverter o quadro clínico deste familiar doente. Para este e outros tipos de situações desafiadoras, deverá fazer a oração da fé. A Escritura afirma que todos que n'Ele crerem (confiarem) não serão confundidos, ou seja, não serão dececionados (Romanos 10:11).

É preciso ter em mente que a oração não será respondida porque oramos, mas porque oramos com fé. Neste sentido, não é apenas o que dizemos que conta, nem o fato de orarmos, mas sim o estado do coração de quem ora. Isto é, conta a habilidade do crente de confiar plenamente no poder de Deus acima de qualquer relatório contrário. Para o efeito, é preciso seguir a dieta da fé.

Princípios da Oração da Fé

Um princípio é uma lei, uma norma que faz algo funcionar. Sempre que essa lei for acionada, há previsibilidade dos seus resultados. Por exemplo, uma das famosas leis da física é a lei da gravidade que preconiza que todo o corpo com massa e volume, isto é, com peso, é atraído para o chão pela lei da gravidade. A olho nu, você não verá esta lei, mas se subir ao terraço de um prédio de dez andares e se lançar ao ar, de repente se verá puxado para o chão. Você não vê a lei nem a sente; contudo, ela está lá presente e funciona a toda a hora, independentemente da cor, raça, idade ou etnia da pessoa. A lei é universal e transversal. Os princípios que irá aprender aqui foram testados pelos homens e mulheres de quem lemos nas Sagradas Escrituras e todos eles tiveram resultados positivos. Ademais, a Escritura atesta: "Jesus Cristo é o mesmo, ontem e hoje e eternamente" (Hebreus 13:8 ARC) e em Malaquias 3:6ª ARC, Deus afirma: "Porque Eu o SENHOR, não mudo..." Abaixo estão três princípios fundamentais que fazem a oração da fé funcionar. Se você os acionar, terá resultados positivos.

1. Quando orar, não duvide no seu coração.

Em Marcos 11:14 ARC, Jesus amaldiçoa uma figueira para que não produza mais frutos: "Nunca mais coma alguém fruto de ti. E os seus discípulos ouviram isso." Como Deus, Jesus não podia sentir fome nem sede. No entanto, Ele não tinha vindo como Deus, mas como homem. Neste estado, Ele teve fome e vendo uma figueira à distância, com fome, aproximou-se para ver se encontrava alguns figos para comer. Note uma coisa importante: "não era tempo de figos" (versículo 13b). Jesus amaldiçoa a figueira e depois vai-se embora. No dia seguinte, quando passavam pelo mesmo local, os seus discípulos ficaram admirados pelo fato de as palavras que o Mestre tivera proferido se tivessem materializado. A resposta d'Ele foi: "Tende fé em Deus, porque em verdade vos digo que qualquer que disser a este monte, ergue-te e lança-te no mar, e não duvidar em seu coração, mas crer que se fará aquilo que diz, tudo o que disser será feito" (versículos 22-23).

Aqui está o princípio da oração da fé: quando orar, creia que se fará o que disser. Logo, vemos que a oração e os decretos da fé dependem da condição do coração do homem quando ora ou quando fala. Compreende agora quando na introdução eu disse que na oração da fé conta mais o estado do coração de quem ora e não apenas as palavras que falamos? Qualquer pessoa pode orar ou falar, mas a nós foi-nos dado um padrão elevado, um nível superior de funcionarmos como Deus, decretando coisas e elas acontecerem; pedirmos algo em oração e ser feito. Por isso, a oração da fé serve muito melhor para casos complicados porque coloca Deus em ação. A regra é que ao orar não duvide em seu coração, mas creia que se fará o que disser. Jesus garante que se esta condição for cumprida, tudo o que dissermos será feito. A oração da fé suspende tempos e épocas e produz novos tempos e novas épocas, fazendo com que o crente viva num ambiente de glória e de luz mesmo em meio a um ambiente de tumultos e crises. Por isso que Jesus disse: "Tudo é possível ao que crê" (Marcos 9:23 ARC).

Ora vejamos: do ponto de vista natural, não era tempo de figos, daí que não era espectável que a figueira tivesse figos. Mas Jesus amaldiçoou a figueira por não ter produzido figos para Ele comer. Porquê? A razão é simples: quando a fé está presente, ela suspende as leis da natureza para acomodar o milagre. Com fé, o milagre pode acontecer a qualquer hora e em qualquer momento, independentemente das circunstâncias. Para Jesus, a figueira devia ter produzido figos e porque foi improdutiva, foi amaldiçoada e secou.

Há uma narrativa que pode facilitar a compreensão deste princípio. Havia um homem chamado Jairo que era chefe da sinagoga. Sua filha estava doente e à beira da morte, pelo que foi ter com o Mestre para que fosse à sua casa curá-la. Contudo, pelo caminho, Jesus demorou-se por causa da mulher hemorrágica que tinha tocado nas suas roupas e sido curada. O que moveu Jesus para que fosse com Jairo? A fé dele de que iria curar a sua filha. O que deteve Jesus no caminho por algum tempo? A fé da mulher enferma. Por isso, Ele disse à mulher: "Filha, a tua fé te salvou." Reparou que o que movia Jesus era a fé dos que precisavam da intervenção de Deus e a sua compaixão por eles? Porque Jesus se demorou um pouco pelo caminho, a filha de Jairo morreu.

Alguns dos da sinagoga vieram dizer a Jairo que não perturbasse mais o Mestre porque a menina estava morta. Como se quisessem dizer "desista, é tarde demais." Estas palavras quase semeavam medo no coração de Jairo e assim perderia a sua fé em Jesus por causa do desespero. Por isso, Jesus rapidamente disse: "não temas, crê somente." Jesus queria que Jairo mantivesse a sua fé n'Ele, caso contrário, o milagre não ia acontecer. Alguns dos seus discípulos também ficaram desesperados. Por esse motivo, Ele levou apenas Pedro, Tiago e João pois demonstravam fé na altura e faziam parte do seu círculo interior. Jesus ressuscitou a menina.

Como Fazer a Oração da Fé?

A oração da fé pode reverter situações de desespero em testemunhos de vitória. O requisito é simples: creia no poder de Deus e não duvide em seu coração.

Agora, o que fazer para que a dúvida e o medo não entrem no coração? Siga adiante da fé.

1. Localize-se na palavra de Deus.

Encontre uma escritura da palavra de Deus que tem a ver com a coisa pela qual você está a orar.

2. Creia firmemente nela.

Crer significa concordar com o que Deus diz. Mas crer ainda não é fé.

Muitos irmãos creem, mas porque terminam no crer, o seu milagre não se completa. Depois reclamam e dizem: oramos e cremos, mas Deus não agiu. Isso não é verdade; o problema é que essas pessoas confundem a fé com crer. Crer é uma parte da fé, mas não está completa sem as outras partes que irei mostrar aqui.

3. Medite nessa escritura.

Quer dizer, pense nela até que ela molde a sua mente e domine as emoções do seu espírito. Medite nela até começar a vê-la com os olhos do coração. Ao atingir este nível, verá que a situação diante de si já não lhe move pois tudo que importa é o que Deus disse na sua palavra.

4. **Confesse a escritura.**

Dê voz a essa escritura. Fale em conformidade com o que Deus diz. A palavra de Deus diz que se com a sua boca confessar ao Senhor Jesus e em seu coração crer que Deus o ressuscitou dentre os mortos, será salvo. Quando será salvo? Quando crer e confessar. Vê que o crer somente não resolve a situação? Deve ser acompanhado de uma ação. Quando a palavra de Deus é confessada, ela molda o mundo espiritual e altera o curso dos eventos. Algo acontece sempre que confessamos ou declaramos a palavra de Deus. Por isso, Jesus disse que o céu e a terra passarão, mas a sua palavra não passará (Mateus 24:35).

5. **Aja sobre a palavra de Deus.**

A fé é uma ação. Ela não tem nada a ver com emoções nem com a razão. Isto quer dizer que ela não é emocional nem racional, mas sim baseada no que Deus diz na sua palavra. Isto é, você ora a partir de uma base que é a palavra de Deus. Este é o seu firme fundamento. "Ora, a fé é o firme fundamento das cosias se esperam e a prova das coisas que não se veem. Por ela os antigos alcançaram testemunho." Você pode ter testemunhos se orar com base na palavra. Orar confiante unicamente na palavra de Deus.

Temos um exemplo na Bíblia do rei Ezequias. Isaías, o profeta, veio dizer-lhe da parte de Deus que devia arrumar a sua casa porque morreria. Mas, pelo contrário, ele virou-se contra a parede e orou a Deus com fé. A expressão *virar-se contra a parede* quer dizer que ele tirou o foco de tudo e de todos e olhou apenas para Deus como a sua única solução.

Agora, neste tipo de oração, você também deve ser específico como ele o foi e argumentou porque é que queria ser curado. Ele fez com que o Senhor se lembrasse de todas as boas cosias que tivera feito. E não tardou que Deus falasse com Isaías para que voltasse com uma nova palavra: que ele viveria mais quinze anos.

O essencial é que a situação de desespero e de morte declarada foi revertida. Como? Por meio da oração da fé. A oração que olha para Deus como tudo, como única alternativa. Geralmente este tipo de oração não leva muito tempo para ser respondida. Ademais, o crente, depois de ter feito esta oração, já não é mais movido pelas circunstâncias, pelos relatórios médicos, mas sim, pela palavra de Deus, pois ela é a fonte da fé. Como diz a Escritura: "De sorte que a fé é pelo ouvir, e o ouvir pela palavra de Deus" (Romanos 10:17 ARC).

Por isso, crie o hábito de estar sempre a ouvir, estudar e meditar na palavra e participar dos cultos. Isso irá condicionar o seu coração a crer sempre em Deus confiadamente, e quando orar, haverá uma resposta positiva. A oração da fé é fruto de um coração convicto na fidelidade e infalibilidade da palavra de Deus.

2. Quando orar, creia que já recebeu o que pediu antes de o ter fisicamente.

Em Marcos 11:24 Jesus deixou o segredo da oração da fé quando disse: "Por isso vos digo que tudo que pedirdes orando, crede que o recebereis e tê-lo-eis."

O princípio da oração da fé é que ao orar, o crente deve crer que já recebeu o que pediu. Na arena espiritual, crer significa concordar com Deus que aquilo que Ele disse na sua palavra é real e existente. Seguindo o mesmo diapasão, é preciso notar que em oração crer significa também receber. Nada receberemos de Deus se não crermos. Logo, crer é uma forma de receber. O ponto fundamental a compreender aqui é que ao fazer a oração de fé, não espere que a resposta será dada no futuro, mas creia que já foi dada mesmo antes de se manifestar. Compreende agora?

Por exemplo, quando Jesus agradeceu ao Pai por lhe ter ouvido acerca da ressurreição de Lázaro, isso foi antes da pedra ser removida de onde este tivera sido sepultado. Mas por que razão Jesus agradeceu ao Pai por lhe ter ouvido acerca do assunto de Lázaro? Porque Ele fez a oração da fé. Isto implica que você deve crer que já recebeu o que pediu antes de vê-lo fisicamente. Por isso, crer também significa ver.

A Escritura afirma: "Porque andamos por fé e não por vista" (2 Coríntios 5:7 ARC). Ou seja, andamos guiados pela fé e não pelo que vemos. Então, crer significa ver a realidade da coisa que pedimos e, por conseguinte, agir como quem já a tem. Por exemplo, se você ora e pede emprego, creia que já o tem. Então, comece a gradecer a Deus e a agir em consequência. Se ora para pedir a cura de uma enfermidade, creia que já está curado e comece a fazer as coisas que as outras pessoas sãs fazem. Por isso, a fé é uma atitude; é uma ação.

A Bíblia diz que a fé sem obras é morta (Tiago 2:17). A fé requer uma ação correspondente ao que você crê. Você fala e age como quem já tem a coisa compelido pela fé. Ela nunca falha e sempre tem resultados garantidos pois é a resposta ativa e positiva do espírito do homem. Por exemplo, se você estiver a orar pelo fruto do ventre, isto é, para conceber (engravidar), creia que já é mãe e compre já o enxoval e as roupas do bebê. As pessoas dirão que você está paranoica, mas não importa, pois isso é que é uma atitude de fé. A verdadeira fé crê, recebe, reconhece, age, confessa e agradece. Ela põe Deus em ação. Ore com fé. Com expectativa. Com convicção no seu coração, por meio da revelação da provisão do que pediu na palavra de Deus.

3. Quando orar, não seja repetitivo.

No texto de Mateus 6:7-8 ARC, Jesus deu um princípio muito importante na oração da fé. Ele disse: "E, orando, não useis de vãs repetições, como os gentios, que pensam que por muito falarem serão ouvidos. Não vos assemelheis, pois, a eles, porque vosso Pai sabe o que vos é necessário, antes de vós lho pedirdes."

O princípio subjacente aqui é que depois de ter orado, não deve voltar a repetir o mesmo pedido que já fez a Deus. A razão pela qual não deve usar repetições é porque você crê que Deus ouviu a sua oração quando a fez a primeira vez. Lembre-se: a fé não falha. Ela funciona sempre, independentemente das circunstâncias. A razão de o crente repetir a mesma oração várias vezes é porque não creu que Deus ouviu e respondeu desde o primeiro momento. Por isso, mesmo esta vez que está a orar, pode não receber se continuar a repetir a mesma coisa.

Para fazer a oração de fé é preciso que ela brote do coração, seja pontual e vá direto ao assunto. Uma vez feita, você vai sentir no seu espírito (coração) que aquele fardo que tinha já saiu. Aí sim, saberá que já está feito. Está consumado. Como diz a Bíblia: "Estando as nuvens cheias, derramam a chuva sobre a terra, e, caindo a árvore para o sul ou para o norte, no lugar em que a árvore cair, ali ficará" (Eclesiastes 11:3 ARC). Você sabe e tem certeza no seu coração que as nuvens já estão formadas. É só uma questão de tempo para que a chuva comece a cair. Repetir a mesma coisa em oração é sinal de falta de fé, falta de confiança em Deus. Não se esqueça, Deus não falha e a verdadeira oração também não falha. Se houver alguma falha, será sempre da parte humana e não divina.

A Bíblia fala-nos de Elias, que era homem igual a nós e sentia sede, fome e cansaço como nós. Mas ele fez uma oração de fé e não choveu por três anos e meio. Depois orou e o céu deu a chuva e a terra produziu seu fruto (Tiago 5:17-18). Isto mostra o que um ser humano que anda com Deus e tem fé n'Ele pode fazer. Assim, é-nos dado um exemplo de fé para que o imitando ou inspirado por ele, possamos igualmente fazer proezas na nossa época, nesta dispensação em que estamos. Você também pode orar com fé e mudar circunstâncias; somente creia. Não há limite no que a fé pode alcançar. No que a fé pode resolver e pode fazer. Tenha fé em Deus.

CAPÍTULO IV

A Oração de Louvor e Adoração

"Louvai ao Senhor e invocai o seu nome; fazei conhecidas as suas obras entre os povos. Cantai-lhe, cantai-lhe salmos; falai de todas as suas maravilhas" (Salmos 105:1-2 ARC).

A oração de louvor e de adoração é uma das mais elevadas formas de ter comunhão com Deus. A comunhão com Deus que se dá pelo louvor e pela adoração constitui o maior e o mais alto nível de andar com Ele.

Primeiro: porque o louvor prepara a atmosfera para o mover de Deus e a adoração atrai a sua presença manifestada. Ambos produzem milagres extraordinários e manifestam a glória de Deus. Em todos os lugares e momentos em que a presença de Deus é manifestada, o louvor e adoração são ativados automaticamente como reação aos atributos de Deus.

Segundo: porque neste tipo de comunhão em louvor e adoração, não se faz pedidos, mas exalta-se a natureza de Deus. Este é o tipo de oração que os anjos fazem nos céus diante do seu trono e revela a forma como Deus e o homem se deviam relacionar muito antes da queda de Adão. A oração de petição não seria necessária se todos os crentes atingissem este nível de comunhão com Deus.

Terceiro: porque neste nível de comunhão, o crente é transformado em um instrumento de Deus – adorador e não um simples pedinte ou vítima de circunstâncias. Isto porque neste tipo de oração é ativada a consciência da grandeza, da fidelidade, do amor e dos outros atributos de Deus e a consciência das necessidades e dos problemas é ignorada. Em essência, o diabo é ignorado neste tipo de oração, visto que nada que ele faz nos interessa ou nos move, pois somente vemos Deus em todos os momentos.

Quarto: porque a oração de louvor e adoração pode ajudar o crente a receber em grandes medidas o que não chegou a pedir a Deus, visto que ele chegou ao trono da graça. As suas necessidades são supridas sem nenhum pedido. É como alguém que está mergulhado na água da praia não precisa de chuveiro ou balde para tomar banho, pois a água está disponível em todo o lado. É só se lançar e dar o seu mergulho.

Em adoração, o adorador mergulha-se nas glórias de Deus, recebe e anda nas vitórias do eterno e vive na provisão inesgotável das bênçãos de Deus. Por isso, Deus quer que sejamos adoradores. Mas muitos crentes ainda não atingiram este nível porque estão sempre conscientes do diabo e das suas necessidades e não de Deus. Eles não conseguem ver Deus em tudo. Tem uma mentalidade de vítimas e não de vencedores; tem a consciência de pobreza e não da provisão do Senhor e veem o diabo em vez de ver Deus. Porque ainda não compreenderam o poder do louvor e a força da adoração. A adoração é o espírito do homem em interceção com Deus sem incómodo ou necessidade alguma. O louvor é a consciência da revelação dos atributos de Deus. Quando Deus se revela ao homem, ele torna-se adorador e o adora.

No texto de João 4:23 ARC, Jesus disse à mulher samaritana: "Mas a hora vem, e agora é, em que os verdadeiros adoradores, adorarão o Pai em espírito e em verdade, porque o Pai procura a tais que assim o adorem." Nesta passagem, Jesus revela o coração de Deus Pai: Ele está à procura de adoradores; de homens e mulheres com corações rendidos a Ele e conscientes da sua grandeza e misericórdias. Homens e mulheres que o reconhecerão em todos os momentos e em todo o tempo o exaltarão. Isto torna-se um serviço a Deus. Por isso, havia levitas no Antigo Testamento cujo trabalho era somente ministrar no templo, liderando a adoração a Deus.

O fato é que a adoração e o louvor revelam as atividades levadas a cabo nos céus pelos anjos de Deus e afirmam que Deus está presente, operou e está no trono reinando.

O que é a adoração e o que é o louvor

Geralmente, estes dois conceitos são vistos como um único conceito, mas na prática não são a mesma coisa. Contudo, uma pode levar a outra, como por exemplo, o louvor pode levar a adoração e podem ser praticados em simultâneo.

O louvor é o reconhecimento e apreciação dos atributos de Deus, expresso geralmente por meio dos lábios - da boca. Nem sempre o louvor sai do coração, mas a adoração obriga o envolvimento do coração. Louvar entra na categoria de oração porque pode ser feito diretamente para Deus.

Por exemplo, quando o salmista disse: "Bendize, ó minha alma, ao Senhor, e tudo o que há em mim bendiga o seu santo nome" (Salmos 103:1 ARC). Neste contexto é a alma do homem que, por meio dos seus lábios, bendize ou louva ao Senhor. Há, portanto, uma comunicação direta do homem para Deus que expressa a apreciação e o reconhecimento daquilo que Deus é ou daquilo que Ele fez. Por meio dos lábios, o homem louva a Deus. Por isso, pode-se definir louvor como falar bem de Deus, exaltar a Deus. É por isso que o salmista usou o termo "bendizer" que quer dizer "falar bem de Deus." Na oração de louvor você fala bem de Deus, dizendo-lhe que está grato por aquilo que Ele fez na sua vida e o que Ele é. Este tipo de oração deve ser específico porque deve dizer a Deus literalmente o que Ele é para você. Por exemplo, olhando para a sua vida, de onde

Deus o tirou e onde está agora, pode ver as operações de Deus, o seu amor e as suas misericórdias. O que fazer? Você o louva. Notou que o louvor é uma reação ativa e positiva do coração do homem aos atributos e feitos de Deus?

Pode dizer: "Pai, muito obrigado pelo teu amor eterno e incondicional para comigo. Tu és santo, justo e misericordioso. Obrigado, por seres tão bondoso para comigo. Obrigado, pela tua graça na minha vida. Tu és fiel, infalível e invencível. Por isso, sempre confiarei em ti. Obrigado, porque a tua misericórdia não tem fim, nova é cada manhã."

Neste contexto, estamos perante a oração de louvor e não apenas perante o louvor per se. Você pode louvar a Deus sem lhe comunicar isso diretamente, mas exaltando ou sobrelevando os feitos diante dos homens. Aí, você está a comunicar com as pessoas, informando-lhes o que Deus é e o que Ele fez ou é capaz de fazer. Por exemplo, quando no salmo 107 o salmista diz: "Louvai ao Senhor, porque a sua benignidade dura para sempre," ele está a comunicar com as pessoas exaltando o atributo de que a benignidade do Senhor é para sempre. Isto separa Deus dos seres humanos porque a benignidade das pessoas é circunstancial e é esporádica, isto é, muda porque depende das circunstâncias. No entanto, Deus é sempre benigno, sempre bondoso. Por isso, no versículo 10 diz: "Louvem ao Senhor pela sua bondade e pelas maravilhas para com os filhos dos homens."

Compreenda isto: quando se faz a oração de louvor, é preciso ser objetivo e específico em dizer por que você o louva e o que foi que Ele fez pelo qual o louva. Não basta dizer: "Eu te louvo Pai, eu te louvo, Senhor." A questão é: "porque é que o louva?" O que foi que Ele fez ou o que Ele é para você? Que maravilhas fez na sua vida? Isso deve ser dito palavra por palavra, ***ipsis verbis***. Por isso, o versículo diz: "E clamaram ao Senhor na sua angústia, e ele os livrou das necessidades. E os levou por caminho direito, para irem à cidade que deviam habitar. Louvem ao Senhor pela sua bondade e pelas maravilhas para com s filhos dos homens Pois fartou a alma sedenta e encheu de bens a alma faminta" (Salmos 107:6-9 ARC). Aqui ele explica por que razão devem louvar ao Senhor.

Portanto, para que a oração de louvor seja efetivamente de louvor é necessário conectar os louvores aos atributos de Deus ou aos seus feitos para com a sua vida. Por exemplo, "Eu te louvo Pai, Criador dos céus e da terra, porque me saraste das enfermidades e me livraste do laço da morte. Eu te louvo Pai porque tu és o meu provedor e supres todas as minhas necessidades." A oração de louvor pode ser feita em conjunto com a oração de ação de graças, porque em ambas há a necessidade de mencionar os feitos de Deus. Mas na oração de louvor, os feitos são mencionados em ligação com os seus atributos - "Ele fez isso por mim, porque Ele é isto ou aquilo."

Como filho do reino, você deve sempre louvar a Deus. Uma das razões de muitos crentes não orarem é porque dizem que não tem o que dizer e as suas orações são de segundos. E porque não tem o que dizer? Porque só sabem fazer a oração de petição e oram quando tem necessidades. Agora, se Deus já supriu as suas necessidades, o que deverá fazer? Orar. Qual oração? A oração de louvor ou adoração. Por isso o salmista Davi disse: "Louvarei ao Senhor em todo o tempo. O seu louvor estará continuamente em meus lábios" (Salmos 34:1 ARC). Evite estar sempre a reclamar que a vida é dura, é difícil ou complicada. Deus não gosta de ver seus filhos reclamando, mas louvando.

Como exprimir os louvores

Podemos exprimir os louvores a Deus por meio de palavras. No texto que acabamos de ler, Davi disse que os louvores a Deus estariam continuamente em seus lábios, isto é, na sua boca. Não é de admirar que tenha tido uma vida gloriosa - ele tinha os louvores nos seus lábios. Em todo o momento estava pronto para louvar e a unção estava sobre ele. Mesmo ao tocar a arpa, a unção expelia o demónio – o espírito mau- que atormentava Saúl. Com este ministério de louvor, você nunca viverá atormentado pelo diabo. Viverá sempre na paz de Deus.

No texto de Oseias 14:1 ARC lemos: "Converte-te, ó Israel, ao Senhor, teu Deus; porque, pelos teus pecados, tens caído." Aqui, Israel é chamado a converter-se e voltar-se para Deus. Como? O versículo 2 diz: "Tomai convosco palavras e convertei-vos ao Senhor; e dizei-lhe: expulsa toda a iniquidade e recebe o bem; e daremos como bezerros os sacrifícios dos nossos lábios."

Era costume na Antiga Aliança, comumente conhecida como "o Antigo Testamento," oferecer a Deus sacrifícios de animais: ovelhas, cordeiros, etc. Este era um serviço que era prestado pelos sacerdotes em turnos e havia sacrifícios de manhã e de tarde. Era dada muita importância a este serviço rendido a Deus, de modo que eram mortos animais diariamente e queimavam-se incensos para oferecer sacrifícios e holocaustos ao Senhor. Por causa disso, os seus pecados eram perdoados e eles eram libertos dos seus inimigos ao redor. Deus mandava chuva para que os seus campos de cultivo produzissem, removia as suas enfermidades e dava-lhes vitórias nas batalhas.

Ora, é possível você e eu termos este tipo de vida gloriosa quando nos aplicamos ao ministério de louvor. Observe que o louvor pode ser feito por meio de cânticos, música, hinos entre outros instrumentos em reconhecimento a Deus.

O rei Davi, um dos grandes poetas do Antigo Testamento, tinha este hábito de sacrificar ao Senhor. Nos salmos 141:2 disse: "Suba a minha oração perante a tua face como incenso, e seja o levantar das manhãs mãos como o sacrifício da tarde."

Quer Oseias, quer Davi eram profetas cada um no seu ofício por causa do Espírito de Cristo que estava neles. Davi tinha também a prerrogativa de ser rei de Israel. Eles olharam profeticamente e viram um momento na história da humanidade, o nosso tempo – em que não seria mais necessário oferecer sacrifícios de animais e bezerros nem queimar incenso para Deus. Contudo, no lugar destes sacrifícios, nós ofereceríamos a Deus sacrifícios de louvor, expressos por meio dos lábios – das nossas bocas.

Vemos a afirmação disto no Novo Testamento, no texto de Hebreus 13:15 ARC: "Portanto, ofereçamos sempre, por ele (Jesus) sacrifícios de louvor, isto é, o fruto dos lábios que confessam o seu nome."

Por meio de palavras, devemos sempre louvar a Deus. Se na Antiga Aliança havia equipes e turnos de sacerdotes fazendo isto diariamente de manhã e de tarde, nós também devemos fazê-lo sempre.

Benefícios da oração de louvor

Abertura do coração e de dimensões espirituais para ouvir a voz de Deus.

A oração de louvor e de adoração pode elevar o espírito do homem e possibilitá-lo a ouvir a voz de Deus e as suas orientações para a sua vida. Lemos isso em Atos 13:1-4, quando na Igreja que estava em Antioquia, Saulo (Paulo), Barnabé e outros profetas e mestres ministravam ao Senhor em oração e jejum. O Espírito Santo falou com eles para que apartassem Saulo e Barnabé para a obra que Deus lhes tinha mandado fazer. E eles foram enviados pelo Espírito e fizeram proezas.

Subcapítulo - O Poder do Louvor
O louvor como arma de guerra

Como vencer sem lutar e prosperar sem suar

No Antigo Testamento encontramos um exemplo vívido do povo de Judá e seu rei Josafat. Ameaçados por um ataque de três reis unidos contra este povo pouco em número, Josafat decidiu colocar cantores em frente ao exército para cantar e exaltar o Senhor. A Escritura diz: "E levantaram-se os levitas, dos filhos dos Coatitas e dos filhos dos Coraítas, para louvarem o Senhor, Deus de Israel, com voz muito alta" (2 Crónicas 20:19 ARC). Já imaginou o que pensaram os soldados armados que, no lugar de uma emboscada, estavam a ser expostos pelo barulho causado pelos cânticos de louvor dos levitas? Bem, esta foi a estratégia de Deus para lhes dar a vitória desejada. Eles louvaram ao Senhor. Assim atesta a Escritura: "E aconselhou-se com o povo e ordenou cantores para o Senhor, que louvassem a majestade santa, saindo diante dos armados e dizendo: louvai ao Senhor, porque a sua benignidade dura para sempre" (versículo 21).

Alguns aspetos a notar:

1. Ordenou um grupo de cantores para estarem diante de Deus. Fazendo o quê? Cantando e louvando a majestade. Este era o trabalho deles, o seu ministério diante do Senhor.

2. Estes cantores deviam ir diante dos armados. Ou seja, a arma dos armados não eram as lanças, setas e escudos que eles traziam, mas sim o louvor dos cantores que estavam diante deles.

3. Assim, Deus lutou por eles confundindo a mente dos inimigos que começaram a lutar entre si, uns contra os outros até se mataram e ninguém ficou de pé vivo.

4. O povo de Judá recolheu muito despojo em forma de vestes, camelos, ouro e prata deixados pelos inimigos.

Conclusão:

1. Eles trabalharam para o Senhor ministrando louvor para Ele;

2. Eles venceram sem lutar, apenas louvando a majestade do Senhor;

3. Enriqueceram-se sem lutar, sem suar, apenas louvando ao Senhor.

Nisto tudo vemos o poder de louvor manifestado. Se você criar este hábito de ter sempre um lugar ou em qualquer lugar para louvar e adorar ao Senhor, terá os mesmos resultados.

Libertos da prisão sem usar a força humana

No texto de Atos 16:25-31, lemos sobre o incidente em que Paulo e Silas são presos e colocados na cadeia, tendo os seus pés amarrados ao tronco. Que crime tinham cometido? Nenhum, Paulo tinha apenas expulsado um demónio - um espírito adivinhador de uma moça que lia as mãos das pessoas e vaticinava o seu futuro. Ela era uma escrava e o dinheiro desse lucro era levado por eles. Vendo a moça liberta e livre, acusaram Paulo e Silas de armarem confusão diante dos magistrados, os quais ordenaram que fossem açoitados com varas sem roupa e fossem lançados na prisão. Mesmo nesta situação deplorável, Paulo e Silas não reclamaram perante Deus, nem se desesperaram. A Bíblia diz: "Perto da meia-noite, Paulo e Silas oravam e cantavam hinos a Deus, e os outros presos os escutavam. De repente, sobreveio um tão grande terramoto, que os alicerces do cárcere se moveram e logo, se abriram todas as portas, e foram soltas as prisões de todos" (Atos 16:25-26 ARC).

Notou que não só Paulo e Silas, mas todos foram libertos? A atitude deles trouxe libertação para todos os prisioneiros e levou a salvação do carcereiro responsável por mantê-los presos. Ele e sua família foram salvos. Você pode ser o único cristão em sua casa e ridicularizado pelos outros membros da família ou mesmo na escola. No entanto, se for firme e perseverar em fazer a oração de louvor, verá luz, verá vitória e inclusive, todos podem beneficiar por causa da mesma.

Considere isto: você pode libertar-se de qualquer tipo de prisão espiritual louvando ao Senhor porque o louvar é uma arma de guerra espiritual.

Se você já orou e jejuou por um assunto e parece que não se resolveu, faça a oração de louvor. Levante as mãos e louve ao

Senhor; exalte-o. Quando o louvor sobe, a glória desce. Nessa glória está a sua vitória, a sua paz, a sua provisão e o seu sucesso.

Compreendendo a adoração

A adoração é um nível superior ao louvor.

Primeiro, porque obrigatoriamente, ela envolve a criação do homem. Por exemplo, se louvar é falar bem de Deus, alguém pode falar bem de Deus e viver uma vida contraria ao que diz. Por exemplo, alguém pode dizer: "você é bonito," enquanto no coração diz o contrário. Isto não acontece na adoração. A adoração implica que tudo que expressa a Deus saia de um coração sincero e rendido a Ele. Por isso, Jesus disse que o Pai procura os verdadeiros adoradores que o adorem em espírito e em verdade (João 4:23-24).

Adorar significa prestar homenagem, prostrar-se, reverenciar. A adoração é um sinal de rendição a Deus e de respeito profundo por Ele. Na adoração, o adorador é moldado a se conformar com as palavras de Deus e com a sua vontade. Por isso, a adoração vai muito para além de palavras, ela sai do coração. Por exemplo, você pode adorar a Deus sem necessariamente dizer palavra. A adoração é uma atitude de reverência diante de Deus. É um modo de vida de quem foi impactado pela grandeza de Deus, pela sua cultura e pelos seus propósitos. Daí que existam muitos crentes no mundo inteiro, mas poucos adoradores verdadeiros. Todos podem professar amar a Deus, mas na adoração o que conta é o que você faz porque o ama e não só o que diz com a sua boca. Jesus disse: "Se me amardes, guardareis os meus mandamentos" (João 14:15 ARC). No versículo 23 Ele acrescenta: "Se alguém me ama, guardará a minha palavra, e meu Pai o amará, e viremos para ele e faremos nele morada."

Deus quer habitar nos humanos por meio da sua palavra e do seu Espírito. É o peso da palavra de Deus nas nossas vidas e a reverência que temos por Ele que nos torna adoradores, pessoas prontas para executar a sua vontade.

Benefícios da oração de adoração

Dentre vários benefícios da adoração a Deus, veja os seguintes abaixo mencionados:

1. A adoração traz a presença de Deus na vida do crente (João 14:15);
2. A adoração atrai a manifestação do *shekina* "da glória manifestada de Deus" para onde estamos;
3. A adoração conecta os céus à terra e transporta o ambiente terrestre em ambiente celestial;
4. A adoração faz que a luz do crente brilhe sempre, independentemente das forças das trevas;
5. A adoração atrai a atenção de Deus.

No texto de Mateus 15:21-28, lemos a respeito de uma mulher cananeia que tinha vindo a Jesus a pedir cura e libertação da sua filha. Ela clamou ao Mestre: "Senhor, filho de Davi, tem misericórdia de mim, que minha filha está miseravelmente endemoninhada." (versículo 22). Jesus não respondeu nada, mesmo vendo-a gritar. Ela pensou que o clamor ou grito dela chamaria a atenção do Senhor. É assim que muitos irmãos em Cristo pensam Pensam que se gritarem o suficiente ou chorarem copiosamente, Deus será tocado emocionalmente e virá ao seu socorro. Bem, Ele o faz para bebês espirituais, mas quando você cresce e se torna um homem maduro ou mulher madura, deve aprender a acionar os princípios divinos. Os discípulos de Jesus, vendo isto, disseram-lhe que a mandasse embora porque vinha gritando atrás deles. Isso mostra que a mulher estava desesperada pela situação da filha e os gritos pelo socorro eram altos. Quando a mulher notou que não havia resposta da parte de Jesus, ela acionou o princípio da adoração. No versículo 25 lemos: "Então, chegou ela e adorou-o, dizendo: Senhor, socorre-me." No versículo 26 Mateus regista: "E ele respondeu..." Quando é que Ele respondeu? Quando ela o adorou. Ela prostrou-se aos seus pés em reverência, em reconhecimento de que Ele era o Messias e era capaz de operar o milagre. Jesus disse à mulher que não era bom levar a comida dos filhos e dá-la aos cachorrinhos e ela respondeu que mesmos os cachorrinhos comem as migalhas que caem da mesa do seu senhor. Ela recebeu a cura e libertação da sua filha, pela fé e pela adoração.

O problema é que muitos irmãos em Cristo, quando vão ter com Deus em oração, começam por pedir e lamentar-se, quando deviam chamar a sua atenção -adorando-o.

Como fazer a oração de adoração?

Primeiro: medite nos atributos de Deus. Atributos são características de Deus – são qualidades que o descrevem. Por exemplo, Ele é santo, todo-poderoso, bondoso, benigno, misericordioso, compassivo, etc. Pense nestas qualidades de Deus. Ao meditar nisto em sintonia com a revelação das Escrituras, verá Deus maior que o diabo, maior que tudo e todos e verá que nada é impossível para Ele.

Segundo: renda-se a Ele completamente; deixe-se levar por Ele. Renda-se ao seu amor, ao seu poder e as suas misericórdias.

Terceiro: fale com Ele a partir do seu coração. Pode usar palavras expressas pelos seus lábios assim como pode falar no seu coração sem até abrir a boca. É comum e normal as lágrimas começarem a cair do seu rosto quando o Espírito Santo começa a revelar-lhe quem Deus é. Você fica cada vez mais envolvido n'Ele e todo o seu espírito, alma e corpo ficam inundados pela presença de Deus.

Uma das coisas que pode experienciar é:

1. Ficará cheio do Espírito Santo. Cheio da glória e da presença de Deus;
2. Ganhará fé, coragem e ousadia e todo o medo e preocupações desparecerão;
3. Verá o amor de Deus por você e reconhecerá que sem Ele você não é nada e nada pode-fazer;
4. Terá mais vontade de orar, de passar tempo com Deus na sua presença;
5. Terá mais sede de estudar e ouvir a sua palavra;
6. Será sempre consciente da sua presença;
7. Estará posicionado para ouvir a voz de Deus em todo momento;
8. Os seus olhos espirituais poderão abrir-se e começar a ver no espírito;
9. Você será cada vez mais transforando;
10. Tudo que você determinar ou declarar com sua boca irá acontecer;
11. Você viverá na presença consciente de Deus;
12. Você se verá a si mesmo como Deus o vê: protegido, forte, abençoado e mais que vencedor. E o mundo ficará pequeno para si;
13. Ficará cheio de alegria e de louvores.

Exercício

1. Cante um cântico em louvor a Deus; ou coloque uma música gospel que exalte os atributos de Deus;

2. Estude algumas Escrituras das palavras de Deus ou escute alguma mensagem de ensino ou pregação

3. Pense nos atributos de Deus, quem Ele é conforme ouviu na pregação ou estudou na palavra – a Bíblia Sagrada;

4. Adore-o em seu coração, se for necessário abra a sua boca e exalte-o. Pense em tudo que é glorioso que Ele fez por você.

5. Tenha consigo um bloco de anotações e escreva tudo que Ele for lhe revelando.

Capítulo V

A Oração em Línguas

Um Breve Historial

No texto de Atos 2:1-4 ARC, lemos: "Cumprindo-se o dia de Pentecostes, estavam todos reunidos no mesmo lugar; e, de repente, veio do céu um som, como de um vento veemente e impetuoso, e encheu toda a casa em que estavam assentados. E foram vistas por eles línguas repartidas, como que de fogo, as quais pousaram sobre cada um deles. E todos foram cheios do Espírito Santo e começaram a falar em outras línguas, conforme o Espírito lhes concedia que falassem."

Este texto revela um fenómeno sobrenatural que passou a fazer parte da Igreja dos crentes que tornaram novas criaturas em Cristo em virtude de terem recebido o dom do Espírito Santo. Este fenómeno sobrenatural denomina-se "falar em línguas" e "orar em línguas." Mas que línguas eram estas? Línguas estranhas, ou seja, estrangeiras porque não eram línguas originalmente não faladas pelos crentes.

Geralmente, os que falam em línguas tem sido chamados pentecostais porque o Espírito Santo desceu no dia de Pentecostes. Assim, foi assumido por muitos séculos até ao ponto de se criarem denominações que se designam *pentecostais* em virtude de estes falarem línguas estranhas. Todavia, esta compreensão não é consistente com as Escrituras Sagradas então está errada. De acordo com as Escrituras, os pentecostais não são os que falaram em línguas, pois no dia de Pentecoste, tinham vindo judeus de várias partes do mundo: da Ásia, África, Europa e do oriente, conforme atestam os versículos 8, 9, e 10 do capítulo 2 de Atos. Estes eram varões religiosos que tinham vindo a Jerusalém para celebrar o Pentecoste e nenhum deles fez parte dos que receberam o dom e o batismo no Espírito, nem dos falaram em línguas. Apenas 120 discípulos estavam no cenáculo em oração por medo dos judeus, pois o seu Mestre Jesus tinha sido crucificado, ressuscitado e ascendido aos céus. Eles esperavam a promessa do Pai - o Espírito Santo.

Ademais, o Pentecoste era uma data festiva e cerimonial dos Judeus que marcava a celebração dos 50 anos de colheita. Era chamada a festa das colheitas. Era um costume dos Judeus de todas as partes do mundo irem a Jerusalém para celebrar esta data. Estes é que eram os reais pentecostais, pois estavam lá a celebrar o dia de Pentecostes. Os discípulos de Jesus não estavam a celebrar o Pentecoste, mas estavam em oração no cenáculo, esperando receber a capacitação do Espírito Santo para a obra que Jesus os tinha comissionado a fazer, que era a de ir pregar o Evangelho a toda a criatura e fazer discípulos de todas as nações. Eu, por exemplo, falo e oro em línguas, mas não sou pentecostal, pois os apóstolos de Jesus não eram pentecostais no sentido como muitos os descrevem: aquele grupo de cristãos que creem no falar em línguas e nos dons do Espírito Santo, em contraste com os ortodoxos que não creem nestes fenómenos.

Porque é que o Espírito Santo desceu no dia de Pentecoste?

Bem, tudo que Deus faz segue um plano sapiente enquanto Criador do universo com vista na salvação da humanidade e no cumprimento dos seus desígnios. Sendo que o dia de Pentecoste simbolizava a festa das colheitas nos campos de cultivo dos judeus, o Senhor da seara - o Espírito Santo - seria enviado neste período. Isto para dar aos discípulos a entender que embora os restantes judeus provenientes de todas as nações estavam a celebrar a festa das colheitas físicas, dos campos físicos, os apóstolos de Jesus e a Igreja primitiva iniciaram uma nova forma de colheita contínua e que abrangeria todas as nações – a colheita de almas para o reino de Deus, por meio da pregação do Evangelho, batismo dos crentes e discipulado. Na verdade, já tinha dito: "A seara é realmente grande, mas poucos são os ceifeiros" (Mateus 9:37 ARC). Depois, deu uma orientação: "rogai-pois, ao Senhor da seara para que mande ceifeiros para a sua ceara" (versículo 38). É o que eles estavam a fazer, orando e intercedendo. Por isso, antes de ascender aos céus, disse aos seus discípulos: "Mas recebereis a virtude do Espírito Santo, que há de vir sobre vós; e ser-me-eis testemunhas tanto em Jerusalém como em toda a Judeia e Samaria, até aos confins da terra" (Atos 1:8 ARC). Por isso: "...ficai, porém em Jerusalém, até que alto sejais revestidos de poder" (Lucas 24:49). Quando viesse o Espírito Santo, eles seriam transformados em novas criaturas, nasceriam de novo e seriam capacitados para ir pregar o Evangelho em todo o mundo, com o mesmo poder que Jesus tinha – o poder do Espírito Santo.

Deus é omnisciente, presciente e altamente planificado e organizado – todos os eventos desenrolam-se segundo os seus desígnios e propósitos – Ele é o Senhor.

Ora, no dia de Pentecoste enquanto estavam todos reunidos no mesmo lugar em oração e ministrando ao Senhor, sobreveio um vento veemente e impetuoso que encheu toda a casa. Faz-me lembrar do fenómeno que aconteceu comigo em junho de 2008 quando estava no templo a dirigir o louvor. Havia um mestre de cerimónia que tinha sido indicado para dirigir o culto e toda uma liturgia programada para aquele dia; depois vinha o pregador que iria pregar. Eu estava no altar diante de todo o mundo dirigindo o momento de louvor e enquanto adorávamos e louvávamos ao Senhor, sobreveio de repente um vento veemente e impetuoso que encheu todo o edifício da igreja. E todo aquele vento veio e me encheu por completo de modo que nem conseguia andar; parecia uma bola cheia de ar. Tudo em mim estava inundado de poder, de unção e do Espírito Santo: as minhas mãos, pernas, boca e tudo.

Recordo-me das primeiras palavras que proferi: "Deus está neste lugar." De repente, os demónios começaram a manifestar-se e a sair das pessoas. Ademais, quando olhava para uma bancada das cadeiras onde estavam sentados os irmãos da igreja, o poder ia para lá. Ao estender a minha mão para uma direção, a unção ia para lá e as pessoas caíam como dominó. Nesse dia, milagres extraordinários de cura e libertação ocorreram e desde aquele dia, a minha vida ministerial nunca mais foi a mesma. Em todas as cruzadas de salvação e milagres, em todos os cultos, seminários ou conferências; em todas as vigílias onde eu fosse ministrar, havia uma característica comum: o sobrenatural sempre acontecia. Foram-me dadas, desde esse dia, mais línguas do que as que falava antes. Fui promovido no espírito e fui altamente recarregado e iluminado pelo Espírito. O Senhor me disse que passaria a transportar a "Atmosfera celestial" e disse-me que me tinha ungido com a unção que tinha dado aos seus apóstolos da igreja primitiva para pregar a sua segunda vinda, alcançar as nações do mundo para Cristo e expandir o seu reino, demonstrando o seu poder e o seu amor a humanidade. E sempre foi fiel até os dias que correm.

Portanto, quando leio o texto dos Atos dos apóstolos (capítulo dois) sobre as experiências que apóstolos vivenciaram na descida do Espírito Santo, recordo-me sempre vividamente das experiências que tive no dia em que fui batizado no Espírito Santo. Eu vinha pregando e ensinando a palavra. Orava pelos enfermos pela fé como Jesus disse, mas desde aquele dia, passei a ministrar por meio da unção; uma unção especial para o meu ministério. Todavia, antes desta experiência, eu tinha passado um tempo contínuo de busca e de oração ao Senhor. Tinha muita fome e sede da pessoa do Espírito

Santo, um desejo ardente de conhecer o Senhor Jesus e andar na sua presença e vontade. Para mim, nada neste mundo importa mais do que o Espírito Santo; nada importava além de Jesus. Ele é tudo que me importa.

A oração é muito essencial e Deus se moverá sempre que vir fome e sede nos nossos corações. Ele disse: "E buscar-me-eis e me achareis, se me buscardes de todo o vosso coração. E serei achado por vós, diz o Senhor..." (Jeremias 29:13-14 ARC).

A razão por que escrevi este pequeno trecho da minha história e experiências com o Espírito Santo é para que perceba que tenho domínio do assunto que estamos a tratar; não sob o ponto de vista teológico, de quem leu em livros ou ouviu histórias, que ouviram dos outros, mas como quem teve experiências com a pessoa do Espírito Santo. Como quem achou favor diante dos céus para andar com Deus nas arenas celestiais.

Ora, no dia de Pentecoste, o Espírito Santo desceu sobre eles como um vento veemente e forte e cada um dos que estavam no cenáculo recebeu um impartição, ou seja, uma repartição do de línguas de fogo. As suas línguas naturais foram revestidas das línguas de fogo para capacitá-los a falar as novas línguas e pregar a palavra de Deus (o Evangelho do reino de Deus) com poder. Quando eles receberam o Espírito Santo naquele dia, ficaram completamente inundados por Ele, n'Ele e Ele se revestiu deles e começaram a falar em outras línguas, conforme lhes concedia que falassem. Os judeus que tinham vindo para adorar e celebrar o Pentecoste ouviram esse som porque foi um fenómeno notório, audível e que chamou a atenção de todos que curiosamente se aproximaram ao reder dos discípulos de Jesus para ver o que aquilo era. O maior espanto deles é que os ouviam falar nas suas próprias línguas, sabendo de antemão que estes discípulos não as tinham aprendido. Lucas regista: "E todos pasmavam e se maravilhavam, dizendo uns aos outros: Pois quê! Não são galileus todos esses homens que estão falando? Como pois os ouvimos, cada um, na nossa própria língua em que somos nascidos?" (Atos 2:7-8 ARC). Isto quer dizer que as línguas que os apóstolos falaram eram línguas existentes no léxico de algum país na terra; mas eles não tinham noção nem domínio dessas línguas. Contudo, falavam porque o Espírito Santo lhes concedia as palavras, pois Ele sabe tudo.

Agora, quero que note uma coisa também: embora por um lado estas línguas fossem verbetes já existentes como vocábulos de um léxico humano, nativo de um país, por outro, havia uma ministração milagrosa do Espírito Santo que fazia que uma palavra falada numa certa língua pelos apóstolos fosse ouvida pelos outros na sua própria língua, como se fosse a sua. Ou seja, numa mesma língua de partida, falada e dada pelo Espírito Santo ao discípulo para a falar; ao chegar em muitos ouvidos das pessoas que falavam essa língua nativa, o som era a tradução da sua própria língua. Isto quer dizer que o Espírito Santo fazia duplo trabalho:

1. Dava palavras aos discípulos para que falassem, as quais que não faziam parte do seu vocabulário nativo.

O versículo 4 explica isso, quando diz: "... e começaram a falar em outras línguas, conforme o Espírito Santo lhes concedia que falassem." Quem lhes concedia que falassem? O Espírito Santo. Quem falava? Os discípulos. Logo, Ele lhes dava uma habilidade para falar nestas outras línguas, mas de forma não inteligente, pois nem eles mesmos compreendiam o que diziam nessas línguas.

2. O mesmo Espírito Santo interpretava aos ouvidos dos destinatários nas suas próprias línguas nativas o que os apóstolos diziam sob sua inspiração.

Ele servia como intérprete para estes, interpretando para aqueles as palavras que concedia que os discípulos falassem.

Já aconteceu comigo. Recordo-me de uma das ocasiões em que estava a pregar na igreja-sede em Maputo, em português, em que uma senhora idosa, que nunca tinha ido à escola e não sabia falar a língua portuguesa, compreendeu toda a mensagem sem que ela soubesse o vocabulário português. Eu estava um pouco preocupado com ela porque pensava que não iria entender o que eu dizia em português, mas de repente, orei para que o Espírito fizesse algo acerca do assunto. E, milagrosamente, quando ouvi os comentários dela em changana, que é minha língua nativa, ela me respondeu que o culto tinha sido glorioso e que tinha aprendido muito. Deus não é limitado, e de acordo com a sua vontade, faz coisas extraordinárias, que vão além do nosso entendimento, da lógica racional humana: é o caso de falar e/ou orar em línguas. É um fenómeno sobrenatural, levado a cabo pela capacitação do Espírito Santo.

Línguas estranhas, a nova linguagem da nova criação

Outras línguas, estranhas ou línguas desconhecidas, trata-se do mesmo fenómeno – línguas dadas pela capacitação do Espírito Santo ao espírito do homem. São assim chamadas porque não saem da mente do homem, mas sim, do seu homem interior, em virtude ser uma nova criatura.

O texto de 2 Coríntios 5:17, diz "se alguém está em Cristo, nova criatura é; as coisas velhas já passaram, eis que tudo que fez novo."

Como discípulo de Jesus e cidadão do reino dos céus é preciso compreender que no dia em que você se rendeu ao senhorio de Jesus e o aceitou como seu Senhor e Salvador pessoal, um milagre aconteceu consigo – você nasceu de novo. Ao nascer de novo, o seu espírito foi recriado, iluminado e regenerado. Você passou a ter uma outra natureza ativa e funcional – a natureza divina. Logo, além de funcionar humanamente na terra como outros seres humanos normais que comem, dormem, e exibem emoções normais, você, para a funcionar espiritualmente, passou a ser participante da natureza divina (2 Pedro 1:3-4). A partir desse momento, começou a ver, ouvir e falar no espírito a partir do seu espírito. Foram-lhe dadas novas línguas, faladas não pela mente natural, mas pelo seu espírito, em virtude da nova natureza - a natureza divina. Portanto, as línguas estranhas são uma linguagem do espírito do homem recriado, inspiradas ou dadas pelo Espírito Santo ao espírito do homem e não à sua mente. Nesta, você sabe o português, o inglês, o espanhol, o francês, o mandarim ou até a sua língua nativa que aprendeu em casa, na escola ou desenvolveu no ambiente ou no seio da comunidade em que cresceu.

As línguas espirituais são ensinadas pelo Espírito Santo e quando são faladas, a mente fica infrutífera pois não as entende. Não fazem parte do seu vocabulário, mas do vocabulário dos anjos. Eles compreendem e agem quando oramos em línguas. Por não serem entendidas pela mente humana, muitos acham que nós que falamos em línguas estamos loucos, fora da nossa mente. Isto ocorre porque segundo as Escrituras, o homem natural não compreende as coisas do Espírito porque lhe parecem loucura. Elas são compreendidas e discernidas espiritualmente por homens espirituais. Podemos dizer que as línguas estranhas dadas pelo Espírito Santo, são línguas dos espíritos iluminados, recriados, atualizados, ou seja, nascidos de novo – novas criaturas.

Olhando atentamente para os textos de Atos, podemos notar este tipo de ocorrências com frequência sempre que o Espírito Santo descia sobre os crentes quando os apóstolos lhes impunham as mãos ou quando falavam ou oravam. A presença do Espírito Santo no crente marcaria uma nova etapa na sua vida – que ele já não seria o que era antes, mas sim uma nova criatura, uma nova pessoa por dentro que recebeu a salvação e a natureza divina. O seu espírito – homem interior – ou o homem oculto no coração conforme o apóstolo Pedro o descreve em 1 Pedro 3:4, é programado para passar a funcionar no mundo espiritual sendo capaz de ouvir a voz de Deus, ter visões celestiais, ter revelações divinas e ser guiado pelo Espírito Santo. Assim, você passa a compreender as coisas do Espírito e tudo o que Deus faz ou fala passa a ter sentido. Os milagres passam a ter sentido para você, mesmo sem alguma explicação lógico-racional. Você já não usa somente a sua mente, mas sintoniza a antena do mundo espiritual, do trono de Deus – pela capacitação do Espírito. Estevão conseguia ver os céus abertos, ver a glória de Deus e Jesus de pé a destra da majestade, quando os outros somente viam o céu azul ou céu nublado. Como conseguia ele ver? Pelo Espírito Santo, ele estava cheio do Espírito Santo (Atos 7:55). Sem o Espírito Santo, tudo parecerá loucura para os descrentes, para os homens naturais guiados apenas pelo que veem, ouvem e sentem naturalmente. Nós operamos também sobrenaturalmente em dois mundos: o mundo físico e o mundo espiritual.

O falar em línguas tornou-se comum sempre que o Espírito Santo descia sobre os crentes.

Por exemplo, em Atos 2, lemos que os apóstolos e os restantes discípulos falaram em outras línguas, conforme o Espírito Santo lhes concedia. A segunda ocorrência, encontramo-la no capítulo 10:44-46 ARC "E, dizendo Pedro ainda estas palavras, caiu o Espírito Santo sobre todos os que ouviam a palavra. E os fiéis que eram da circuncisão, todos quantos tinham vindo com Pedro, maravilharam-se de que o dom do Espírito Santo se derramasse também sobre os gentios. Porque os ouviam em línguas e magnificar a Deus." Repare que quando o Espírito Santo desceu sobre estes gentios (não judeus) que haviam crido em Jesus pela pregação de Pedro, eles também começaram a ter esta experiência de falar em línguas. Em Atos 8, provavelmente tivessem tido a mesma experiência, mas Lucas não coloca ênfase nisto porque havia um certo Simão, o mágico, que queria pagar dinheiro para ter este poder de impor as mãos sobre as pessoas e elas receberem o dom Espírito Santo. Isto porque os demónios também podem dar línguas estranhas aos seus fiéis, como acontece com os bruxos quando estão a fazer *tratamento* às pessoas.

Mas estamos a falar das línguas celestiais, as línguas dos anjos, as línguas dos espíritos dos santos. A terceira ocorrência, encontramo-la em Atos 19:6 ARC quando Paulo evangelizou doze homens que tinham sido discípulos de João: "E impondo-lhes as mãos, veio sobre eles o Espírito Santo; e falavam em línguas e profetizavam."

Portanto, vemos estas ocorrências e manifestações no ministério dos primeiros apóstolos de Jesus com destaque para Pedro e também no ministério de Paulo. Sempre que o Espírito Santo descia sobre os crentes, eles falavam em outras línguas. Se este fenómeno era tão frequente e regular na igreja primitiva, então deve ter a mesma importância na igreja de Cristo do século vinte e um, que ainda não percebeu isso, e não tirou proveio dela. Paulo orava muito em línguas, por isso disse: "Dou graças ao meu Deus porque falo mais línguas do que todos vós" (1 Coríntios 14:18 ARC).

A importância de orar em línguas

"O que fala língua estranha edifica-se a si mesmo, mas o que profetiza edifica a igreja" (1 Coríntios 14:4 ARC).

Este maravilhoso texto inspirado por Deus ao apóstolo Paulo revela a importância das línguas para o crente. Se muitos crentes compreendessem o poder gerado quando se ora em línguas, investiriam muito nisto em seu espírito e se veriam a andar em domínio na arena espiritual.

Do ponto de vista de impacto, Paulo argumenta que o "falar em línguas" é equivalente ao "profetizar" – falar sob a inspiração de Deus – quando as línguas forem interpretadas. É possível um crente falar em línguas sem entender o que está a dizer. Aí, poderá precisar de alguém que tenha o dom de interpretar línguas para ajudá-lo a compreender, principalmente se fala em público para outros crentes. E, quando as línguas são interpretadas, ficam equivalentes à profecia. Há irmãos aos que podem ser dados dons de falar línguas estranhas e ao mesmo tempo interpretá-las. Neste sentido, se lhe encoraja a que o faça em público diante da congregação, mas quando não há ninguém para interpretar, é melhor falar para si mesmo. Neste sentido, Paulo orienta: "Pelo que, o que fala língua estranha, ore para que a possa interpretar" (versículo 13).

Orar em línguas é mais importante do que orar na nossa língua mental ou intelectual. "O que acontece quando oramos em línguas?" – alguém pode perguntar. Bem, a Escritura já afirmou: "O que fala em língua estranha edifica-se a si mesmo." A palavra "edifica-se" empregue aqui é sinónima da palavra "recarregar-se" ou "construir um edifício com andares bem elevados." Com isto, podemos perceber o quão poderoso e edificante é orar ou falar em línguas. Quando ora em línguas, ativa o gerador de energia que está em você. Lembre-se do que Jesus disse em Atos 1:8 ARC, "Mas recebereis a virtude do Espírito Santo, que há de vir sobre vós; e ser-me-eis testemunhas tanto em Jerusalém como em toda a Judeia e Samaria e até aos confins da terra." A palavra "virtude" usada aqui vem do grego *"Dunamis,"* que quer dizer "poder milagroso, poder inerente ou habilidade dinâmica, poder efetivo." Com este poder, você pode efetuar mudanças em qualquer área da sua vida como crente.

Dunamis está associado a *Dínamo*, que é usado para converter energia mecânica em energia elétrica.

Em zonas ou países onde há problemas elétricos, muitas empresas e famílias usam geradores de modo que quando há um corte de fornecimento elétrico geral, o gerador é acionado automaticamente e produz corrente elétrica. Assim, as casas continuam iluminadas e as indústrias continuam a funcionar plenamente. Porquê? Porque eles têm geradores. Portanto, o gerador serve como um backup ou reserva de produção elétrica, de modo que não haja problemas de corrente elétrica. Ora, Deus sabendo que precisaríamos de brilhar como luz do mundo e sermos efetivos como o sal da terra, deu-nos o Espírito Santo que é um reservatório de energia e poder dentro do crente. Esse poder é dinâmico e miraculoso e com ele, o crente pode efetuar qualquer mudança que quiser na sua vida: emprego, negócios, ministério, saúde ou família. Ademais, você pode ativar este poder em qualquer momento e ficar recarregado e cheio de energia sempre que falar em línguas.

Quando falamos em línguas, este poder é ativado e revelações são dadas pelo Espírito Santo.

Portanto, se quiser ter uma vida espiritual ativa e produtiva é preciso falar em línguas.

Em espírito, podemos falar, cantar ou orar em línguas. Por exemplo, quando falamos em línguas muitas coisas gloriosas podem acontecer:

    1. O seu espírito é recarregado, fortalecido e cheio de poder.

Com este poder e espírito ativados, tudo o que você disser passa a acontecer. O seu espírito entra em sintonia com o Espírito Santo e você fica conectado à fonte de poder inesgotável.

Já parou para notar que após o Espírito Santo ter descido sobre Jesus quando saía das águas do Rio Jordão, Ele nunca mais fez uma oração a pedir a Deus mais poder ou mais unção? Por que? Porque já tinha o gerador de energia dentro d'Ele: o Espírito Santo. Em cada crente nascido de novo existe um reservatório de energia que o pode tornar num gigante espiritual. Ora, sempre que você ora em línguas, este poder passa a encher o seu espírito, a sua mente e permeia a sua carne, removendo todo o mal.

2. Quando você ora em línguas é edificado, fortalecido como uma cidade forte:

3. Quando fala em línguas, instruções são dadas aos anjos para agir a seu favor, pois, você está a falar numa linguagem espiritual.

A Escritura diz: "Porque o que fala língua estranha não fala aos homens, senão a Deus; porque ninguém o entende, e em espírito fala de mistérios" (1 Coríntios 14:2 ARC). Notou que quando você fala em língua estranha, fala mistérios, isto é, segredo? São mistérios para os homens, mas não mistérios para Deus. Deus ouve e sabe o que se está a dizer e eventos e situações são movidos no mundo espiritual. Os anjos se posicionam e descem sobre a terra para curar, proteger, livrar e lutar em prol do povo de Deus quando falamos em línguas.

Em oração, podemos usar palavras que saem da nossa inteligência, da nossa mente. Ou seja, pensamos no que queremos dizer, pedir ou falar com Deus. E, orando desta maneira com fé,

Deus ouve, responde e a sua glória se manifesta. Contudo, pode acontecer que você sinta que não disse tudo o que você queria dizer como queria dizer. Ou seja, nós sabemos como orar, mas muitas vezes não sabemos o que pedir como convém. Em Romanos 8:26 ARC Paulo diz: "E da mesma maneira também o Espírito ajuda as nossas fraquezas; porque não sabemos o que havemos de pedir como convém, mas o mesmo Espírito intercede por nós com gemidos inexprimíveis." Já parou para imaginar que um grande homem de Deus da dimensão de Paulo que tinha ido ao terceiro céu, tenha dito que não sabemos o que havemos de pedir como convém? Bem, é possível, pois a nossa humanidade é limitada por causa da nossa mente. Deus disse que o que o olho não viu, o que o ouviu não ouviu e o que nunca subiu ao coração do homem é o que Deus preparou para nós (1 Coríntios 2:9). Isto revela que existem certas glórias por alcançar que ainda nem a nossa mente imaginou; coisas que nem subiram ao nosso coração. Quer dizer que tudo o que você tem hoje e é hoje e onde está hoje ainda é muito pouco em relação aonde Deus lhe quer levar.

Muitas vezes, somos tentados a orar e pedir coisas que não estão ligadas aos propósitos de Deus para connosco, e, portanto, pedimos mal. Todavia, quando oramos em línguas, pedimos o que devíamos pedir como convém. Por isso, Paulo disse: "Porque se eu orar em língua estanha, o meu espírito ora bem, mas o meu entendimento fica sem fruto" (1 Coríntios 14:14 ARC). Viu o que ele diz? "O meu espírito ora bem." Então, se você quer orar bem, ore em línguas. Quando oramos em línguas a nossa mente fica sem fruto; quer dizer, é possível não compreendermos o que estamos a dizer. Mas não fique triste nem preocupado se você não está a compreender o que está a dizer quando ora em línguas. O importante é o que está a acontecer no seu espírito agora; é o que acontece no mundo espiritual quando ora em línguas. Ademais, quando você ora em línguas, torna-se mais produtivo espiritualmente, mais do que quando ora na sua língua inteligível. Paulo orava muito em línguas e viu inúmeros benefícios disso. Por isso disse: "Que farei, pois? Orarei com o espírito, mas também, orarei com o entendimento; cantarei com o espírito, mas também cantarei com o entendimento" (1 Coríntios 14:15 ARC).

Paulo chega à conclusão que entre orar em línguas e orar com o entendimento, a prioridade é orar em línguas que também significa orar com o espírito. Então, quando você ora, usará mais o espírito para orar e menos a mente. Já orou alguma vez na sua língua e no fim pensou que havia coisas que devia ter pedido que não pediu e pareceu que ainda faltava alguma coisa? Isso acontece porque a nossa mente pode ser uma limitação ao espírito pois podemo-nos esquecer. Mas quando oramos em línguas, pedimos tudo quanto devíamos pedir e como devíamos. Portanto:

1. Orar em línguas ajuda a orar em conformidade com a vontade de Deus para com a sua vida;

2. Orar em línguas alinha o espírito do homem e a sua vida com os propósitos de Deus;

3. Orar em línguas ativa a sua vida de oração.

Por exemplo, se você se sentir fraco ou não souber o que dizer em oração, ou ainda sente que perdeu aquele fogo que tinha antes quando orava, ore em línguas. Ao fazê-lo, notará no seu espírito que aquela energia que estava fraca logo se fortalece; você vai passar da baixa para a alta tensão da corrente elétrica espiritual. Logo, a sua vontade de orar é ressuscitada e o Espírito Santo começa a dar-lhe palavras para falar em oração. De repente, é normal começar a receber visões da parte de Deus e palavras e, quando receber essas palavras da parte d'Ele, profetize-as, declare-as e verá vitórias.

4. Falar em línguas é uma forma de louvar e magnificar a Deus.

Lemos nos textos passados que quando os primeiros discípulos recebiam o Espírito Santo, falavam em línguas magnificando a Deus. As palavras dos nossos lábios podem não exprimir tudo o que o nosso espírito queria exprimir para Deus. Somos homens de lábios impuros e o nosso vocabulário humano não faria jus à grandeza de Deus. Por isso, Isaías disse: "Ai de mim que vou perecendo! Porque eu sou um homem de lábios impuros e hábito no meio de um povo de impuros lábios; e os meus olhos viram o rei, o Senhor dos Exércitos" (Isaías 6:5 ARC). Já imaginou que louvamos a Deus com a língua e quando estamos tristes com alguém falamos palavras que não devíamos falar? Por isso, orar em línguas ajuda a magnificar a Deus numa língua pura, pois é a língua do espírito do homem recriado. A língua da nova criatura.

5. Orar em línguas edifica a sua vida espiritual e fortalece a sua fé em Deus. O apóstolo Judas, não o Iscariote, exortou: "Mas vós, amados, edificando-vos a vós mesmos sobre a vossa santíssima fé, orando no espírito Santo, conservai a vós mesmos no amor de Deus, esperando a misericórdia de nosso Senhor Jesus Cristo, para a vida eterna" (Judas 20-21 ARC).

A santíssima fé é aquela medida de fé que Deus lhe deu quando você aceitou a Jesus como seu Senhor e Salvador. Essa fé pode crescer ao estudar a palavra e passar tempo com Deus em oração. Orar no espírito ajuda a edificar a sua vida espiritual e fortalecer a sua comunhão com Deus. Assim, você cresce como um prédio de glória em glória e de fé em fé.

6. Orar em línguas prepara o espírito do homem e o recarrega para batalhas espirituais.

As línguas espirituais são usadas também no combate espiritual contra as forças do mal. Da armadura de guerra em batalhas espirituais que nos é dada no texto aos Efésios 6:13-8, encontramos a oração em espírito como parte dela. O versículo 18 diz: "orando em todo o tempo com toda a oração e súplica no espírito e vigiando nisso com toda perseverança e súplica por todos os santos." Ao orar no espírito ou em línguas, o seu espírito é ativado e fica em estado de alerta espiritual. Você passa a receber notificações do Espírito Santo ao seu espírito, dizendo-lhe o que deve e como o deve fazer. Você escapa das ciladas do inimigo e cancela os planos do maligno nas regiões celestiais. Por exemplo, se um acidente ou um ataque de feitiçaria foi planeado contra ou alguém próximo de você, é normal o Espírito Santo dar-lhe uma vontade súbita de orar. E se você não souber o que dizer naquele momento, mas o seu espírito lhe diz que algo de mal está a ser planeado contra si, comece a ora em línguas. Às vezes pode ter gemidos inexprimíveis e as palavras podem não sair da boca, mas nesse momento, o Espírito Santo estará a orar através de você usando o seu espírito.

"Como é que posso orar em línguas?" – poderá questionar. Bem, se você já recebeu o Espírito Santo, uma das coisas que pode fazer é começar a cantar alguns louvores e ou hinos de adoração. Depois, concentre a sua atenção em Deus, meditando n'Ele e na sua palavra e afastando todos os pensamentos negativos que não estão alinhados com a sua vontade e com a sua palavra. Pela fé, abra a sua boca e comece a orar em línguas. N´alguns casos, o Espírito Santo pode impulsá-lo a orar em línguas e, de repente, você vir-se a orar em línguas. Noutros, você terá de iniciar o processo quando o seu espírito já está em sintonia com Ele; ao abrir a boca, palavras lhe serão dadas e então comece a usá-las em oração. Podem inicialmente ser poucas, mas quanto mais orar e for persistente, Ele lhe dará mais palavras e o seu vocabulário irá crescer. Como acontece com uma língua que você aprende, só falará as palavras que estão na sua mente.

No espírito também só falará aquelas que já estão gravadas nele. Mas pode ter mais e crescer nisso. Fale pela fé. A Escritura diz: "E todos foram cheios do Espírito Santo e começaram a falar em outras línguas, conforme o Espírito Santo lhes concedia que falassem" (Atos 2:4 ARC). Quem falava? Os discípulos. Portanto, você é que deve falar.

Muitos irmãos têm tido dificuldades em falar ou orar em línguas porque esperam que o Espírito Santo ore por eles. Mas o que vemos aqui é que foram eles que se viram a falar pela fé, movidos pelo fogo que tinham recebido quando aquelas línguas de fogo pousaram sobre cada uma das suas cabeças. Todos começaram a falar em línguas conforme o Espírito Santo lhes concedia. O que fazia o Espírito Santo? Concedia-lhes a habilidade de falar, ou seja, Ele lhes dava poder para falar e eles falavam.

Compreenda isto: falar m línguas ou orar em línguas é um ato de fé. Você crê e já se vê orando no espírito. Isso não passa pela sua mente, não é algo pensado. Lembre-se do que Paulo disse: "Porque se eu orar em língua estranha, o meu espírito ora bem, mas o meu entendimento fica sem fruto" (1 Coríntios 14:14 ARC). A mente não entra neste processo. É como se decidisse fechar e abrir os olhos. É instantâneo porque você já está conectado ao Espírito Santo.

Creia e comece a falar. "Mas e se eu não entender o que estou a dizer?" Bem, não há problema, pois Deus entende. É por isso que se diz "orar em espírito, com o espírito, a partir do seu espírito." A sua mente não estra nisso, a menos que Deus decida revelar-lhe o significado do que você está a dizer. Por exemplo, muitas vezes quando oro em línguas, recebo interpretação no meu espírito sobre o que estou a dizer. Se eu quiser falar em línguas em qualquer momento, posso iniciar pela capacitação do Espírito Santo e já estou a falar. Porquê? Porque o espírito está pronto e estou conectado ao

Espírito Santo. Não fico a pensar nas palavras que vou dizer; começo a falar pela fé e palavras me são dadas naquele momento.

Capítulo VI

A Oração de Consulta

Como outros tipos de oração previamente estudados, a oração de consulta é aquela na qual o peticionário quer buscar ou saber a direção de Deus sobre algum assunto, na qual deverá tomar uma decisão ou fazer escolhas. Neste âmbito, buscamos a vontade de Deus e a sua orientação sobre a direção a tomar de modo que tenhamos sucesso no que queremos empreender. Por outro, este é o tipo de oração que o crente pode fazer quando enfrentar situações nas quais o diabo parece ter legalidade de ação contra ele, que mesmo depois de ter orado, semeado e feito tudo que devia, a situação adversa prevalece e parece desafiar a oração que se fez. Ou, mais bem explicado, isto acontece quando tem uma situação recorrente que parece **teimar em lhe** abandonar. Para o efeito, faz-se a oração de consulta para ver o que terá feito de errado ou que portas se abriram ao diabo para causar estes males mesmo depois de ter sido derrotado por Jesus na Cruz do Calvário. A seguir estudaremos a fundo sobre estas duas bases nas quais assenta a oração de consulta.

1. Consultando a vontade de deus para obter vitória.

A oração de consulta é muito essencial e poderosa, pois, pode ajudar ao crente a aceder à sabedoria e estratégias de Deus para ultrapassar barreiras, contornar obstáculos e resolver problemas que aparentemente não têm solução, por meio da sabedoria de Deus. A sabedoria de Deus é essencial para uma vida de glória e de sucesso. A Escritura diz: "E se algum de vós tem falta de sabedoria, peça-a a Deus, que a todos dá liberalmente, e não lança em rosto, e ser-lhe-á-dada. Porém, peça-a com fé, não duvidando; porque o que duvida é semelhante à onda do mar, que é levada pelo vento e lançada de uma parte para outra parte. Não pense tal homem que receberá do Senhor alguma coisa" (Tiago 1:5-7). Esta Escritura torna bem explícito que Deus quer dar sabedoria aos seus filhos sem distinção; e que o requisito é pedir com fé, sem duvidar. Orar, crendo que Deus o ouve e responde. Esta sabedoria prática é necessária para que você possa resolver problemas e ultrapassar os desafios do dia-a-dia. Saber o que fazer em cada situação é a mais valiosa virtude de um cidadão do reino de Deus, que busca do sobrenatural, estratégias divinamente inspiradas para resolver um problema que não tem solução no mundo material ou cuja solução não lampejou nas mentes dos homens naturais.

Geralmente, as pessoas ficam em pânico quando estão a enfrentar batalhas no seu casamento, negócios ou empregos ou mesmo na sua saúde, e não sabem o que fazer. Não saber o que fazer é em si mesmo frustrante e, quanto mais se tiver que fazer uma coisa errada, a frustração e o remorso são maiores, e podem atingir proporções que levam o homem a se suicidar, ou perder apetite para comer, e consequentemente perder sua saúde. Portanto, é importante que você saiba o que fazer em cada situação, e a oração de consulta serve justamente para este propósito: ajudá-lo a tomar posse da sabedoria inesgotável de Deus, sob cuja direção você toma suas decisões. Doravante, se verá a ter sucesso na vida, estando no lugar certo, com pessoas certas, fazendo escolhas certas e tomando decisões acertadas. Como resultado, você começará a contar mais testemunhos e evitará cicatrizes negativas da vida. O que fazer?

Primeiro: Renda-se completamente a deus.

O texto de Provérbios 3:5-6 diz: "Confia no SENHOR de todo o teu coração e não te estribes no teu próprio entendimento. Reconhece-o em todos os teus caminhos e ele endireitará as tuas veredas".

É profundamente importante que você renda a sua vida ao senhorio de Jesus, confie n'Ele de todo o seu coração e o reconheça-o em todos os seus caminhos, projetos, planos e propósitos. Este é o primeiro passo para fazer a oração de consulta. Reconheça que Ele sabe tudo, e conhece o fim desde o princípio. Por isso, Pedro disse: "Humilhai-vos, pois debaixo da potente mão de Deus, para que a seu tempo vos exalte" (1 Pedro 5:6). Um dos erros que muitos crentes cometem é ignorar os avisos que o Espírito Santo dá aos nossos corações quando nos desviamos dos caminhos prescritos na palavra de Deus. Jesus prometeu que iria ao Pai pedir para nos enviar outro consolador – o Espírito Santo, para que fique connosco para sempre. João regista as palavras do Mestre: "Se me amardes, guardareis os meus mandamentos. E eu rogarei ao Pai e Ele vos dará outro consolador para que fique convosco para sempre" (João 14:15-16).

A palavra "consolador" empregue neste contexto, vem do grego "*Paracleté*" e significa "Alguém enviado para nos acompanhar". É como se fosse um guia turístico que conhece o caminho pela frente e está credenciado para nos guiar em toda a vida nos planos e propósitos de Deus. Compreenda isto, o Espírito Santo foi enviado por Deus para que fizesse parte do nosso quotidiano. Infelizmente, muitos o tem limitado apenas aos cultos na igreja, quando o ministério d'Ele vai para além disso. Por isso, muitos tomam decisões erradas e fazem escolhas das que depois se arrependem, porque não consultaram ao seu guia turístico, seu companheiro de viagem que conhece as saídas em todas as situações – o Espírito Santo. A Escritura diz: "Bendito seja o Senhor, que de dia em dia nos cumula de benefícios, o Deus que é a nossa salvação. O nosso Deus é o Deus da (perfeita) salvação, e ao Senhor, pertencem as saídas para escapar da morte" (Salmos 68:19-20). Esta é vida gloriosa que Deus preparou para os seus filhos. Ele pode livrá-lo de qualquer tipo de encruzilhada ou beco e lhe tirar de qualquer labirinto.

Contudo, é preciso que o reconheça primeiro, e isso você o faz, rendendo-se a Ele.

Render-se significa entregar-se completamente a Ele como Davi disse: "Sobre ti fui lançado desde a madre; tu és meu deus desde o ventre de minha mãe" (Salmos 22:10). Noutra parte diz "Porque este Deus é o nosso Deus para todo o sempre; Ele será o nosso guia até à morte" (Salmos 48:14). Não é de admirar que Davi tenha sido um homem bem-sucedido, um campeão. Ele reconheceu o ministério do Espírito Santo na sua vida. Por isso orou: "Não me lances fora da tua presença. Não retires de mim o teu Espírito Santo" (Salmos 51:11).

Caro leitor, renda-se completamente ao Senhor e confie na direção do Espírito Santo. Deus, por nos amar, já nos providenciou um guia, um socorro e um conselheiro que conhece todos os caminhos para escapar da morte, da miséria e viver uma vida de glória, saúde, prosperidade e vitória. Ademais, alguns dos sinónimos da palavra "Consolador" derivado de *"Paraclete"* são: conselheiro, ajudador, advogado.

Segundo: Apresente o seu assunto claramente, em oração ao senhor.

Uma vez que já o reconhece, é tempo de lhe confiar os seus projetos. A Escritura em Salmos 37:5 exorta: "Entrega o teu caminho ao SENHOR, confia nele e Ele tudo fará). Provérbios 16:3 diz: "Confia ao Senhor as tuas obras e teus pensamentos serão estabelecidos". Com estas Escrituras, é claramente notável a garantia do sucesso, quando Deus está envolvido em cada aspeto da sua vida. Até porque nele vivemos, andamos e nos movemos. Se você quiser tomar uma decisão ou fazer escolha sobre a escolha de parceiro ou parceira para o seu casamento, investimento em algum tipo de negócio, escolha de um curso acadêmico ou formação técnico-profissional ou mesmo diante das oportunidades que se abrem pelo caminho, consulte ao Espírito Santo. Fale com Ele. Confie-lhe as suas obras e dê glorias a Deus pelo sucesso. Não fique confuso nem frustrado; siga a voz do Espírito de Deus que fala no seu coração. A Escritura assegura: "E os teus ouvidos ouvirão a palavra que está por detrás de ti, dizendo: Este é o caminho, andai nele, sem vos desviardes para a direita nem para a esquerda" (Isaías 30:21). Que voz é essa? É a voz do Espírito Santo. Noutras circunstâncias, Ele pode falar por meio das circunstâncias. Você deve ser sensível a Ele e prestar atenção aos seus palpites no seu coração.

Por exemplo, aparece um homem que diz que quer casar consigo, mas você não sabe se é sério ou não, ou aparecem dois ao mesmo tempo a dizer a mesma coisa. O que fazer? "Pai, em nome de Jesus, mostra-me qual destes é a pessoa certa." Se não for a pessoa ideal, é possível os seus olhos se abrirem e você começar a ver ou descobrir coisas acerca dele que ele escondia esse tempo todo. Daí, você toma a sua decisão acertada antes de se decepcionar. O mesmo poderá fazer o homem em relação à mulher. Geralmente, o Espírito colocará paz no seu coração quando a aprovação ou resposta de Deus tiver sido dada a você. Como diz a Escritura: "E a paz de Deus que excede todo o entendimento guardará os vossos corações e os vossos sentimentos, em Cristo Jesus" (Filipenses 4:7).

Um dos exemplos vívidos de um homem que consultou a Deus e teve sucesso, foi o rei Davi. Veremos duas situações nas quais ele consulta ao Senhor e recebe respostas e estratégias diferentes para cada momento e situação. Para que você tenha os mesmos resultados, é preciso ser um ouvinte atencioso e sensível ao Espírito Santo.

Primeiro: luz verde: Deus dá aval a Davi para atacar os Filisteus.

Quando Davi foi finalmente ungido rei sobre todo o Israel, os filisteus investiram contra ele, e vieram para atacá-lo. Eles vieram em busca de Davi e se estenderam pelo vale de Refaim. Mas a Escritura diz: "E Davi consultou o Senhor, dizendo: subirei contra os filisteus? Entregar-mos-ás nas minhas mãos? E disse o Senhor a Davi: Sobe, porque certamente entregarei os filisteus nas tuas mãos" (2 Samuel 5:19). Davi e seus homens derrotaram os filisteus, que deixando os seus ídolos, fugiram em debandada.

Bem, nesta situação, a resposta de Deus foi a de que ele podia avançar com a ofensiva e teria sucesso. E, assim aconteceu.

Segundo: luz vermelha: Deus proíbe a Davi de usar a mesma estratégia do passado.

Os filisteus derrotados foram se reagrupar, e tempos depois voltaram para atacar Israel e a Davi. Havia algo que eles tinham deixado, os seus ídolos. Ou seja, foram fisicamente derrotados mas tinham deixado elementos de conexão espiritual com Israel, que os atraíram para que voltassem a atacar novamente, na esperança de lograr vitória desta vez. Mas, o nosso Deus é um Mestre-estratega. E, para cada situação, Ele nos dá uma direção, uma solução, uma saída. Há sempre inspirações para o sucesso, quando se anda com Deus.

Assim atesta a Escritura: "E os filisteus tornaram a subir e estenderam pelo vale dos Rafains. E Davi consultou o Senhor, o qual disse: Não subirás, mas rodeia por detrás deles e virás a eles por defronte das amoreiras. E há-de ser que, ouvindo tu o estrondo de marcha pelas copas das amoreiras, então, te apressarás, porque é o Senhor que saiu, então, diante de ti, a ferir o arraial dos filisteus".

Que estratégia genial de Deus para Davi! Realmente, servimos a um Deus incomparável, cujas estratégias para resolver qualquer situação não se esgotam. Davi queria usar a estratégia que tinha usado anteriormente, quando venceu a primeira vez. Mas Deus tinha outra forma de lhe conceder a vitória. Ele é um Deus que fala e inspira. Ele livra e protege. O rei Davi não quis cometer o erro que Moisés tivera cometido, de continuar a usar a vara para ferir a rocha e dar ao povo água para beber, quando a segunda vez a instrução era de falar para a rocha. Esta simples desobediência à voz de Deus para o hoje, e para o agora, custou-lhe a entrada à terra de Canã. Por isso que eu disse que você deve estar sempre a ouvir a voz e a direção de Deus. Por isso, você deve ser um homem ou uma mulher de oração – que tenha intimidade com Deus. Às vezes ficamos apegados à palavra precedente, quando Deus nos está dando hoje a palavra procedente. Em Deuteronómio 8:3, Lucas 4:4 e Mateus 4:4 somos ensinados que: "nem só de pão viverá o homem, mas de toda a palavra que procede da boca de Deus". Notou o uso do tempo verbal "Procede"?. Isto sugere que existem dois tipos de palavra de Deus:

1. **A Palavra Procedente.**

Aquela que Deus fala ou diz agora, no agora de cada situação em que você se encontrar. Esta é chamada ***Rhema*** em grego. É palavra para hoje, para agora, é aquela palavra inspirada para o momento. Logos é a palavra escrita, a que está registada nas Escrituras Sagradas, mas quando você passa tempo em meditação no **Logos**, recebe a ***Rhema***, e agindo sobre ***Rhema***, a solução vem ao **cume**, e **a** luz brilha nos seus caminhos.

2. Palavra Precedente.

A palavra falada ontem, ou a instrução dada ontem, torna-se palavra precedente, porque precede a que Deus irá falar hoje. Jesus disse que não se pode deitar vinho novo em odres velhos; senão este rompe com o obre. A palavra precedente é um potencial dormente. Tem poder, porque quando meditamos nela, produzirá o *rhema*. Contudo, quando vier a nova estratégia, ou seja, a palavra procedente, temos que agir sobre ela, sob o risco de nos apegarmos à palavra precedente e isso se tornar uma religião, uma tradição sem vida. Assim, fica um ritual. Como quem diz: "Sempre usei a vara para abrir o mar vermelho quando a estendi a minha mão sobre ele, e para fazer a rocha brotar água como a primeira vez. Usarei sempre a vara". Assim, a vara se tornou mais importante que a palavra procedente de Deus. Por isso, Moisés perdeu a oportunidade de glorificar a Deus diante do povo que o enervou e consequentemente perdeu o seu passaporte para entrar na terra prometida.

De volta a Davi. Ele deve muito provavelmente ter lido acerca de todas essas epopeias de Moisés e aprendera uma lição. Por isso, ele está atento agora, e consulta a Deus mais uma vez, para esta **nova** batalha.

Um dos erros que muitos cristãos cometem é que quando Deus lhes dá uma estratégia de vitória numa situação e eles vencem, se esquecem do SENHOR, e passam a usar a sua lógica mental e estratégias dos homens. Como consequência, são derrotados porque olvidaram a importância de consultar ao Senhor. Por isso, a Escritura que lemos nos exorta a não nos estribarmos em nosso próprio entendimento. Alguns irmãos, quando já estão casados, ou os negócios estão a prosperar e a vida está a andar prosperamente, já não acham necessário orar ou consultar. Isso é perigoso, porque o nosso adversário, o diabo não dorme. Está sempre a maquinar algo contra alguém. Por isso, você deve sempre estar conectado com Deus em todo o momento.

Falando de Davi, a Escritura diz. "E Davi consultou o Senhor". Deus deu-lhe uma estratégia diferente para vencer o mesmo tipo de problema que tinha enfrentado anteriormente. Assim atesta a Escritura: "E fez Davi assim como o Senhor lhe tinha ordenado; e feriu os filisteus desde Geba até chegar a **Gezer**" (2 Samuel 5:25).

Caro leitor, siga estes princípios e sempre vencerá. Consulte a Deus em oração e siga as estratégias e inspirações que Ele lhe der. Ele conhece o caminho para sair de qualquer situação.

Em resumo, a oração de consulta é empregue em situações onde precisamos da direção de Deus para seguirmos em frente com um plano de ação, ou para sairmos de alguma situação.

A palavra *consultar* usada neste contexto, vem do hebraico *"Sa´al"* e significa inquirir ou pedir conselho. Também significa obter permissão ou solicitar. Neste caso, é a Deus que fazemos a petição ou a consulta e não a urins ou tumins ou um místico objeto de madeira. Depois proíbe que consultemos aos mortos. Há pessoas que costumam ir às campas nos cemitérios para consultar aos antepassados sobre a sua vida ou a pedir sorte para a vida sentimental, profissional ou para qualquer área da sua vida. Isso é pecado e entristece a Deus. Você não deve ir consultar aos bruxos nem orixás. Consulte a Deus em oração e Ele lhe responderá. Apegue-se à palavra d'Ele, pois, ela é a nossa bússola nesta viagem de vida. Coloque a Deus como seu estratega e nunca tropeçará diante dos obstáculos da vida.

2. Identificando a raiz do problema e arrancá-la pela oração de consulta

A oração de consulta pode ser feita também para fazer uma inquirição no espírito, isto é, uma sondagem para ver que portas foram abertas e que deram legalidade ao diabo para continuar a atacar a vida da pessoa, ou afligir sua família, mesmo depois de ter sido derrotado por Jesus. As Escrituras são abundantemente claras quanto à vitória de Cristo sobre o diabo e sobre os seus principados na Cruz do Calvário. Assim atesta o texto em Colossenses 2: 15 "E, despojando os principados e potestades, os expôs publicamente e deles triunfou em si mesmo". Esta Escritura retrata a vitória triunfal de Cristo sobre o reino das trevas. A expressão que Paulo usa quando diz que os expôs publicamente, deriva do grego *"Deigmatizo"* e significa "desgraçar alguém publicamente" ou "fazê-lo passar vergonha". Paulo escreve num contexto historicamente dominado pela cultura do império romano. Os romanos tinham um hábito de, nas suas batalhas de conquistas e anexação de novos territórios, fazer exposição pública na arena (grande palco público) dos reinos ou líderes de territórios derrotados. Isto servia em parte como prova de que a vitória foi retumbante e expunha a glória de Roma aos romanos que assistiam nas grandes arenas. Por isso, Paulo faz uso d´outro termo "despojando" que deriva do grego *"Apekduomai"* que significa despir.

Neste contexto, significa despir de roupa, de armadura e de autoridade. O uso destas duas expressões na mesma frase, dá a entender o que Jesus realmente fez quando morreu na cruz e ressuscitou dentre os mortos – Ele derrotou o diabo complemente. Jesus desarmou os principados e potestades e despiu o diabo da sua autoridade sobre o crente. Satanás tinha usurpado de Adão a autoridade sobre a terra, quando ele pecou, desobedecendo à palavra de Deus. Ele se tornou o príncipe deste mundo e o deus desta era, dominando sobre os filhos da desobediência, aqueles que estão com olhos vedados para não ver nem aceitar o Evangelho da glória de Deus em Cristo Jesus. Ademais, após a sua ressurreição dentre os mortos, o Senhor Jesus afirmou: "É-me dada toda a autoridade no céu e na terra. Portanto, ide e fazei discípulos de todas as nações, batizando-os em nome do Pai, e do Filho, e do Espírito Santo" (Mateus 28:18-19). Glória a Deus! Jesus tem toda a autoridade e o diabo ficou com zero autoridade. E, Jesus outorgou esta autoridade sob a sua custódia fiel: a Igreja. Por isso disse: "...E sobre esta pedra edificarei a minha Igreja, e os portões do inferno não prevalecerão contra ela" (Mateus 16:18b).

Como crente, e cidadão do reino de Deus, você está assentado com Cristo no lugar de autoridade, reinando com Ele. Pela fé, pode usar o nome de Jesus para expulsar os demónios e destruir as obras do diabo. A vida vitoriosa e gloriosa lhe foi dada em Cristo. Você deve firmar o seu coração nesta vitória, pois, a Escritura diz: "Todo o que é nascido de Deus vence o mundo e esta é a vitória que vence o mundo, a nossa fé" (1 João 5:4). A fé é a resposta do coração do homem à palavra de Deus. É a certeza das coisas que se esperam e a prova das coisas que se não veem. É por meio dela que você pode alcançar a aprovação de Deus e andar com vitória. Contudo, a fé é diretamente proporcional ao conhecimento que você tem da Palavra de Deus, porque esta é a sua base.

Ora, muitos crentes, não têm experimentado as glórias e vitórias de que a palavra de Deus fala. E outros, mesmo tendo nascido de novo, continuam sofrendo opressão do reino das trevas e não sabem a raiz desse sofrimento. Eles citam as Escrituras, jejuam e dão suas ofertas, mas o velho problema parece persistir. Aquele pacto do diabo na família destruindo lares e casamentos, empregos e negócios; aquelas supostas maldições e o descuido da língua, parecem continuar a exercer domínio sobre este irmão ou irmã. Eles até podem chegar a pensar que o diabo é mais poderoso do que Deus, e se perguntam: "Por que é que estes feiticeiros e bruxos não morrem, em vez de continuar a matar pessoas inocentes na família?"

Talvez você tenha passado por situação idêntica e queria uma solução permanente ao problema. Bem, é preciso distinguir entre o problema e a raiz do mesmo. O problema é como um ramo de uma árvore que produz frutas azedas, e a raiz é o sustentáculo do tronco de onde brotam os ramos. O que muitos fazem, é enxertar um ramo diferente no mesmo tronco da árvore. Por exemplo, enxertar um ramo de laranjeira num tronco de limoeiro. Isto funciona, naturalmente. Contudo, na arena espiritual você deve arrancar essa raiz do problema. A raiz é fundamental. Por exemplo, para poder salvar a humanidade, Deus plantou a nação judaica – o povo de Israel – ao chamar a Abraão, Isaque e Israel (Jacó). Por meio deles, trouxe-nos Jesus, o qual se tornou salvação para toda a humanidade. Por isso, Jesus disse à mulher Samaritana: "Vós adorais o que não sabeis; nós adoramos o que sabemos porque a salvação vem dos judeus" (João 4:22). Porque a salvação vem dos Judeus e Jesus era Judeus; quando eles o rejeitaram, Deus nos enxertou neles, como zambujeiros (Romanos 11:24).

Em situação de um problema permanente e teimoso, que mesmo após ter orado e jejuado parece não querer largar a sua vida, você pode recorrer à oração de consulta. Principalmente se estiver a enfrentar um problema contínuo ou um ataque persistente da parte do diabo no qual você parece ser vítima, sempre. Pode se dar o caso de sempre que estiver quase a contrair matrimónio oficialmente, ou assinar um grande contrato de trabalho ou de negócios, ou mesmo está para fazer exames para passar de classe ou de disciplina na faculdade, aparece aquele sonho persistente ou acontece o mesmo problema, e as coisas se estragam e tudo dá errado. Ou sempre que fica grávida, perde os fetos quase nos mesmos meses da fase de gestação. Ou seja, quando um problema é tão recorrente que mesmo orando e indo à libertação, parece não querer lhe deixar, então é preciso buscar a raiz desse problema. Isso faz-se com a oração de consulta.

Uns comerciantes estavam de viagem de negócios, transportando sua mercadoria, como provavelmente vinham sempre fazendo. Contudo, esta vez, há um homem chamado Jonas no navio, o qual fugia do mandato de Deus de ir a Nínive alertar aquele povo sobre os seus pecados e apregoar o juízo de Deus.

Em contrapartida, ele apanhou o navio que ia para Tarxis. De repente, sobreveio um grande vendaval que os marinheiros e os mercadores tiveram que deitar a sua mercadoria às águas para apaziguar a fúria do mar, pensando que algum deus das águas estava furioso com eles e que talvez ficasse calmo com os presentes provindos da mercadoria que havia no navio. Mesmo com isso, não houve bonança. Como alternativa, começou cada um a orar e a invocar o seu deus, que obviamente não podia responder. Por um momento, eles perdem toda a mercadoria, o negócio deles vai à falência e os seus investimentos de tempo, dinheiro e mercadoria evaporam num piscar de olhos. Saíram carregados de bens e mercadorias, e agora, estão a tentar pelo menos salvar as suas vidas, pois, o próprio navio está à beira de naufrágio. Qual é o problema? A fúria do vento e do mar que se arrojavam contra o navio, enquanto o mar engolia os produtos de negócio dos mercadores. Cada tentativa que estão a fazer, como forma de solucionar o problema, parece não ter êxito. Porquê? Porque ainda não localizaram a raiz do problema. Quem era a raiz do problema? Um passageiro desconhecido – Jonas. Note que de acordo com a Escritura, todos os passageiros e mercadores no navio estavam preocupados, cada um a rezar ao seu deus e a lançar a sua mercadoria ao mar a ver se aliviavam a fúria das ondas impetuosas. Jonas, porém, está a dormir, sem orar, sem se pronunciar. Este castigo todo está a vir a homens inocentes por causa dele. É quando o abordam e lhe fazem perguntas de raiz: "Declara-nos tu, agora, por que razão nos sobreveio este mal. Que ocupação é a tua? E donde vens? Qual é a tua terra? e de que povo és tu?" (Jonas 1:8).

Muitos se casam sem identificar o tipo e a origem da família da pessoa com quem estão a casar. Outros investem em negócios sem investigar o tipo de parceiros e a origem dos fundos em causa, se é dinheiro de sangue ou de pactos. Parece que muita gente anda cega e desatenta, que só acorda quando um furacão se arroja sobre eles. Jonas responde: "Eu sou hebreu e temo ao SENHOR, o Deus do céu, que fez o mar e a terra seca" (versículo 9). Os versículos seguintes narram: "Então, os homens se encheram de grande temor e lhe disseram: por que fizeste tu isso? Pois sabiam os homens que fugia de diante do Senhor, porque lho tinha declarado. E disseram-lhe: Que te faremos nós, para que o mar se acalme? Porque o mar se elevava e engrossava cada vez mais. E ele lhes disse: Levantai-me e lançai-me ao mar, e o mar se aquietará; porque eu sei que, por minha causa, vos sobreveio esta grande tempestade." Por um momento, eles exitaram em fazer com Jonas o que ele mesmo lhes dissera, por sentirem muita pena dele. Por isso, tentaram usar a sua força, experiência e intelecto para resolver um problema que tinha ligações espirituais.

Assim atesta a Escritura: "Entretanto, os homens remavam, esforçando-se por alcançar a terra, mas não podiam, porquanto o mar se ia embravecendo cada vez mais contra eles" (Versículo 13). Notou que eles quiseram ignorar a raiz do problema para acomodar seus sentimentos? Eles viam a terra, ou seja, viam o objetivo que queriam alcançar. Tinham metas claras e objetivas e sabiam onde chegar, mas o seu esforço não resultava em nada positivo. A vitória estava diante dos seus olhos, a prosperidade estava diante deles mas não conseguiam alcançá-las. Eles sabiam que tinham o potencial para ser algo, mas cada vez que tentavam, eram neutralizados por problemas acima da sua capacidade. Quantas pessoas hodiernas se encontram neste tipo de situação? Muitas, provavelmente. Infelizmente, foram formatadas a não verem. O Espírito de Deus inspirou-me a acrescentar esta parte dos tipos de oração para ajudá-lo a sair ileso da cova e programá-lo para uma vida de sucesso, de modo que faça sua jornada aqui na terra gloriosamente e diga como Paulo: "Combati o bom combate, terminei a carreira e guardei a fé" (2 Timóteo 4:7).

Prezado leitor, seja sério com a sua vida e tome Deus sempre a sério. Não desperdice o seu tempo, contando os anos, mas faça os anos contarem pela graça de Deus. Receba a graça e coragem para enfrentar qualquer desafio e derrotá-lo. Para o efeito, você precisa de orar, identificar a raiz do problema, encará-la e arrancá-la em nome de Jesus.

É o que finalmente fizeram os homens no navio. A Escritura diz: "Então, clamaram ao SENHOR e disseram: Ah, SENHOR! Nós te rogamos! Não pereçamos por causa da vida deste homem, e não ponhas sobre nós o sangue inocente; porque tu, SENHOR, fizeste como te aprouve." (Versículo 14). Note que esta vez, eles deixam de invocar os seus vários deuses e ídolos, e começam a invocar o SENHOR JEOVÁ, o Criador do céu e da terra.

Caro leitor, pare de fugir de Deus ou de ignorá-lo. A solução final e permanente aos seus problemas e a remoção definitiva da raiz de qualquer problema, aflição ou estagnação, implicará que você busque a Deus, o Pai do nosso Senhor e Salvador, Jesus Cristo. Ele é a Rocha eterna. Pare de ir às palhotas ou consultar médiuns, bruxos ou os mortos. Volte-se para Deus com todo o seu coração, confiante e firme n'Ele. Ademais, peça a coragem suficiente para cortar os hábitos e as amizades nocivos, pois: "As más companhias corrompem os bons costumes" (1 Coríntios 15:33).

Aqueles pareciam ser homens de bom coração que estavam a sofrer e à beira da miséria e morte. Depois de toda a saga, finalmente, os homens "levantaram a Jonas e o lançaram ao mar; e cessou o mar da sua fúria. Temeram, pois, estes homens ao SENHOR, com grande temor; e ofereceram sacrifícios ao SENHOR e fizeram votos (Jonas 1:15-16). Observamos aqui mais dois tipos de atitude igualmente importantes: eles levantaram a Jonas e, em temor ao Senhor, lhe ofereceram sacrifícios e fizeram votos. Eles ofereceram algo ao Senhor (uma semente); ou seja, removeram do seu meio a raiz e a lançaram ao mar e depois, decidiram que a partir desse dia, iriam adorar somente ao Senhor. Por isso fizeram votos. É importante que você tenha uma semente. Não tome isto de ânimo leve porque quem fez pactos na família ou no trabalho para prejudicar você não exitará em oferecer quantas cabeças de gado sejam necessárias nas palhotas e nos altares do diabo só para o verem derrubado e arruinado e eles a viverem à custa do seu sangue e sofrimento. Seja um homem ou uma mulher de votos para Deus. Seja um semeador. É engraçado que os filhos do diabo, ao fazer pactos com ele a través dos bruxos, são capazes de oferecer até o mais duro sacrifício, enquanto os filhos da luz nem oferta ou dízimo dão na igreja.

Isso mostra qual dos grupos toma os assuntos espirituais mais a sério do que o outro. Por isso, muitos crentes sofrem ataques de pactos e espíritos das trevas de forma contínua porque a sua ida à igreja parece uma brincadeira. Como é que um pacto feito por meio do sacrifício de 2 bois vai levar o crente a só dormir e desejar que as coisas lhe vão bem, sem fazer nada para o Senhor ou reagir ao amor de Deus? A Escritura diz: "E eles o venceram pelo sangue do cordeiro e pela palavra do seu testemunho, e não amaram as suas vidas até à morte" (Apocalipse 12:11). Mesmo o Arcanjo Miguel e seus anjos, precisaram do sangue do cordeiro, isto é, de Cristo, para vencerem e precipitarem o diabo e os seus anjos (agentes das trevas) do céu para terra. As palavras do seu testemunho foram acompanhadas, ou melhor, baseadas no sangue de Jesus, pois, há poder nele. Poder suficiente para destruir todo o mal.

Como fazer a oração de consulta para identificar a raiz do problema.

Bem, no caso de Jonas, Deus enviou um grande peixe que o engoliu e o transportou por três (3) dias até Nínive para que cumprisse seu ministério.

Com o exemplo de Jonas, não quero dizer que você deve odiar certas pessoas, não, até porque a Bíblia Sagrada nos exorta a amarmos os nossos inimigos. Mas deve distinguir quem é o inimigo e quem é o amigo. A Escritura diz: "Porque não temos que lutar contra a carne e sangue, mas, sim, contra os principados, contra as potestades, contra os príncipes das trevas deste século, contra as hostes espirituais da maldade, nos lugares celestiais. Portanto, tomai toda a armadura de Deus, para que possais resistir no dia mau, havendo feito tudo, ficar firme" (Efésios 6:12-13). Notou a parte onde diz: "Havendo feito tudo?" Bem, isto implica que para que a vitória sobre as forças do mal seja conquistada, você deve fazer algo. É parte do que você está a aprender neste livro acerca da oração. Até porque para além de toda a armadura que Paulo nos apresenta (Cingir os lombos com a verdade, couraça de justiça, calçar os pés com a preparação do evangelho da paz, o escudo da fé, capacete da salvação e a espada do Espírito que é a palavra de Deus), ele acrescenta também a expressão: "Orando com toda a oração...). Por isso, você está a aprender sobre um tipo de oração que o ajudará a identificar a raiz do mal na sua vida: a oração de consulta.

Talvez você tenha feito outros tipos de oração e não viu resultados. A questão não é que a oração não funciona, mas sim, o tipo de oração que você fez. Deve fazer corresponder o tipo de oração ao assunto a ser tratado ou resolvido. O médico não lhe vai recomendar remédio para dores de barriga e você vai e toma o remédio para dor de cabeça. Repare, ambos são remédios, mas para patologias diferentes, com reações diferentes e cada um com sua dosagem. Se não funcionar, reveja a dosagem recomendada. Há orações que requerem sua própria dosagem. N´alguns casos, você pode simplesmente orar, e a coisa passar. Noutros, poderá ter que jejuar. No texto de Mateus 10, Jesus deu poder e autoridade aos seus discípulos para expulsarem demónios e curar enfermos; o que com sucesso fizeram e voltaram com relatórios satisfatórios. O problema porém, é que eles confiaram naquela unção apenas, ignorando o princípio da oração e do jejum. Inclusive, Jesus, mesmo sendo Filho de Deus, jejuava e orava. Acordava de manhã cedo e ia a um lugar deserto e ali orava. De noite fazia o mesmo exercício, nos montes – isto é, lugares tranquilos e calmos, onde Ele passava tempo com Deus em oração. Alguns irmãos pensam que só por confessarem vitória, as coisas vão se resolver. Mas nem sempre é assim. Elias é descrito como quem declarou que durante três anos e meio na haveria chuva nem orvalho em Israel, o que aconteceu. Mas esta visão de quem apenas falou/decretou e foi-se é uma visão simplista dada em 1 Reis 17.

Você poderia tentar fazer a mesma coisa, e suas palavras não corresponderiam. Porquê? Porque não leu todo o contexto da Escritura. Apenas leu em 1 de Reis 17 e, poderá dizer: "Eu decretei, confessei, falei, mas nada aconteceu. Isto não funciona". O problema é que lhe falta a parte B deste contexto, a falta de conhecimento. Por isso, Tiago acrescenta mais luz, quando nos diz que Elias era homem sujeito às mesmas paixões como nós, ou seja, um ser humano como você e eu. Contudo, ele orou e não houve chuva por três anos e meio e orou de novo e o céu deu a chuva e a terra produziu. Nota que podemos identificar dois verbos empregues no mesmo contexto a partir da perspetiva do narrador: "Dizer" e "Orar". Assim cito as expressões:

A) 1 Reis 17:1, "Então, o tisbita, dos moradores de Gileade, **disse** a Acabe:..."

B) Tiago 5:17 "Elias era homem sujeito às mesmas paixões que nós e , **orando**..." depois lemos no versículo 18 "E **orou** outra vez...."

Quando você passa tempo com Deus em oração o seu espírito é recarregado para que as suas palavras transportem poder. Assim, tudo o que disser vai acontecer, sem falha.

Ora, os discípulos de Jesus tinham recebido poder em Mateus 10, o qual funcionou até Mateus 16. Porque no capítulo 17, 9 dos seus discípulos tiveram dificuldades para expulsar um demónio de surdez e mudez num jovem lunático. Nessa altura, Jesus estava no monte com três dos seus discípulos: Pedro, Tiago e João em oração até se transfigurar de glória reluzente e branca. Quando desceu, expulsou o demónio com uma simples palavra de ordem calmamente dita: "espírito surdo e mudo, eu te ordeno, sai dele e não entres mais nele" (Marcos 9:25).

Mateus narra: "E repreendeu Jesus o demónio, que saiu dele (do menino) e desde aquela hora, o menino sarou" (Mateus 17:18).

Os 9 discípulos lhe perguntaram à parte, porque não tinham conseguido expulsá-lo. Ou seja, na sua ótica, tinham feito tudo o que Ele lhes tinha ensinado e tudo o que o tinham visto a fazer, mas não havia resultado. A resposta do Mestre foi simples: "Mas esta casta não se expulsa senão pela oração e pelo jejum" (Versículo 21). Infelizmente, e para o espanto deles, eles não jejuavam nem oravam até então.

O que lhe estou a explicar é que existem princípios espirituais e você deve aplicá-los para ver resultado porque eles não falham.

Legalidade dada ao diabo para afligir o homem: como quebrá-la?

Estudamos na introdução desta parte, que o diabo foi derrotado por Cristo na cruz no Calvário, isto é um fato. Mas ele continua destruindo vidas, famílias e nações, que também é um fato. A questão é: de onde lhe veio este poder ou autoridade e de onde adquiriu este armamento de destruição, se lemos que ele foi desarmado e Cristo triunfou sobre ele na cruz? Bem, é preciso perceber que Deus, embora seja misericordioso, também é o Deus justo. Já ouviu a expressão "Jeová *Tsidquenu?*" Este é um dos atributos de Deus e significa "o SENHOR a nossa JUSTIÇA". Ele é reto nos seus caminhos e juízos. Por causa do seu amor, Ele enviou Jesus para morrer no lugar do pecador, mas se o pecador rejeitar o amor e a misericórdia, será julgado e lançado no lago de fogo com o diabo e seus agentes das trevas. O diabo compreende muito bem este aspeto da justiça de Deus e sabe explorá-lo bem. Por isso, no Antigo Testamento podia ir ter com Deus para acusar os seres humanos dos seus erros e reivindicar que fossem castigados. E Deus lho permitia, por causa da sua justiça. Aliás, o princípio da subsistência do trono de Deus e do reino de Deus é a sua justiça. Se Ele tivesse que perder esta qualidade ou atributo, não seria confiável.

Glória a que o SENHOR é confiável! Abraão que foi tido como amigo de Deus, teve a revelação da justiça de Deus. Observe as suas palavras, quando intercedia por pelos homens "...Não faria justiça o juiz de toda a terra?" (Gênesis 18:25b). É a partir deste aspeto da sua justiça que ele emite juízos justos. Você sabia que na terra, não existe justiça justa? Somente Deus é que tem justiça justa. Por isso Paulo também atestou: "...para demonstração da sua justiça neste tempo presente, para que ele seja justo e justificador daquele que te fé em Jesus" (Romanos 3:26). Por isso, os anjos no céu chamavam o diabo de acusador dos irmãos. Observe este versículo: "E ouvi uma grande voz no céu, que dizia: Agora chegada está a salvação, e a força, e o reino do nosso Deus, e o poder do seu Cristo; porque já o acusador de nossos irmãos é derribado, o qual os acusava de dia e de noite" (Apocalipse 12:10).

Note isto: embora o diabo tenha sido derrotado, há coisas que ele ainda pode usar como pretexto para voltar de forma recorrente a atacar o crente, sem pena nem dó. Contudo, toda essa legalidade do diabo lhe é dada pelo homem. Uma vez que Deus deu a terra ao homem, se este abrir a porta, o diabo entrará e morderá. Por isso Paulo faz soar o alarme: "Não deis lugar ao diabo" (Efésios 4:27). Este versículo torna claro que mesmo o crente, nascido de novo e cheio do Espírito Santo, se não tiver cuidado, pode dar lugar ao diabo. E este quando o assumir, usará toda esta oportunidade, instalar o reino, roubar, matar e destruir sua família. Poderá ser expulso, mas só depois de ter já causado muitos estragos e danos. Você não lhe deve dar esta oportunidade de ele criar raizes de maldições geracionais na família.

1. Pactos familiares baseados no sangue

Se numa família houve algum antepassado que fez pacto de sangue com o diabo para se enriquecer, ou ter poder ou qualquer outro motivo, ele literalmente vendeu a família a satanás. Os pactos não morrem, embora morram as pessoas que os fazem. Por isso, gerações e gerações podem nascer, crescer e viver no sofrimento por causa deste pacto. Isto porque todo o pacto ou aliança é firmado por sangue. Esse sangue torna o diabo legal nesta família. Como consequência, as pessoas enfrentam embargos na sua vida sentimental, profissional, financeira e até mesmo acadêmica. Ou seja, é possível se virem a não ter relacionamentos estáveis, não haver casamentos felizes e duradouros, problemas nos empregos e bloqueios mentais e financeiros. O que está a acontecer? Bem, há espíritos das trevas empregues e alocados a esta família para monitorá-los, afligi-los e bloquear o seu progresso. Se alguém não está salvo, pode recorrer de um bruxo ao outro à procura de solução, sem sucesso. Ainda que ignore que isto exista, pode tentar cientificamente identificar e solucionar a raiz do problema, também sem sucesso.

Ora, ao nascer de novo pela fé em Jesus, você é liberto das maldições e pactos pelo sangue de Jesus. Mas é preciso que você proclame a vitória do sangue de Jesus sobre a sua vida para que estas coisas não lhe incomodem. Isto porque os espíritos não morrem nem desaparecem como acontece no mundo material. Eles ficam em derredor a buscar uma oportunidade de atacar.

Solução: passe tempo com Deus em oração, tenha intimidade saudável com o Espírito Santo e viva pela palavra de Deus. Diga: "Em nome sagrado do Senhor Jesus Cristo, eu anulo todos os pactos e revogo todas as maldições na minha vida e família e declaro que estamos livres de toda a interferência destes espíritos e do seu satélite espiritual. A partir hoje, eu saio do radar deles e nunca serei rastreável pois eu habito no esconderijo altíssimo, e à sombra do omnipotente descanso. Nenhuma praga virá à minha casa. Estou assentado com Cristo nos lugares celestiais acima de todos os principados e potestades e sobre toda a força do mal. Estou livre, eu e a minha casa. Eu revogo todos os pactos e maldições geracionais da minha família paterna e materna, em nome de Jesus Cristo".

2. Pactos de sangue que você mesmo tenha feito.

Se alguma vez na sua vida já foi levado a uma palhota, ou você mesmo foi fazer pacto para se proteger, enriquecer ou ter poder, abriu portas ao diabo na sua vida. O que fazer? Você deve:

A. Arrepender-se diante de Deus, reconhecer que errou, que pecou;

B. Confessar esse pecado de envolvimento espiritual com o reino das trevas;

C. Renunciar esses pactos. Entregar todos os utensílios e elementos das trevas que foram oferecidos (potes, roupas, óleos, estátuas, ídolos, anéis, bengalas, etc.) para ser queimados.

Assim atesta a Escritura: "Muitos dos que tinham crido vinham confessando e publicando os seus feitos. Também muitos dos que seguiam artes mágicas trouxeram os seus livros e os queimaram na presença de toos, e, feita a conta do seu preço, acharam que montava a cinquenta mil peças de prata" (Atos 19:18-19). Pode levar essas coisas à igreja para serem queimadas e você ser liberto.

D. Vire as costas contra esta vida de pactos e volte-se completamente para Deus.
Peça para que o sangue de Cristo lhe purifique de todo o mal. Faça esta oração: "Senhor Deus, eu pequei contra ti, me envolvendo em pactos com o reino das trevas. Mas agora, estou arrependido e volto para ti. Agora, eu renuncio todas as obras de bruxaria, todo o envolvimento e manuseamento de instrumentos diabólicos e toda a minha ligação com o reino das trevas. E, aceito a Jesus Cristo como meu Senhor e Salvador pessoal. Que o sangue de Cristo purifique o meu espírito, consciência e meu corpo. E declaro que estou salvo e livre em nome de Jesus".

E. De agora em diante, seja uma pessoa de oração e viva pela fé na palavra de Deus.

3. Palavras negativas que você tenha falado consciente ou inconscientemente

Palavras são espíritos e elas não morrem. Ficam pendentes no mundo espiritual à procura de encubação para a sua materialização, quer sejam boas ou más, quer para o bem ou para o mal. A única forma de anular palavras negativas que você falou ou alguém falou contra si, é falar outras palavras no lugar das primeiras. Caro leitor, sabia que onde você está hoje, o que é e o que tem são frutos de palavras que lhe perseguem no mundo espiritual? A partir de hoje, tome as palavras a sério. Na arena espiritual, palavras são objetos. Jesus disse: "Por tuas palavras serás justificado e por tuas palavras serás condenado" (Mateus 12:37). Tudo de bom que você quer ver a acontecer na sua vida, proclame e profetize sobre si. Por isso, somos encorajados a estudar e a meditar na palavra de Deus (Salmos 1:1-3; Josué 1:8).

Recordo-me de uma irmã pela qual eu tivera orado há anos. Quando ainda era menina, passava um idoso em casa dos pais dela, que era morador da mesma zona e lhe dizia sempre: "Você é minha esposa", em tom jocoso, de brincadeira". Anos depois, ele morreu e um demónio em forma de marido da noite entrou nela e a possuiu. Ela nunca era feliz sentimentalmente. Agora, já era adulta e estava no lar, vivendo em união de fato; ainda assim, vivia infeliz. Eu ia evangelizando de casa em casa na altura e passei pela casa deles. Ela ainda se lembrava de tudo que tinha ouvido do idoso mas não fazia caso algum, pois, não havia elementos de interligação entre o que o idoso dizia e o que ela passou a viver, visto que ela não tinha conhecimento das coisas espirituais.

Quando orei por ela, o demónio manifestou-se dizendo que era o marido dela e que ela não podia ser feliz. Expulsei-o e ela ficou liberta. Aceitou a Jesus como Senhor e Salvador e a sua vida e a do marido mudou complemente. O marido que não conseguia emprego, por causa deste espírito, teve emprego e começou a prosperar. O que aconteceu? Foi o espírito do idoso que entrou nela e a possuiu? Não. Mas o diabo usou as palavras daquele idoso e a conexão que tinha com a família para introduzir legalmente um demónio na vida dela. Se a mãe dela fosse salva e madura nas coisas espirituais e no conhecimento da palavra de Deus, teria anulado aquelas palavras e salvo a menina. Glória que foi a altura de orar por ela.

Abençoado leitor, tome cuidado com as suas palavras. Por isso, Paulo disse: "A palavra de Cristo habite em vós abundantemente, em toda a sabedoria, ensinando-vos e admoestando-vos uns aos outros, com salmos, hinos e cânticos espirituais; cantando ao Senhor com graça em vosso coração. E tudo quanto dizerdes por obras ou por palavras, fazei em nome do Senhor Jesus Cristo" (Colossenses 3:17). Proteja a sua vida e o seu destino por meio palavras. O texto em Tiago 3:5 "Assim também a língua é um pequeno membro e gloria-se de grandes coisas. Vede quão grande bosque um pequeno fogo incendeia". A saúde da sua vida depende da saúde do seu coração e da sua língua.

4. Constante medo e/ou preocupação

"Porque o que eu temia me veio, e o que receava me aconteceu. Nunca estive descansado, nem sosseguei, nem repousei, mas veio sobre mim a perturbação" (Jó 3:25-26).

Assim era mentalidade e o coração do homem mais altamente protegido, abençoado e próspero. Deus tinha colocado uma vedação à sua volta e à volta da sua família de tal sorte que havia tempos que o diabo vinha tentando destruí-lo de todas as formas possíveis; mas sem sucesso. Jó, sua família e fazenda gozavam de prosperidade, saúde e felicidade. Contudo, Jó cometeu um erro gravíssimo: andava sempre preocupado e com medo. Vivendo e fazendo assim, ele quebrou um princípio espiritual segundo o qual: "Quem fizer uma cova cairá nela, e quem romper o muro, uma cobra o morderá" (Eclesiastes 10:8). Satanás é tido como o dragão, ou a antiga serpente (Apocalipse 12:9). A serpente sempre esteve lá, buscando uma ocasião para acusar a Jó diante de Deus e de atacá-lo. Não foi Deus quem tentou a Jó. Foi ele mesmo que, por causa de constante preocupação e medo, rompeu o muro de proteção que Deus lhe tivera posto. Isso fez que o diabo fosse ter com Deus no céu para acusar a Jó e pedir o acesso a ele. Por esta e outras razoes, a Bíblia nos exorta a não termos medo e não andarmos preocupados ou inquietos, por coisa alguma.

Prezado leitor, confie em Deus, passe tempo em louvor e adoração e evite deixar a preocupação e o medo invadirem o seu coração.

5. Desvio de conduta comportamental e desobediência às instruções de Deus.

Esta também pode ser uma das raizes que permitem o diabo arrojar ataques contra sua vida legalmente mesmo quando você está em Cristo. Himeneu e Alexandre foram entregues a Satanás por Paulo porque andavam a blasfemar contra o caminho de Deus. Um homem ou uma mulher que começa bem o seu ministério, mas por causa da glória, da fama e ambição se desvia do caminho de Deus, pode abrir portas ao diabo para atacá-lo legalmente. Por exemplo, se viver na imoralidade sexual, deixando sua esposa ou marido, e se envolver com pessoas fora do seu lar ou casamento, pode abrir portas de ataques perigosíssimos à sua vida, ministério e família. Davi teve o mesmo problema quando se envolveu com a Bate-seba, e por um momento perdeu o reino e seu filho Absalão usurpou o trono e tornou suas esposas e as concubinas, trazendo vergonha e vexame a Israel e à casa de Davi.

Solução: arrependimento genuíno e suplica às misericórdias de Deus. No texto de Salmos 51 lemos: "Tem misericórdia de mim, ó Deus; apaga as minhas transgressões, segundo a multidão das tuas misericórdias. Lava-me completamente da minha iniquidade e purifica-me do meu pecado. Porque eu conheço as minhas transgressões, e o meu pecado está diante de mim. Contra ti, contra ti pequei e fiz o que a teus olhos é mal, para que sejas justificado quando falares e puro quando julgares...faze-me ouvir júbilo e a alegria, para que gozem os meus ossos." (Salmos 51:1-4,8).

Como proceder com o arrependimento que traz restauração:

A. Ser genuíno. Sair profundamente do seu coração quebrantado;

B. Confessar objetivamente o seu pecado. Dizer a Deus o erro que cometeu com a sua própria boca,

C. Tomar decisão de virar costas a esse pecado e os hábitos que o acompanham.

Se o seu arrependimento seguir este modelo, então, será perdoado, lavado e purificado. E Deus lhe dará a alegria da salvação de novo (1 João 1:9). Ademais a Escritura diz: "Pela misericórdia e pela verdade, se purifica a iniquidade; e, pelo temor do Senhor, os homens se desviam do mal" (Provérbios 16:6).

6. Amor exacerbado ao dinheiro.

O dinheiro é importante para a obra de Deus e para trazer sustento às nossas famílias. Contudo, não deve ser o motivo pelo qual fazemos o que fazemos. Não deve amar mais o dinheiro do que a Deus e as pessoas. Não deixe o amor ao dinheiro lhe desviar do caminho de Deus. Muitos fazem pactos por causa da busca de fama, poder e dinheiro. Amam os prazeres deste mundo do que a sua própria alma. Por isso, vendem suas almas para a eternidade no lago de fogo por causa de prazeres temporários. O amor ao dinheiro, o orgulho e a imoralidade sexual podem abrir portas ao diabo para trazer destruição.

7. Orgulho/Soberba.

Numa das ocasiões quando Davi já era conhecido como campeão, e era rei de todo o Israel e tinha tudo desde ouro, prata e vitórias estrondosas que o Senhor lhe tivera dado, o orgulho entrou no seu coração. Assim diz a Escritura: "Então Satanás se levantou contra Israel e incitou Davi a numerar a Israel" (1 Crónicas 21:1). Notou a expressão: "Incitou?" Bem este é um dos truques do diabo. Ele procura a fraqueza do homem, do crente e a explora muito bem. Ele incitou Davi a recensear o povo em sinal de orgulho como se fosse o dono de todos eles. A Escritura diz: "E esse negócio também pareceu mal aos olhos de Deus, pelo que feriu a Israel" (Versículo7). Em um dia morreram setenta mil homens em Israel por causa de uma praga, de uma doença. A cobertura que tinham foi tirada.

A despeito de tudo isso, Davi se arrependeu deste mal e ofereceu sacrifícios pacíficos ao Senhor. Neste tipo de situação é importante que você peça perdão a Deus, mas ao mesmo tempo arranje uma oferta, algo que lhe custe algo e o ofereça ao altar do Senhor na Igreja. Um homem chamado Ornã decidiu dar a Davi o campo onde ele iria fazer o sacrifício ao Senhor. Mas Davi disse: "Não! Antes, pelo seu valor quero comprar; porque não tomarei o que é teu, para o oferecer ao Senhor, para que não ofereça holocausto sem custo" (Versículo 24). Ele o fez e a praga parou.

Bases para a oração de consulta, na identificação da raiz do mal

Compreenda isto: o diabo é e sempre será a raiz causadora do sofrimento do homem. Ou mais bem colocado, ele será o executor da opressão e do mal sobre o homem. Portanto, o que queremos aqui é identificar a porta pela qual ele entrou ou tenha entrado, de modo que seja expulso, e a porta fechada para que não tenhamos mais essa presença e ataques legalmente recorrentes. Satanás foi derrotado e não tem mais legalidade sobre o crente. Contudo, queremos identificar o que o tornou legal a sua entrada: como é que ele entrou, de onde e quem lhe abriu a porta na família?

Existem duas bases:

1. A que você mesmo lhe abre as portas
Esta geralmente diz respeito a algo que crente deve ter feito que deu lugar ao diabo. Identificam, e tratado, o problema está resolvido.

Ora, com Davi, aprendemos um modelo de como fazer a oração de consulta. Observa estas palavras de Davi "Sonda-me ó Deus conheça o meu coração; prova-me e conhece os meus pensamentos. E vê se há em mim algum caminho mau e guia-me pelo caminho eterno" (Salmos 139:23-24).

Esta é a base para se fazer a oração de consulta na identificação da raiz de um problema recorrente, se você achar que há algo que deve ter feito que abriu portas ao diabo. Peça a Deus para sondar o seu coração. Se houver algum pecado não confessado, rapidamente confesse-o diante de Deus que é justo e fiel para perdoá-lo e purificá-lo de toda a iniquidade. Sim, Ele pode purificar você. O segredo é o arrependimento genuíno.

Declare estas palavras: "Todas as palavras ociosas e negativas lutando contra o meu destino glorioso que eu proferi com a minha boca sejam anuladas agora. Em vez delas em declaro que sou próspero e livre, em nome de Jesus."

2. A porta que outros tenham aberto, por meio da qual o diabo tem tido acesso a você.

Este por exemplo, pode ser fruto de associações de amizade, laços consanguíneos ou de afinidade que abriram portas ao diabo. Suponhamos que você nasceu numa família com pactos, não foi você que os fez, mas tendo nascido nessa família, pode sofrer a influencia deles se os não identificar e revogá-los. Não se esqueça, o diabo vem porque alguém o convidou legalmente por meio de sacríficos e/ou pactos. Ou mesmo porque inconscientemente, quando ainda bebê, você foi dedicado aos demónios sem saber, ou lhe foram dadas coisas consagradas a demónios que você não sabia, mas que de lá até cá lhe tem causado alguns constrangimentos e imbróglios.

Como crente nascido de novo e cheio do Espírito, você é responsável por fazer algo. Por isso a Escritura diz: "resisti ao diabo e ele fugirá de vós" (Tiago 4:7). É você que deve resistir ao diabo e não tem outra alternativa a menos que fuja. A Escritura não diz: "Chorai, lamentai-vos ou gritai e o diabo fugirá de vós", mas diz "Resisti". Como resistir?

Bem, olhando para a tentação de Jesus no deserto, vemo-lo a usar a expressão: "Está escrito" e "Dito está". Logo, você deve fazer o seguinte:

1. Identificar a raiz do problema.

Observe esta esta Escritura: "E houve, em dias de Davi, uma fome de três anos, de ano em ano; e Davi consultou ao, e o Senhor lhe disse: é por causa de Saul e da sua casa sanguinária, porque matou os Gibeonitas" (2 Samuel 21:1).

A esta altura, havia fome em Israel e Davi, analisando a sua conduta e palavras, soube que não tinha feito nada de contramão à Palavra do Senhor. Ele louvava, adorava e orava mas, mas ainda assim o problema persistia. Então, decidiu fazer uma oração de consulta ou inquérito. Ele inquiriu do Senhor, foi ter com Deus a fonte de todas as coisas e consultou tal como um paciente vai ter com o médico para saber o que lhe aflige. O médico tem ferramentas apropriadas para fazer diagnóstico ou exame. Note que o exame ou diagnóstico é preliminar antes do médico prescrever a medicação. Davi sabia que Deus era o seu médico e o médico da nação de Israel. Por isso, não consultou a Deus mas ao Senhor. Como resposta, Deus lhe disse qual era a raiz do problema e eis que não tinha sido Davi o causador; mas o seu predecessor, porque derramou sangue inocente e quebrou a aliança que tinha com os Gibeonitas. Quando Josué lutava contra os filisteus em defesa dos Gibeonitas, Deus tinha feito parar o sol e a lua para dar vitoria a Israel (Josué 10:6-17). Davi perguntou aos Gibeonitas o que queriam que se fizesse e eles pediram as cabeças dos filhos de Saul.

Quando Davi resolveu esta raiz, o problema acabou e houve comida em abundância em Israel.

Para identificar a raiz, você deve orar: "Pai, em nome de Jesus, rendo-me a ti hoje, apresento-te esta situação .... (mencione-a), revela-me o que está por detrás". Pode fazer isso em oração de jejum e Deus irá responder. Pode ser por meio de um sonho, ou uma palavra, uma voz no seu coração ou por meio de circunstâncias. Fique atento à resposta de Deus.

2. Aplique o sangue de Jesus nela.

Identificada raiz do problema, aplique o sangue de Jesus nela. A Bíblia Sagrada diz que o sangue de Jesus fala melhores coisas que o sangue de Abel. Assim atesta o texto em Hebreus 12:24: "e a Jesus, mediador de uma nova aliança, e ao sangue da aspersão, que fala melhor do que o de Abel".

Note que o sangue de Jesus fala. Se fala quer dizer que tem voz. Espiritualmente, você está coberto pelo sangue de Cristo, isto é o Espírito do sangue de Jesus lhe cobre e lhe protege. Foi por meio este sangue que o preço foi totalmente pago para que você e eu ficássemos definitivamente livres do pecado e da influência do diabo. De fato, o sangue de Cristo foi o último tiro e queda sobre os bastiões do inferno. E nós somos membros do corpo e Cristo que é sua igreja, nos foi dada autoridade para que os portões do inferno não prevaleçam contra nós. Mas você quer que esses espíritos e seus problemas desapareçam de vez para sempre.

Você está no mar vermelho, lugar de batismo e de separação entre o opressor e os oprimidos, entre Faraó e os hebreus; entre o diabo e você juntamente com a sua família. Assim que eu escrevo estas linhas, sinto a unção de Deus a descer sobre si, prezado leitor, e quebrando todo os pactos e removendo todo o mal da sua vida e família. A partir de hoje, sua vida nunca mais será a mesma. Receba luz e graça e vitória, agora.

Diante do mar vermelho, Moisés disse aos filhos de Israel: "Não temais; estai quietos e vede o livramento do SENHOR, que hoje vos fará. Porque aos egípcios, que hoje vistes, nunca mais os vereis, para sempre. O SENHOR pelejará por vós, e vos calareis" (Êxodo 14:13-14).

Na qualidade de servo de Deus, eu declaro a mesma coisa sobre a sua vida: "A opressão e os problemas que você vinha sofrendo toda a sua vida, esses embargos sentimentais, profissionais, financeiros e acadêmicos não os terá mais e nunca mais o verá para sempre. Receba agora o seu livramento.

O mar vermelho representa simbolicamente o sangue de Jesus, ele inicia o processo de libertação e separa o crente do mundo e do diabo e do pecado para passar a viver pela palavra e dependente do Espírito de Deus e da sua provisão.

Aplique o sangue de Cristo agora; diga: "Sangue de Jesus, pelo Espírito Eterno, fale sobre a minha vida e família a partir de hoje. Pelo sangue de Cristo, eu revogo completamente todos os pactos feitos e maldições proferidas contra mim e contra a minha família. Sejam silenciadas todas as vozes contrárias ao meu progresso, estabilidade, saúde e prosperidade, em nome de Jesus. E eu declaro que sou vitorioso e estou livre do radar deles a partir de hoje".

3. Forme-se na palavra de Deus e confesse-a continuamente.

A Escritura diz: "Estai, pois, firmes na liberdade com que Cristo nos libertou enão torneis a meter-vos debaixo do jugo da servidão" (Gálatas 5:1). Pactos e maldições funcionam como um jugo, eles mantem pessoas com vidas amarradas. Você está livre do jugo da servidão agora. Livre como um pássaro que estava na gaiola e que a partir de hoje voará como águia. Eu declaro que tudo a acerca de si comece a florescer.

Restauração e restituição. Confesse com a sua boca: "Em nome de Jesus, já venci, estou livre, estou próspero. Há progresso na vida minha, há vida e saúde na minha casa". Firme o seu coração na Palavra de Deus e combata o seu bom combate da fé. Faça progresso por meio da palavra de Deus, confesse-a. Procure as promessas de Deus e declare-as sobre a sua vida e família. Apegue-se somente à Palavra de Deus.

4. **Reivindique restituição.**

5. **Diga comigo:** "Tudo que me tinha sido roubado, todas as glórias, eu as recebo de volta agora, em nome de Jesus. Recebo as oportunidades de prosperar em nome de Jesus. A alegria e a paz me são restituídas hoje e o meu potencial ativado. A partir de hoje, viverei no melhor da graça, em terras férteis e no máximo do meu potencial. Estou livre no meu espírito, na minha mente e no meu corpo de toda a interferência do maligno, em nome de Jesus". Declaro tudo que quer ver a acontecer na sua vida.

Exercício

1. Resuma em três linhas o que aprendeu neste capítulo,

2. Identifique a raiz de qualquer problema na sua vida;

3. Aplique a solução que aprendeu neste capítulo.

Capítulo VII

A Oração de Intercessão

"E busquei um homem que estivesse tapando o muro e estivesse na brecha perante mim por esta terra, para que eu não a destruísse; mas a ninguém a achei" (Ezequiel 22:30 ARC).

O versículo da escritura acima mencionado resume fielmente a necessidade e o papel de um intercessor. Note as palavras "tapar o muro," "na brecha" e "perante mim." Um intercessor é uma pessoa que se coloca na brecha em prol de alguém e serve como um muro de proteção a seu favor perante uma autoridade para suplicar em prol dele; ou perante um inimigo para protegê-lo contra ele. Em ambos casos, o intercessor põe-se no meio como um muro de proteção ou como uma espécie de advogado exercendo advocacia em prol de outras pessoas. Portanto, o intercessor estabelece uma ligação entre as duas partes, Deus e os homens, mas em nome de Deus. É interessante notar que a figura do intercessor é recomendada e procurada pelo próprio Deus para que fique diante d'Ele em oração a favor dos outros. Deus reveste o intercessor de algumas qualidades que lhe dão uma inclinação para se interessar pelo bem dos outros e não apenas pelas suas próprias coisas ou interesses. O intercessor usa a oração como uma ferramenta de batalha contra o mal, contra a injustiça e a opressão diabólica sobre as pessoas e, junto de Deus, reforça que a vontade de Deus se faça na terra, assim como no céu. Ademais, mesmo quando o povo se desviar dos caminhos do Senhor, intercede por eles clamando por misericórdia, para que a ira de Deus se abrande e não deixe o flagelo cair sobre o seu povo.

O fato de ser o próprio Deus a criar o perfil de intercessores e procurar por eles é sinal do quão Ele ama a humanidade e não quer que ninguém se perca, mas que todos cheguem ao caminho da salvação.

A intercessão estende as misericórdias de Deus sobre a humanidade e anula os planos malignos do diabo contra ela. Logo, um intercessor é um guerreiro espiritual que se socorre da sua fé em Deus e por meio da oração, intercede a favor do bem dos outros. Consequentemente, a intercessão é um trabalho contínuo diante do Senhor. Note que de todos os tipos de oração que estudamos até aqui, nenhum deles cria um ofício para a pessoa que ora, exceto a oração de louvor e adoração e a oração de intercessão. Por exemplo, a oração de louvor cria um ministério para a pessoa que ora; ele é ministro de louvor perante Deus e para Deus. Não confunda o ministro de louvor para Deus e perante o povo na igreja, este tem outro estatuto, pois pode ser um salmista. A oração de adoração torna a pessoa que ora um adorador e este é um ofício perante Deus e para Deus. Semelhantemente, a oração de intercessão torna o crente que ora, um intercessor. Este ofício serve de elo entre o céu e a terra no sentido de que o homem ou a mulher espiritual que intercede, leva os assuntos da terra e os entrega aos céus para que Deus possa agir para o bem comum.

O que torna diferente a oração de intercessão da de petição, é que na primeira não pedimos por nós, mas pelos outros. O princípio fundamental da oração de intercessão é este: orar a Deus a favor do interesse e do bem dos outros, não do nosso. Por isso é que a intercessão é um serviço espiritual que tem poucos candidatos porque muitos estão focados nos seus próprios interesses. "Porquê passar um tempo longo orando a favor dos outros quando eu também tenho os meus assuntos para divulgar a Deus?" – Alguém pode perguntar. A resposta é simples: porque o dos outros é o seu bem também. A oração de intercessão mostra o amor que temos pelas pessoas e é uma forma de praticar o mandamento do Senhor quando disse: "Amarás ao teu próximo como a ti mesmo." Não há melhor forma de demonstrar um amor contínuo às pessoas a não ser orar por elas, mesmo quando não mereçam. Foi por isso que Jesus disse: "Vós sois o sal da terra; e se o sal for insípido, com que se há de salgar? Para nada mais presta senão para se lançar fora e ser pisado pelos homens" (Mateus 5:13 ARC).

No tempo em que Jesus usou o sal como exemplo, este precioso ingrediente servia para muitos propósitos que até hoje são insubstituíveis. Por exemplo, o sal serve para dar sabor à comida. Já imaginou uma boa feijoada ou guisado de vaca ou de frango sem sal? Não teria sabor. O sal faz a maior diferença e é por isso que é um ingrediente necessário na confeição dos alimentos. Todos os outros ingredientes encontram expressão e a sua presença na comida é sobrelevada quando o sal está presente. Ademais, o sal serve para conservar alimentos em lugares onde não se tem geleiras ou congeladores. Ele serve como conservante para que os alimentos não apodreçam. Ao usar alegoria do sal, Jesus passava uma mensagem de extrema importância para a Igreja – nós somos a razão pela qual este mundo não é destruído. Somos a razão pela qual o diabo até aqui não conseguiu destruir ou dizimar a humanidade por completo. Porquê? Porque existem homens e mulheres que passam tempo com e diante Deus intercedendo a favor da humanidade. E porque foi Ele que levantou os intercessores, ouve as suas orações, atende aos casos que eles apresentam e lhes responde positiva e ativamente.

Por isso, o intercessor é revestido de autoridade por meio da sua fé em Deus para desfazer as obras do diabo sempre que este desenhar planos para contrariar a felicidade dos homens na terra. Jesus disse: "E se aqueles dias não fossem abreviados, nenhuma carne se salvaria; mas, por causa dos escolhidos, serão abreviados aqueles dias" (Mateus 24:22 ARC). Que dias? Dias da grande tribulação. O fato é que Deus trabalha com os intercessores para preservar a humanidade, a paz, a harmonia e o bem-estar do homem. Ele deu a terra ao homem e precisa do homem para interceder a favor dela.

Jesus Cristo – o maior intercessor da humanidade

Jesus Cristo foi e ainda é o maior Intercessor da humanidade. A sua compaixão pela humanidade e os seu amor pelas almas, fazem d'Ele um Advogado para nós. Por isso, Ele é o nosso Redentor. O texto de 1 João 2:1 ARC, diz: "Meus filhinhos, estas coisas vos escrevo para que não pequeis; e se alguém pecar, temos um Advogado para com o Pai, Jesus Cristo, o Justo." A vida de Jesus é uma intercessão por nós. Ele morreu vicariamente no nosso lugar para que por Ele possamos viver. Apresentou o seu sangue ao Pai como preço do sacrifício eterno que fez em prol da humanidade. Nós somos protegidos, lavados e santificados pelo seu sangue. Junto do Pai, Ele está assentado, representando-nos como nosso Advogado.

O diabo já não nos pode acusar. Jesus fez uma oração intercessora muito profunda que mesmo tendo sido feita há dois mil anos, ainda hoje nos envolve, protege e abençoa. Olhe para as suas palavras: "Dei-lhes a tua palavra, e o mundo os odiou, porque não são do mundo, assim com eu não sou do mundo. Não peço que os tires do mundo, mas que os livres do mal" (João 17:14-15 ARC). Jesus orou para que o Pai nos livrasse do mal. Todos os dias, o mal que o diabo tinha planeado para nós não acontece porque as palavras de Jesus nos cobrem, como uma apólice de seguros. Você pode pensar: "Mas onde é que Jesus orou por mim?" Bem, observe o versículo 20: "Não rogo somente por estes, mas também por aqueles que pela sua palavra, hão de crer em mim." Esta parte inclui você e eu. Glória a Deus! Louvado seja Deus por Jesus, nosso Intercessor, Advogado e Salvador.

Olhando para as Escrituras, encontramos vários intercessores que se destacaram neste ministério. Por exemplo, Abraão intercedeu a Deus a favor das cidades de Sodoma e Gomorra. Assim diz a Escritura: "E chegou-se Abraão, dizendo: destruirás também o justo com o ímpio? Se, porventura, houver cinquenta justos na cidade, destruí-los-ás também e não pouparás o lugar por causa dos cinquenta justos que estão dentro dela? Longe de ti que faças tal coisa, que mates o justo com o ímpio; que o justo seja como o ímpio, longe de ti seja. Não faria justiça o Juiz de toda a terra?" (Gênesis 18:23-25 ARC). No versículo a seguir o Senhor respondeu: "Se eu em Sodoma achar cinquenta justos dentro da cidade, pouparei todo o lugar por causa deles" (versículo 26). Abraão ficou na brecha em intercessão até descer ao número dez. Mas não havia nem dez justos. Por isso, Deus mandou dois anjos para salvar Ló, a sua família e todos os que se encontravam em sua casa.

O juízo de Deus tinha chegado e as duas cidades seriam queimadas, mas isso não aconteceria até que Ló e a sua família saíssem. O que restringiu estes anjos de queimar logo estas cidades? A oração de Abraão – a sua intercessão. Ló nem fazia ideia do que estava a acontecer porque tudo parecia um dia normal em que as pessoas iam ao trabalho, se casavam, comiam e bebiam; faziam comércio e tinham as suas vidas a andar normalmente. Elas não sabiam que o perigo e a destruição estavam perto. Praticavam abominação diante de Deus, tendo relações anti-humanas, antinaturais. Obviamente, somente Ló e as suas duas filhas obedientes se salvaram e a esposa ambiciosa olhou para trás e virou uma estátua de sal que depois foi queimada pelo fogo juntamente com todos os moradores das duas cidades. Ló foi salvo mediante o ministério intercessor de Abraão.

Caro leitor, sabia que a sua família pode ser protegida e até prosperar sem saber que é graças às suas orações intercessoras incansáveis e contínuas por eles? É verdade. Abraão era um intercessor.

O outro exemplo de intercessor foi Moisés. O povo tinha-se rebelado e desviado dos caminhos do Senhor Deus verdadeiro e iam adorando ídolos, fazendo-se assim abomináveis perante Ele. Deus queria destruí-los de imediato, mas Moisés intercedeu por eles até Deus mudar da sua ideia concernente a este assunto.

Estes foram homens que andaram perto de Deus e tinham acesso ao trono dos céus para interceder até Deus mudar de ideia concernente a alguns assuntos e planos na terra. Isso só mostra o quão poderosa é a oração de intercessão. Estes foram homens que acharam favor diante de Deus e intercederam até que a sua ira abrandasse. O Senhor disse a Moisés: "Tenho visto a este povo, e eis que é povo obstinado. Agora, pois, deixa-me, que o meu furor se acenda contra eles, e os consuma; e eu farei de ti uma grande nação" (Êxodo 32:9-10 ARC). A resposta de Moisés foi uma oração de intercessão a favor do povo perante Deus. Assim diz a Escritura: "Porém Moisés suplicou ao Senhor, seu Deus, e disse: Ó Senhor, por que se acende o teu furor contra o teu povo, que tu tiraste da terra do Egito com grande força e com forte mão? Por que hão de falar os egípcios, dizendo: Para mal os tirou, para matá-los nos montes e para destruí-los da face da terra? Torna-te da ira do teu furor e arrepende-te deste mal contra o teu povo. Lembra-te de Abraão, de Isaque e de Israel, teus servos, aos quais por ti mesmo tens jurado e lhes disseste: Multiplicarei a vossa semente como as estrelas dos céus e darei à vossa semente toda esta terra, de que tenho dito, para que a possuam por herança eternamente" (Êxodo 32:11-13 ARC). Observe a reação de Deus: "Então, o Senhor arrependeu-se do mal que dissera que havia de fazer ao seu povo" (versículo 14).

Aos intercessores é-lhes dada uma graça especial por Deus para conseguirem que planos já traçados na arena espiritual e prestes a acontecerem no mundo físico, sejam alterados completamente.

Moisés também foi um grande intercessor do seu povo. Note que Deus tivera dito a ele a mesma coisa que a Abraão; que lhe faria uma grande nação: "E far-te-ei uma grande nação" (Gênesis 12:2a) Lemos há pouco, quando o Senhor disse a Moisés: "... e eu farei de ti uma grande nação" (Êxodo 32:10b). Se não fosse uma pessoa com amor pelo povo, teria aceite ser feito uma grande nação, mas preferiu o bem do povo a ser ele mesmo uma grande nação. É disto que o mundo precisa hoje; de líderes abnegados que, despidos de avareza, ganância e ambições egoístas, lutam pelo bem do seu povo. Líderes que servem o povo e não os que se servem dele. Líderes que criam um ambiente onde todos prosperam e não onde muitos são aprisionados, ameaçados ou prejudicados. Líderes justos e íntegros. Moisés provou ser um grande intercessor que usou da sua proximidade com Deus para rogar pelo bem do seu povo. Ele esteve na fonte dos recursos inesgotáveis e usou-os para o bem do povo quando tinha uma chance de se ver livre do povo e ter o seu nome gravado no muro da fama.

Foi este amor que o fez deixar os palácios de Faraó e a luxúria do magnífico império egípcio; para sofrer com o povo de Deus, por uma cidade eterna e gloriosa - pela vida eterna. Ele queria agradar a Deus e negou ser chamado filho da filha de Faraó. O uso desta expressão "filho da filha de Faraó" (Hebreus 11:24) é uma forma suave de não dizer: "príncipe do Egito e neto de Faraó, estando na linha de sucessão ao trono – a coroa." Tudo o que lhe importava era agradar ao Deus de seus pais Abraão, Isaque e Israel e ganhar a vida eterna. A eternidade com Deus era mais importante do que um efêmero momento de prazer. Ele foi um intercessor de grande porte.

O tempo seria pouco para que eu arrolasse outros intercessores, que até individualmente mudaram o curso dos eventos. Por exemplo, o caso de Daniel, que após ter lido a profecia de Jeremias de que Israel seria cativa em Babilonia por setenta anos, findos os quais voltaria para a sua terra de Israel. Reparou que a promessa parecia não se cumprir porque havia um príncipe das trevas, o príncipe da Pérsia, que barrava a libertação do povo e controlava o reino e o governo tirano responsável pela prisão do povo de Deus? Por isso, a título individual, propôs-se a jejuar por vinte e um dias e buscando a face do Senhor em prol do povo. Eis algum excerto de suas palavras de oração: "Agora, pois, ó Deus nosso, ouve a oração do teu servo e as suas súplicas e sobre o teu santuário assolado faze resplandecer o teu rosto, por amor do Senhor. Inclina, ó Deus meu, os teus ouvidos e ouve; abre os teus olhos e olha para a nossa desolação e para a cidade que é chamada pelo teu nome, porque não lançamos as nossas súplicas perante a tua face fiados em nossas justiças, mas em tuas muitas misericórdias. Ó Senhor, ouve; ó Senhor, perdoa; ó Senhor, atende-nos e opera sem tardar; por amor de ti mesmo, ó Deus meu; porque a tua cidade e o teu povo se chamam pelo teu nome" (Daniel 9:17-19 ARC). Deus respondeu e enviou o Arcanjo Gabriel para lhe dar as boas novas. Ademais, o Arcanjo Miguel foi também enviado para lutar em prol da nação de Israel para que fossem liberados da escravidão em resposta à oração de Daniel – um grande intercessor.

Todos estes eram homens como você e eu, mas que tinham amor pelo seu povo e temor e reverência por seu Deus e queriam que os seus propósitos se cumprissem em seu povo.

Características dos intercessores

1. Eles estudam a natureza e os atributos de Deus.

Vimos nas escrituras o quanto Moisés e os outros apelaram às misericórdias de Deus e ao fato de Ele ser muito longânimo e compassivo. Não quer dizer que o intercessor tem o poder de mandar em Deus, mas como servo-advogado, ele suplica pelo seu povo, apelando às misericórdias de Deus. Por isso é que Abraão chamou Deus de "O Juiz de toda a terra." Obviamente, ele sabia quem Deus era, justo nas suas ações.

2. Os intercessores conhecem as promessas de Deus e usam-nas nas suas orações para a intervenção de Deus a favor dos homens.

Esta caraterística distingue o intercessor de quem apenas ora por outras pessoas. O intercessor deve estudar e meditar na palavra de Deus para conhecer a sua vontade, saber as suas promessas e colocar-se de pé sobre as palavras Deus; como quem faz Deus se lembrar do que disse e pede que Ele cumpra com a sua palavra. Por isso, Moisés em sua intercessão invocou o fato de que o Senhor era o Deus que fizera promessas a Abraão, Isaque e Israel e que Deus não devia deixar cair tais promessas por causa da sua fidelidade; que mantivesse a sua glória e não se deixasse ridicularizar pelos egípcios achando que fora incapaz de preservar o seu povo ou infiel às suas promessas. Este aspeto de conhecer a palavra de Deus é muito importante porque Deus exaltou-a acima do seu nome. Ele honra a sua palavra e nenhuma das suas promessas cairá por terra. Por isso Jesus disse que o céu e a terra passarão, mas as suas palavras não passarão (Mateus 24:35).

3. Os intercessores são movidos por amor pelas pessoas.

Esta é uma das maiores características de um intercessor. Ele deve amar pessoas. Como pode desenvolver amor pelas pessoas? Simples: um dos primeiros passos é começar a se interessar pelo bem-estar dos outros, pela sua facilidade e prosperidade. Quando celebra o sucesso dos outros, atrairá sucesso para você, também. Vivemos num mundo cheio de falsidade, ódio e inveja, onde muitos não querem ver o sucesso dos outros e são incomodados pelo brilho deles. Infelizmente, este tipo de comportamento está a se introduzir nas igrejas nas quais quando um irmão ou uma irmã testemunha uma bênção ou bênçãos de forma contínua, há quem sente ódio e até pragueja essa pessoa. Dizem que servem e adoram a Deus, que é amor, mas não tem o amor de Deus em seus corações; por isso não conhecem a Deus. A Bíblia Sagrada diz que o amor de Deus foi derramado em nossos corações pelo Espírito Santo que Deus nos deu (Romanos 5:5). Pratique o amor de Deus. Fique feliz quando outros testemunham glórias e celebre o sucesso dos demais. Não seja invejoso e nem tenha sentimentos de ódio por outros. Seja como Deus, seu pai – Deus é amor. O amor deve ser vivido e demonstrado por meio de palavras e ações e não só de palavras.

4. Os intercessores são movidos por causas justas.

São causas que movem o intercessor. Por exemplo, não se folga com a injustiça, ele quer travar as obras do diabo. A Escritura diz "Para isto o Filho de Deus se manifestou: para desfazer as obras do diabo" (1 João 3:8b ARC). Se Jesus veio para desfazer as obras do diabo e Ele era a imagem visível do Deus invisível, nós também temos a missão de destruir as obras do diabo na vida da nossa comunidade, distrito, cidade, estado, nação ou família. Devemos orar para que todos os planos do diabo sejam cancelados.; planos de acidentes, feitiçaria, morte e outros males e vicissitudes.

5. Os intercessores têm comunhão com Deus.

6. Os intercessores confiam em Deus e olham para Ele como a solução final a todos os problemas. Por isso é que levam as pessoas para o conhecimento de Deus.

7. Os intercessores são responsáveis e sensíveis.

Um intercessor deve ser sensível ao sofrimento dos outros. Ele não deve ser frio, sovina ou mau. Esta característica de ser sensível fá-lo ser facilmente movido pelo choro dos injustiçados e o ajuda a ativar a unção e a se conectar ao Espírito com muita facilidade e rapidez,

8. Intercessores são campeões. Eles não lutam para si mesmos, mas pelos outros e vencem a favor deles.

9. Intercessores são persistentes e perseverantes. Eles não desistem facilmente, eles continuam a orar até que algo aconteça; até que a situação mude.

10. Prontidão combativa.

Os intercessores ficam sempre na brecha em prol das pessoas e vivem conectados com Deus, em todo tempo, no seu espírito. Eles podem estar a estudar, trabalhar ou a cozinhar, mas carregam consigo a consciência de Deus, da sua presença e do seu poder.

11. Os intercessores são vigilantes.

Jesus disse "Vigiai e orai para que não entreis em tentação" (Mateus 26:41 ARC). Paulo nos exorta a vigiar no espírito em oração com toda a súplica por todos os santos "Orando em todo o tempo com toda oração e súplica no Espírito e vigiando nisso com toda a perseverança e súplica por todos os santos" (Efésios 6:18 ARC). O diabo anda em derredor bramando como um leão, buscando a quem devorar. Ele quer carne humana e levar as almas ao inferno. Uma vez que os seus ataques são repentinos e rápidos e ele é muito astuto; como intercessor, você deve estar sempre em alerta e vigilante no espírito. É normal, por exemplo, que Deus lhe mostre numa visão ou num sonho de algo de errado que o diabo está a planear; ou lhe dê uma palavra de conhecimento no seu espírito. O que fazer? Orar incessantemente até cancelar esse mal: "Pai, em nome de Jesus, eu me coloco na brecha por este irmão, por esta irmã e declaro que seja cancelado o mal planeado pelo diabo." Compreenda isto: a falta de vigilância e de oração frequente podem lhe fazer um preço muito caro porque o diabo não para de planear os seus ataques; ele gosta de atacar num tempo em que você está relaxado. Os filhos de Jó estavam em festa quando o vendaval veio e destruiu o lugar onde estavam e todos morreriam. Seja vigilante em oração e esfrie neste ministério. Há muita coisa que podia ser evitada, muita tragédia podia não ter acontecido, se os cristãos não andassem tão distraídos por conta dos cuidados deste mundo. Caro intercessor, não baixe a guarda. Ore sem cessar.

Princípios da oração de intercessão

Diferentemente da oração de fé onde não pode repetir o mesmo pedido.

1. Na oração de intercessão, há espaço para repetição. Isto é, você pode continuar a pedir a mesma coisa e orar até que a receba ou até que a situação melhore, mude e/ou haja mudança.

2. Na oração de intercessão, invoque assente o seu pedido baseado nas promessas de Deus ou firmado no conhecimento de sua vontade para aquela situação em que está a apresentar. Invoque as situações na Bíblia em que Deus fez uma intervenção a uma pessoa ou situação idêntica ao caso que lhe está a apresentar. Crendo e orando que o que se fez ontem para os outros naquela situação que não tinha solução, ele pode

fazer hoje também. Se for um caso de injustiça, invoque a justiça de Deus. Se for um caso em que as pessoas por quem está a orar não conhecem a palavra de Deus, mas você quer que eles venham ao senhor, invoque as misericórdias de Deus.

3. Na oração de intercessão, invoque os atributos de Deus, as suas qualidades. Por exemplo, se está a orar por um familiar enfermo em estado grave, sem esperança médica; invoque o poder de Deus. Ao orar, tenha em mente que Deus é todo-poderoso e não é impossível para ele. Creia nesse poder que pode reverter qualquer situação.

4. Ore esperando no Senhor, confiante das suas misericórdias e no seu poder. Como Daniel disse: "Inclina ó Deus meu, os teus ouvidos e ouve; abre os teus olhos e olha para a nossa desolação e para a cidade que é chamada pelo teu nome, porque não lançamos as nossas súplicas perante a tua face fiados em nossas justiças, mas em tuas muitas misericórdias."

5. Ao orar, derrame a sua alma perante o Senhor.

Este tipo de oração requer que se faça a partir do seu coração e não da sua mente. Por isso, nalgumas situações, deverá ter de jejuar e orar. Daniel Jejuou. Jesus disse: "Esta casta não se expulsa senão pela oração e pelo jejum" (Mateus 17:21 ARC). Há situações que se apresentam tao persistentes que mesmo depois de você ter orado, parece que nada mudou. Nesta situação, o diabo quer testá-lo; testar a sua perseverança e sua fé em Deus; ele quer testar a sua paciência, atacando e contra-atacando até que você desista ou perca fé. Por isso Jesus perguntou: "Quando, porém, vier o Filho do Homem, porventura, achará fé na terra?" (Lucas 18:8 ARC). Deus fará a justiça. Há situações que requerem jejum e oração contínua.

6. Perseverança: Em intercessão, a oração não dever ser superficial.

Você deve ser perseverante até que haja mudança. Quando Pedro ficou preso e estava prestes a ser morto por Herodes, a Bíblia diz que a igreja fazia oração contínua por ele a Deus (Atos 12:5). Provavelmente, eles oraram uma vez como ponto de oração a libertação de Pedro, mas parecia que ele se mantinha preso. Então, eles decidiram fazer oração contínua até que um anjo do Senhor entrou na prisão, resplandeceu a luz, tocou em Pedro e as algemas caíram por Deus. Ele tirou Pedro da cadeia. Esta foi uma situação tão delicada que Pedro nem sabia se sairia de lá vivo ou não. Por isso, ele julgou que aquilo que lhe estava a interceder era uma visão e não uma realidade. Mesmo quando Pedro chegou à menina Rode e ela, reconhecendo-o pela voz, afirmou que era Pedro, eles achavam que fosse um fantasma ou um anjo dele. Isso mostra o quão complicada estava a situação que não havia outra forma humanamente pensada para tirar Pedro daquela cadeia de máxima segurança cujo destino ser morto. Contudo, ele foi liberto porque a igreja orou continuamente. A oração de intercessão requer persistência e perseverança; orar continuamente até haver mudança. A igreja só parou de orar quando Pedro chegou. Você para de fazer a oração de intercessão por um certo assunto ou por uma pessoa quando já está resolvido. E resolvido, torne isso ponto de agradecimento e faça oração de ação de graças.

Apresente o assunto de forma clara para Deus. Diga-lhe: "Pai, este é o assunto que gostava que fosse resolvido e o entrego a ti. Esta é a pessoa que gostava que tocasse nela. Toque pai, em nome de Jesus. Intervenha porque em ti confio e não tenho outra saída fora do Senhor."

O nosso chamado para interceder

O texto de Jeremias 29:7 ARC diz: "Procurai a paz da cidade para onde vos fiz transportar; e orai por ela ao Senhor, porque na sua paz, vós tereis paz."

Deus nos chama a procurarmos a paz, isto é, o bem-estar da cidade, da família ou do país em que estamos. Para o efeito, devemos orar, interceder. A forma de procurar por esta paz é por meio da oração intercessora.

Caro leitor, você foi chamado para interceder. Por isso Jesus disse que somos a luz do mundo e o sal da terra. A luz clareia a noite de modo que as pessoas não caminhem nas trevas. A luz mostra e indica o caminho para que as pessoas não percam a direção. A luz tira a confusão e a frustração. O sal preserva e protege. Se você investir neste ministério de orar sempre a favor dos outros, Deus vai confiá-lo para mudar destinos de pessoas, famílias e comunidades e até de nações. Tudo o que ele busca é um intercessor.

Em Atos 5, os apóstolos foram presos e a igreja não fez nada. Contudo, o anjo do Senhor veio livrá-los e enviou-os ao templo a pregar (Atos 5:17-21). Eles continuaram neste estado de bebés espirituais, sem assumir a sua responsabilidade soberana de orar. Pensaram que tudo seria sempre assim.

Confiavam na unção que os apóstolos carregavam e não sabiam que a unção não é maior que o Doador que é Deus. Este é um alerta para os ministros do evangelho: a unção que Deus lhe dá é para ministrar ao povo, quer para curar e libertar ou pregar e ensinar. Contudo, você deve confiar em Deus e orar sempre. A sua confiança deve estar no Senhor e não somente no fato de que foi ungido.

Tiago foi preso em Atos 12 e a igreja não orou. Herodes manda matá-lo. Como? Ele era um homem altamente ungido, curava os enfermos e expulsava os demónios. Simples: era a unção do Espírito fazendo isso, capacitando-o para este ministério. Mas precisava de ser coberto por orações contínuas e a igreja não as fez. Todavia, quando Pedro é preso, a igreja acorda para a sua responsabilidade orar e interceder; eles respondem ao seu chamamento a intercessão. Assim diz a Escritura: "Pedro, pois, era guardado na prisão; mas a igreja fazia contínua oração por ele a Deus" (Atos 12:5 ARC).

A reação dos céus foi imediata. De repente, um anjo do Senhor desceu para a cadeia e tirou Pedro de lá. Tocou na sua ilharga e as algemas caíram. Pedro foi salvo e livrado dos planos inimigos de Herodes. Por que? Porque a igreja assumiu a sua responsabilidade: eles oraram.

Onde estava o anjo todo o tempo em que Tiago esteve preso até ser morto? No céu. Por que é que não foi liberado? Porque a igreja não orou. E por que é que Pedro foi solto e liberto dos planos macabros de Herodes? Porque a igreja orou.

Pergunto para você, caro leitor: se Jesus Cristo é o mesmo ontem, e hoje, e eternamente, onde está aquele anjo agora? Bem, ele está no céu com Jesus, pronto a ser liberado para curar os familiares por quem você quer interceder; para abrir as portas para a libertação da sua família para que haja vida, saúde, casamentos, prosperidade e paz. Para que os pactos malignos sejam cancelados e para que os planos de morte, miséria, destruição sejam cancelados. O que deve fazer agora? Interceder.

Lembre-se: "E busquei um homem que estivesse tapando o muro e estivesse na brecha perante mim por esta terra, para que eu não a destruísse; mas a ninguém achei" (Ezequiel 22:30 ARC).

Seja esse homem hoje. Seja essa mulher que vai tapar o muro e estar na brecha. Se você praticar os princípios que aprendeu hoje, certamente verá a glória de Deus porque Jesus Cristo é o mesmo, ontem, e hoje, e eternamente. Não desista nem se enfraqueça. Reconheça o poder de Deus e invoque-o em oração a favor dessa situação.

Exercício

Escreva aqui 3 pontos de oração para os quais queria ver ou ter a intervenção de Deus:

1.

2.

3.

Escreva os nomes de 3 pessoas que queria que Deus curasse, libertasse ou abençoasse:

1.

2.

3.

Agora ore usando o nome de Jesus. Ore com fé. Combata o bom combate da fé. Depois de ver mudanças, converta esses pontos em itens de agradecimentos e de louvor por aquilo que Deus fez para você.

Capítulo VIII

A Oração de Concordância

"Também vos digo que, se dois de vós concordarem na terra acerca de qualquer coisa que pedirem, isso lhes será feito pelo meu Pai que está nos céus" (Mateus 18:19 ARC).

A oração de concordância é aquela na qual no mínimo duas pessoas ou mais entram em entendimento e mútua fé acerca de um assunto específico que querem pedir a Deus ou querem que seja resolvido. O princípio por detrás deste tipo de oração é a concordância. Este é um dos mais poderosos tipos de oração, com a qual se pode mudar qualquer situação e alterar qualquer tipo de evento, na arena espiritual. Entretanto, este é o tipo de oração que o diabo mais ataca, pois por causa da ambição, egoísmo e orgulho do ser humano, é difícil ter duas pessoas espiritual e psicologicamente em concordância a pedir algo a Deus em um mesmo propósito e intenção de coração. Ele sabe das inúmeras vantagens que a união e a concordância trazem para a vida dos seres humanos.

Estudando as Escrituras, podemos observar que grandes coisas podem ser feitas e vitórias podem ser alcançadas quando duas ou mais pessoas se unem para orar com mentes e corações interligados.

No texto de Deuteronómio 32:30 ARC lemos: "Como pode ser que um só perseguisse mil, e dois fizessem fugir dez mil; se a Rocha os não vendera, e o Senhor os não entregara?" Note que um pode perseguir mil, mas dois nem precisam de perseguir; só por serem unidos, eles poem dez mil em fuga? Isso só sobreleva o poder que a união tem quando todos têm um mesmo objetivo. Vemos mesma coisa em Provérbios 27:17 ARC: "Como o ferro com ferro se aguça, assim o homem afia o rosto do seu amigo." Podemos atentar nesta escritura que dois ferros se afiam mutuamente e assim se tornam mais cortantes e eficientes. Ou seja, o que um pode fazer sozinho é menor em eficácia e eficiência em comparação com o que podem fazer juntos.

A história da torre de Babel é um dos exemplos de como homens que têm a mesma língua, e unidos, podem ser capazes de fazer. Eles teriam chegado ao céu com o seu projeto da torre se não fossem parados por Deus (Gênesis 11:1-9). Como é que Deus os parou? Confundiu a sua língua e como não se entendiam mais, separam-se e desistiram do projeto. O projeto deles era mau aos olhos de Deus, porque tinham de multiplicar-se e encher a terra e não se concentrar no mesmo sítio, querendo ser Deus e indo até ao céu à sua maneira. Contudo, vemos aqui o potencial do que a união e a concordância podem fazer.

A oração de concordância revela o plano de Deus para o casamento: para a união de um homem e de uma mulher.

Por exemplo, um casal unido no mesmo propósito e intenção de coração; sem brigas nem conflito de interesses, podem traçar os seus planos, desenhar os seus sonhos e, unidos em concordância, apresentarem esses projetos a Deus em oração. Procedendo desta forma, podem conquistar muita coisa nesta vida e chegar mais longe em relação ao casal que vive de brigas e desconfia um do outro. O marido não confia na esposa e vice-versa e apenas coabitam a mesma casa. É comum frequentarem a mesma igreja, mas, mesmo assim se veem bloqueados na vida. Por quê? Porque eles não estão de acordo um com outro. Já imaginou se as rodas de um carro entrassem em conflito: as da frente puxassem o carro para frente e as de trás o puxassem para trás? Este carro não teria progresso porque as quatro rodas não estariam de acordo acerca da direção e movimentos do mesmo. Nenhum condutor seria capaz de conduzi-lo. Ele irá apenas gastar combustível e fazer barrulho, estando parado e imobilizado no mesmo lugar.

O profeta Amós uma vez observou "Andarão dois juntos, se não estiverem de acordo?" (Amós 3:3 ARC). Obviamente que não, pois o progresso deles depende da união e concordância dos dois. Antes de se unir, devem estar de acordo.

O salmista disse: "Oh! Quão bom e quão suave é que os irmãos vivam em união! É como o óleo precioso sobre a cabeça, que desce sobre a barba, a barba de Arão, e que desce à orla das vestes" (Salmos 133:1-2 ARC).

São inúmeros os versículos que retratam o poder da união e concordância. Por exemplo, a igreja é chamada o corpo de Cristo na terra. E cada um de nós como crentes, faz parte deste corpo, como membros uns dos outros e precisamos um do outro. Jesus outorgou toda a sua autoridade sobre a terra à igreja. Por isso, no versículo 18 de Mateus 18 disse: "Em verdade vos digo que tudo o que ligardes na terra será ligado no céu e tudo o que desligardes na terra será desligado no céu."

Princípios da oração de concordância

No nosso texto de abertura, podemos depreender os princípios da oração de concordância prescritos pelo Senhor Jesus Cristo. Ele é a verdade e nunca mentiu para ninguém. Por isso, tudo o que Ele diz é uma realidade e funciona para os que aplicam as leis espirituais. Dentre vários princípios; podemos notar os seguintes.

1. Para que a oração de concordância seja efetiva, devem estar reunidas no mínimo duas pessoas. Podem ser mais que duas, mas duas é o mínimo requerido por este tipo de oração. Ademais, a

concordância aqui significa entrar em acordo acerca de algo e estarem unidos na mesma fé, pedindo a mesma coisa. Isto é, um crê que Deus é capaz e o outro também crê e eles unem a sua fé. Numa única voz levantada aos céus, oram e Deus ouve e responde.

2. As duas pessoas ou mais devem estar na terra. Isto é, elas devem ter um corpo físico e estar em algum lugar na terra.

3. Depois de concordarem e estarem juntos no mesmo lugar na terra; já podem pedir qualquer coisa. Reparou que Jesus não limitou o que se pode pedir; apenas disse: "Qualquer coisa que pedirem ao Pai"? Então, peçam a Deus pai, em nome de Jesus.

Este tipo de oração poder ser feito por um casal, por noivos, por um grupo de irmãos ou irmãs da mesma família ou irmãos e irmãs da mesma igreja. Outrossim, pode ser feito por um grupo de amigos. O que deve fazer é concordar sobre o que vocês querem e especificamente o apresentarem a Deus Pai, em nome de Jesus.

O poder da oração de concordância

No texto de Atos 4:29, lemos a respeito da primeiro perseguição pública que os apóstolos de Jesus Cristo sofreram por pregar o evangelho e curar um enfermo – um coxo. Os seus detratores os ameaçaram para que não pregassem nem falassem mais no nome de Jesus. Diante desta ameaça das autoridades religiosas, os apóstolos relataram o incidente aos demais discípulos que estavam reunidos num lugar. O versículo 24 diz "E, ouvindo eles isto, unânimes levantaram a voz a Deus e disseram: Senhor, tu és o que fizeste o céu, e a terra, e o mar e tudo o que neles há." Notou que eles acionaram o primeiro princípio? Eles concordaram. A Escritura usa a expressão "unânimes levantaram a voz." Dos céus, Deus ouviu um grupo de discípulos falando em oração palavras saídas de várias bocas unidas por um propósito em comum. Vários corações e várias palavras que se convergiam num único ponto de oração a Deus.

O versículo 31 diz: "E, tendo eles orado, moveu-se o lugar em que estavam reunidos; e todos foram cheios do Espírito Santo e anunciavam com ousadia a palavra de Deus." Observou aqui que eles acionaram os princípios 2 e 3? Repare na expressão: "O lugar em que estavam reunidos." Quer dizer que eles estavam na terra, nalgum lugar, reunidos por uma causa. A Bíblia Sagrada diz: "Tendo eles orado." Isto quer dizer que eles pediram algo em comum: que Deus lhes desse ousadia para pregar as Boas Novas e que Ele estendesse a sua mão para curar e que sinais e maravilhas se fizessem em nome do Senhor Jesus. Sobrenaturalmente, Deus respondeu à sua oração com poder, pois todos foram cheios do Espírito Santo e continuaram a anunciar a palavra de Deus com ousadia.

Amado irmão ou amada irmã, compreenda isto: há poder na oração de concordância porque a fé de um fortalece o outro. Paulo disse aos cristãos em Roma: "Porque desejo ver-vos, para vos comunicar algum dom espiritual, a fim de que sejais confortados, isto é, para que juntamente convosco eu seja consolado pela fé mútua, tanto vossa como minha" (Romanos 1:11-12 ARC).

Quando duas pessoas se unem e concordam, a fé mútua nasce e todos são fortalecidos. Ademais, qualquer coisa que pedirem será concedida.

Outro exemplo, é a oração da igreja quando Pedro foi preso e estava prestes a ser morto. A Escritura diz: "Pedro, pois, era guardado na prisão, mas a igreja fazia contínua oração por ele a Deus." Como é que fizeram esta oração? Concordando sobre a libertação dele pedindo isso ao Senhor. Onde é que estavam? O versículo 12 diz que ele foi à casa de Maria, mãe de João, que tinha por sobrenome Marcos, onde muitos estavam reunidos e oravam. Glória a Deus pela oração de concordância e pelo seu poder imensurável. Pedro foi solto da prisão porque esta oração fez com que Deus enviasse um anjo para libertá-lo. Tudo que Deus ouvia no céu das suas bocas convergia no mesmo ponto de oração: Pedro deve ser solto pelo poder e intervenção de Deus.

Vemos no Antigo Testamento como o povo de Israel, unido e em concordância juntamente com Josué, rodeou os muros fortificados de Jericó até que caíram (Josué capítulo 6).

Imagine que algo de mal esteja a acontecer: uma doença, uma tragédia, ou um ataque; você pode convidar alguns irmãos mais próximos em Cristo e orarem. Vocês podem travar guerras, destruição e os planos do diabo. Além disso, podem orar acerca de algum projeto que querem implementar. Jesus disse: "Isso lhes será feito pelo meu Pai que está nos céus."

Exercício

1. Juntamente com o seu marido, esposa, filhos ou irmãos, escrevam num papel o que vocês querem ter e alcançar como metas. Que essas metas sejam claras e específicas para os dois ou para todos os envolvidos no projeto.

2. Se vocês são um casal, evitem discutir ou brigar por coisas mesquinhas. Concordem sobre o querem pedir e perdoem-se mutuamente antes de orar.

3. Depois, coloquem com fé esses pedidos a Deus.

Capítulo IX

Enunciados Proféticos

"E há de ser que, depois, derramarei o meu Espírito sobre toda a carne, e vossos filhos e vossas filhas profetizarão..." (Joel 2:28 ARC).

Enunciado é uma sequência de palavras que constituem uma frase, a qual constitui um pensamento completo. Portanto, enunciado é uma unidade real de comunicação verbal. É uma fala ou uma parte de um discurso ligado a um contexto em que é feito.

Profecia é a declaração verbal da vontade de Deus concernente a pessoas, eventos, situações ou lugares. A profecia pode ser para o passado quando busca o que aconteceu, para o presente quando revela o que está a acontecer ou mesmo para o futuro quando revela, pré-anuncia ou prediz o que irá acontecer. Por exemplo, Deus unge homens para ser profetas e no ofício de profeta, o homem de Deus pode ir ao passado, vir ao presente e navegar para o futuro pelo Espírito Santo. Profetas navegam no tempo pelo Espírito, sendo-lhes reveladas coisas que aconteceram no passado, no presente e o que acontecerá no futuro. Isto porque na terra vivemos no tempo, mas na arena espiritual, o tempo não existe. Por isso, Deus vive na eternidade e seus anos são indeterminados. Por exemplo, o que já aconteceu no mundo espiritual pode ser futuro aqui na terra, pois ainda não aconteceu. Isaías, falando das paixões de Cristo, descreveu o que tinha visto mesmo antes de acontecer fisicamente. Eis as suas palavras: "Verdadeiramente, ele tomou sobre si as nossas enfermidades, e as nossas dores levou sobre si; e nós o reputamos por aflito, ferido de Deus e oprimido. Mas ele foi ferido pelas nossas transgressões e moído pelas nossas iniquidades; o castigo que nos traz a paz estava sobre ele. E pelas suas pisaduras, fomos sarados" (Isaías 53:4-5 ARC).

Note o tempo verbal usado aqui "tomou as enfermidades", "levou as nossas dores," "foi ferido," "foi moído," "estava sobre ele" e fomos sarados." Ele narra isto no pretérito perfeito como algo que já tinha acontecido quando naturalmente, ainda nem Maria, que concebeu a Cristo, tinha nascido. Ou seja, o profeta experimentou as glórias de um tempo futuro, naturalmente a partir da perspetiva espiritual. Isto mostra que existem dois mundos reais: o mundo espiritual e o mundo físico. Palavras proferidas no mundo espiritual podem modificar as coisas no mundo físico, causando mudanças repentinas. Contudo, não serão palavras quaisquer. Só porque alguém falou, ainda que elas já tenham poder por si mesmas para produzir a morte e a vida para aquele que gosta de usar a língua, essas palavras têm o potencial de literalmente causar mudanças positivas nos fenómenos físicos que vemos e vivemos. No entanto, deverão emanar do espírito do homem – do mais íntimo do seu ser – inspiradas pelo poder do Espírito. Elas são denominadas "Enunciados proféticos."

Os enunciados proféticos são aquelas palavras que o espírito do homem capta no mundo espiritual quando entra em contacto com o Espírito de Deus. São como fetos ou embriões no útero de uma mulher. São depósitos do Espírito Santo no coração do homem, e vão mais além da sua mente ou imaginação. Não são palavras premeditadas, mas sim palavras instantâneas dadas pelo Espírito concernente a uma situação, pessoa, eventos ou alguma circunstância na qual você se poderá encontrar. O seu espírito é iluminado e elevado a uma posição de ouvir estas palavras lá no fundo do seu coração. E quando elas são proferidas, declaradas ou faladas, causam mudanças nas circunstâncias ou situação em que você se encontra. Elas movem objetos, tempos, atraem pessoas, abrem caminhos, captam e trazem bênçãos de longe para perto e de repente as coisas mudam para o melhor. A vitória é concedida e a luz de Deus passa a brilhar.

Muitos cristãos nunca chegaram a experimentar esta dimensão porque nunca foram ensinados que isto existe ou nunca se deram ao trabalho de estudar as Escrituras por si mesmas e descobrirem estas coisas. Compreenda isto: tudo o que você vê, pode ser alterado. Esse monte, essas barreiras que você vê podem ser todos removidos do caminho. E você pode abrir o seu caminho de sucesso e vitórias constantes, independentemente da situação contrária que vê. Ademais, os enunciados proféticos podem trazer consigo direção, orientação para a sua vida, negócios, escolhas a fazer e decisões certas a tomar. Quando isto acontece, é normal o Espírito Santo tomar posse da sua mente e você passar a ter pensamentos que sabe que não são naturais, não são coisas que você idealizou pensar ou falar. Além disso, você pode ver-se a dizer coisas que não chegaram a ser processadas na mente, mas saíram diretamente do espírito para a sua boca. Foi o constante e frequente envolvimento dos profetas e homens de Deus mergulhados no Espírito de Deus que possibilitou que as Escrituras fossem redigidas. A Bíblia Sagrada diz: "Sabendo primeiramente isto: que nenhuma profecia da Escritura é de particular interpretação; porque a profecia nunca foi produzida por vontade de homem algum, mas os homens santos de Deus falaram inspiradas pelo Espírito Santo" (2 Pedro 1:20-21 ARC). E o que eles falaram foi registado como uma Sagrada Escritura. Na prática, eles foram possuídos pelo Espírito Santo, renderam todas as suas faculdades mentais e humanas ao serviço do reino de Deus, sendo inspirados a falarem palavras que saíam diretamente das câmaras do trono de Deus.

Para obter ou captar estas palavras, o seu espírito deve estar ativado e ser recetivo. Estas são ocorrências do encontro entre o Espírito Santo e o espírito do homem.

Ora vejamos: no texto de Atos, capítulo 19:5-6, lemos acerca da experiência de doze homens que tinham sido discípulos de João. Quando Paulo lhes impôs as mãos e o Espírito Santo desceu sobre eles, algo aconteceu. Também tiveram esta experiência – enunciados proféticos. Assim descreve Lucas: "E os que ouviram foram batizados em nome do Senhor Jesus. E impondo-lhes Paulo as mãos, veio sobre eles o Espírito Santo; e falavam línguas e profetizavam." Este profetizar não quer dizer que eles se tornaram profetas, mas sim que foram capacitados e inspirados a produzir enunciados proféticos. Estes enunciados rendem glórias a Deus e o magnificam acima de todas as circunstâncias, situações e pessoas. Os enunciados proféticos estabelecem a vontade de Deus numa dada situação. Eles são poderosos porque é como se fosse o próprio Deus a falar, criando coisas.

Você pode criar coisas e chamá-las a existência por meio de enunciados proféticos. A Escritura afirma que Deus chama o que não é como se fosse. As palavras proféticas ou enunciados proféticos podem dar vida aonde não havia e produzir coisas que não existiam. A Escritura atesta: "...a saber Deus, o qual vivifica os mortos e chama as coisas que não são como se já fossem" (Romanos 4:17b ARC).

Por exemplo, com enunciados proféticos, você pode chamar o emprego e as portas se abrirem para trabalhar. Ademais, pode decretar vitória sobre uma situação em concreto e vê-la resolvida e inclusive pode abrir portas de prosperidade e de saúde por meio delas. Neste nível, tudo o que você disser irá acontecer como se fosse o próprio Deus a falar. Aqui, você estará a usar a imagem e semelhança de Deus para agir como Ele, falando coisas e elas acontecerem. É isto que chamamos "o ministério profético do crente." Não o faz profeta na qualidade ou ofício de profeta, mas coloca-o numa posição em que ele passa a comer os frutos dos seus lábios, tendo e vendo o que disse e desfrutando do que profetizou. Esta arma é muito poderosa porque com enunciados proféticos, você pode cortar o mal pela raiz, desfazer as obras do diabo, anular pactos demoníacos, cancelar o efeito de feitiçaria e maldições; tudo isto apenas falando palavras inspiradas e recarregadas por Deus. Os decretos proféticos são usados em batalhas espirituais contra as hostes espirituais da maldade nos lugares celestiais. Paulo disse: "Tomai também o capacete da salvação e a espada do Espírito, que é a palavra de Deus" (Efésios 6:17 ARC). Essas palavras se tornam espada na sua boca e, empoderadas pelo Espírito Santo, passam a cortar todo o mal e destruir todas as obras do diabo.

Jesus vivia em constante comunhão com o Espírito então as suas palavras saíam com poder e tudo o que dizia acontecia. Suas palavras fizeram secar uma figueira (árvore), acalmaram tempestades e ondas, multiplicaram o pão e o peixe e exerceram domínio sobre as forças espirituais das trevas e sobre a natureza. Não foi por acaso que no início do seu ministério tomou posse das palavras reveladas a Isaías: "O Espírito do Senhor está sobre mim..." (Isaías 61:1 ARC).

É por isso que Joel disse que nos últimos dias, Deus derramaria do seu Espírito sobre toda a carne e os filhos e as filhas profetizariam. Nós somos filhos de profecia, somos frutos de palavras. Grandes homens e mulheres são feitos de palavras – palavras proféticas. Elas mudam tempos e circunstâncias e criam um ambiente que não existia antes; um ambiente favorável à sua saúde e prosperidade, mesmo num mundo onde a miséria e o diabo assolam. Ó glória! Se você pudesse compreender isto e pô-lo em prática, a sua vida nunca mais seria a mesma.

Olhe para Jó 22:27-28 ARC: "Tu orarás a ele, e ele te ouvirá; e pagarás os teus votos. Determinando tu algum negócio, ser-te-á firme e a luz brilhará em teus caminhos."

A palavra "determinar" empregue aqui, significa "decretar, declarar, falar, emitir um enunciado," ou seja, você falará palavras concernentes a algum negócio ou assunto. O que você disser ficará firme no espírito e a luz brilhará na arena física. Como corolário disso, você passará a ter o que disse com as palavras dadas pelo Espírito de Deus. Com esta ferramenta, você nunca ficará em desvantagem, mas sim sempre no topo, desde que continue conectado à fonte de vida – ao Espírito de Deus. Por isso, os versículos 29-30 dizem: "Quando te abaterem então dirás, haja exaltação! E Deus salvará o humilde e livrará até ao que não é inocente; sim ele será libertado pela pureza das tuas mãos."

Assumindo que perdeu emprego ou foi despromovido, você pode profetizar a sua própria promoção e reverter a suturação. Se a médica disse que você está a sofrer a ameaça de aborto e perderá a gravidez, pode dizer: "Em nome de Jesus, eu reverto isso e declaro que o meu feto está bom e terei um parto saudável."

Muitos crentes têm o Espírito Santo, mas mesmo assim, as suas vidas não mudam porque nunca tiraram proveito do ministério do Espírito. Eles o têm dormente e inativo neles. Mas Ele veio para nos capacitar e empoderar a viver uma vida sobrenaturalmente natural. Você pode ter o que diz, desde que o diga com fé e sob a inspiração do Espírito Santo.

Como obter enunciados proféticos e decretá-los?

Em primeiro lugar, prepare o seu espírito. Não deixe que haja algo que o perturbe. Lembre-se das palavras de Jesus: "Deixo-vos a paz, a minha paz vos dou; não vo-la dou como o mundo a dá. Não se turbe o vosso coração, nem se atemorize" (João 14:27b ARC). O seu coração deve estar em paz, relaxado e a sua mente também calma e barrando todos os pensamentos contrários. Deus fala na paz do nosso espírito.

Segundo:

Ative o seu espírito. Ativar o espírito é como ligar um interruptor e a lâmpada acende; e desligando-o, a lâmpada se apaga. Entre a luz da glória de Deus na sua vida e a frustração devido as trevas, está o seu espírito – o seu homem interior. Se ele estiver ligado ao Espírito de Deus conscientemente, verá a glória de Deus como Estevão viu a glória de Deus quando outros viam apenas o céu azul ou nublado. Se o seu espírito estiver desligado do mundo espiritual, de Deus, você verá na carne e ficará frustrado. Por isso Paulo nos exortou a colocarmos a nossa mente nas coisas que são de cima e não para as que são de baixo, da terra (Colossenses 3:1-2). Igualmente, Isaías orientou: "Tu conservarás em paz aquele cuja mente está firme em ti, porque confia em ti" (Isaías 26:3 ARC). Ativar o seu espírito é como ligar ou acionar um gerador de corrente elétrica; somente quando está ligado é que produz a corrente elétrica e as lâmpadas acendem e o resto da aparelhagem e os eletrodomésticos começam a funcionar. Muitos têm o Gerador – o Espírito Santo, mas está desligado, inativo.

Como ativar o seu espírito

Bem, pratique as orações de louvor e de adoração. Pratique também as orações de ação de graças. Já ensinei isso nos capítulos anteriores então é importante que faça uma pequena revisão. Compreenda que os enunciados proféticos são frutos, ou seja, são o culminar das atividades espirituais produzidas pela oração de louvor e adoração pela oração de ação de graças. A razão pela qual Deus quer que o louvemos e o adoremos é que, quando o louvor sobe, a glória desce. E isso habilita o espírito do homem a ouvir a voz de Deus. Por exemplo, Deus está a falar consigo agora. Ele está a dizer algo agora, mas você provavelmente não esteja a ouvir porque o seu espírito não está ativado. Por isso, para captar essas palavras, você precisa de passar tempo com Deus em louvor e adoração.

No livro de 2 Reis 3:15, é pedido a Eliseu que dê direção aos reis de Israel e de Judá acerca da decisão que queriam tomar: ir a batalha porque iriam vencer; ou não ir porque o Senhor os entregaria nas mãos dos inimigos. Eliseu era profeta; ouvia de Deus. No entanto, nem sempre estava a ouvir a Deus. Precisava de ativar o seu espírito para poder ter as suas as antenas espirituais abertas a fim de captar o sinal de Deus, ouvir a sua palavra e descodificar a mensagem. Precisava de ativar o espírito para poder obter os enunciados proféticos. Não podia falar a partir da sua mente. Seu espírito tinha a sua forma de se ativar que sempre funcionava para ele. Por isso disse: "Ora, pois, trazei-me um tangedor. E sucedeu que, tocando o tangedor, veio sobre ele a mão do Senhor. E disse: assim diz o Senhor: não vereis vento nem vereis chuva; todavia, este vale se encherá de tanta água, que bebereis vós e o vosso gado e os nossos animais." Ele foi adiante e lhes deu instruções claras de como encarar ou abordar a batalha; deu-lhes estratégias. E foram bem-sucedidos. Onde estavam aquelas palavras que Eliseu proferiu? No espírito; Ele precisava de conectar o seu espírito para ouvi-las, recebê-las e enunciá-las para que se materializassem. Elas não falham porque vem do Espírito.

Terceiro:

Você pode passar um tempo com a palavra de Deus na sua mente e no seu coração, meditando nela. E Deus dará as palavras proferidas.

Quarto:

Orar em línguas também pode ajudá-lo a ativar o espírito e captar os enunciados proféticos. Aprendemos sobre a oração em línguas e aconselho-o a rever o capítulo.

Um dos conselhos que lhe dou é este: espere no Senhor com um coração aberto e tenha um bloco e uma esferográfica para escrever ou um gravador para gravar o que Deus lhe irá dizer porque estas palavras são importantes. Elas vêm do trono de Deus e uma vez estabelecidas por meio da sua boca, irão acontecer.

Bem, posto isto, agora é tempo de pôr o que aprendeu em prática.

Deus o abençoe.

ANOTAÇÕES DO LEITOR

CONCLUSÃO

Notas finais a reter

Nesta obra, tratámos substancialmente o conceito de oração, a sua importância para o crente e como orar corretamente de modo a obter resultados. Ademais, estudamos sobre os tipos de oração e os princípios que os regem de modo que sejam efetivas e produtivas. Portanto, tendo lido esta obra subdividida em quatro partes, espero que tenha sido abençoado pelas revelações nela contidas acerca deste grande privilégio que Deus concedeu ao homem: o privilégio de orar. E, com o mesmo, vem um dos maiores poderes - o poder de efetuar mudanças nas circunstâncias adversas, alterar o curso dos eventos e reforçar o cumprimento da vontade de Deus na terra. Como Jesus ensinou: "Venha o teu reino, seja feita a tua vontade aqui na terra assim como no céu" (Mateus 6:10).

A oração possibilita que isso aconteça, pois sempre que o homem ora, os céus reagem. A oração é fundamental e é um elemento indispensável na vida do crente, pois contribui para o seu crescimento espiritual e ajuda-o a manter e desenvolver sua comunhão com Deus.

Da Parte I - Conceito da Oração

Na parte I, compreendemos que a oração é comunhão com Deus, isto é, comunicação com Deus. Contudo, para além desta definição lacónica e geral, expliquei que orar é dar a Deus permissão legal para intervir nos assuntos da terra. Isto coloca a oração numa posição de extrema importância. Pense nisto: como é que o homem, criado à imagem e semelhança de Deus, estando na terra, num mundo material, sensorial e visível conseguiria falar com o Deus, que é Espírito, o qual criou todo o universo sem que a oração seja esse canal de ligação? Por isso expliquei que à semelhança de um embrião ligado à placenta da mãe por meio do umbigo, do qual é sustentado, a oração é igualmente o umbigo espiritual do homem que o liga sempre a Deus, na terra. No texto de Mateus 18:19, Jesus afirmou: "Também vos digo que, se dois ou três concordarem na terra, acerca de qualquer coisa que pedirem, isso lhes será feito por meu Pai que está nos céus."

Notou a expressão "na terra?" Isto quer dizer que enquanto nós estivermos na terra, precisamos de estabelecer sempre contato com o nosso país de origem – o reino dos céus. O reino que nos torna embaixadores de Cristo, representando os seus interesses aqui na terra. Por isso, Deus deu ao homem o domínio sobre toda a terra e nenhum espírito desprovido de corpo físico tem legalidade na terra, a menos que ele venha e atue em parceria ou em pacto com um ser humano (que possui corpo físico). Por isso, Deus fez um pacto – uma aliança – com os filhos de Israel que foi mediada por Moisés com base no sangue de ovelhas e cordeiros. Mais tarde, para estes últimos dias, o mesmo Deus enviou o seu Filho unigênito, Jesus Cristo, o qual fez uma nova aliança com base no seu próprio sangue para restaurar a comunhão quebrada entre Deus e o homem por causa do pecado. Por esta razão, o nome de Jesus foi-nos dado para o usarmos, quer em oração, quer em batalhas espirituais. Outrossim, foi-nos dado este nome para que, por meio dele, possamos viver. Como diz a Escritura: "E tudo quanto fizerdes por obras ou palavras, fazei tudo em nome do Senhor Jesus" (Colossenses 3:17 ARC).

A terra pertence ao Senhor, mas Ele a deu ao homem. Por isso, mesmo os demónios operam com base em pactos de sangue feitos pelos homens – dando-lhes legalidade para destruir famílias e lares e perturbar a ordem social e atormentar vidas humanas. Todavia, nós temos poder sobre o diabo e seus demónios, por meio do sangue e do nome de Jesus Cristo (Apocalipse 12:11).

Por causa da terra ter sido dada ao homem, a intervenção espiritual sobre ela por parte do reino dos céus necessitará da oração. Deste modo, quando você ora por meio deste procedimento, dá direito legal a Deus de intervir nos assuntos da terra, pois sem a oração, Deus não intervirá. Vemos isso em Atos 12 quando Tiago foi preso e posteriormente morto ao fio da espada. A Igreja sabia que ele era homem de Deus; ungido e um dos líderes espirituais e pilar da Igreja Primitiva. No entanto, eles ainda eram bebês espirituais e ainda não tinham compreendido a necessidade, a responsabilidade e a importância da oração. Eles esperaram que Deus fizesse algo sem que eles lhe dessem essa permissão legal. Infelizmente, não houve nenhuma intervenção celestial e Tiago foi morto, ao agrado dos detratores da Igreja. Satanás deu mais um passo adiantado e mandou prender o apóstolo Pedro, colega ministerial de Tiago e colocou-o nas mesmas condições: encarcerou-o numa prisão, amarrado com cadeias e guarnecido por cerca de dezasseis soldados armados. Esperava apresentá-lo aos judeus no dia seguinte para que fosse também morto.

A notícia deste plano herodiano e macabro chegou aos ouvidos da Igreja que, sob ponto de vista humano, nada podiam fazer pois Herodes era um rei e a sua palavra era uma sentença. No entanto, lembraram-se de que tinham um Pai celestial, um Deus sobre quem haviam apreendido e um nome poderoso chamado Jesus. Eles despertaram-se para a sua responsabilidade soberana de orar. Portanto, reuniram-se em casa de uma mulher com o nome de Maria, mãe de João Marcos, e oraram sem cessar. Deus ouviu a oração, liberou apenas um anjo que trouxe luz na prisão, tocou em Pedro na ilharga e as cadeias caíram por si. De seguida, o anjo do Senhor tirou-o da prisão e o portão de ferro que estava pelo caminho da prisão também se abriu por si mesmo. O que aconteceu? Pedro foi solto e o rei Herodes foi morto pelo mesmo anjo que tinha libertado Pedro. O que atraiu o ministério desse anjo para descer em socorro de Pedro? A Oração da Igreja. O mesmo anjo estava com Jesus no céu, mas não foi liberado quando Tiago foi preso porque a Igreja não orou.

Até hoje, existem anjos de Deus: anjos de cura, anjos de libertação, prosperidade e os anjos de proteção que podem ser liberados para ajudar os humanos, libertar os nossos familiares, abrir portas de prosperidade e socorrer-nos em situações sem saída. Isto tudo quando nós oramos. Podemos, portanto, afirmar que a oração move os céus e os exércitos de Deus para patrulharem a terra, proteger, curar e libertar os homens quando eles oram. A título de exemplo, encontramos na Bíblia casos em que anjos trazem comida para os humanos como no caso de Elias; provisão de água - como no caso de Agar quando o Senhor lhe abriu os olhos para ver o poço no deserto; promoção - como no caso de Jacó quando o anjo do Senhor lhe mudou o nome para Israel. Ademais, temos exemplos de proteção - como no caso de Ló; e libertação - como foi o caso de Pedro.

Os anjos já lutaram contra exércitos inimigos em defesa de Israel quando o rei Ezequias e o profeta Isaías oraram; e no ministério de Jesus, eles curaram muita gente apenas sob a ordem de uma palavra de comando saída da boca do Senhor. As Escrituras revelam-nos situações em que anjos trouxeram juízos e fizeram justiça contra reis tiranos, como no caso de Herodes; ou quando um anjo do Senhor travou, isto é, impediu Balão, o profeta de amaldiçoar o povo de Deus – o povo de Israel. Anjos taparam a boca de leões, como no caso de Daniel e socorreram muita gente. Este ministério de anjos pode ser liberado para você, caro leitor, e para qualquer membro do corpo de Cristo e cidadão do reino dos céus quando orar. Por isso a oração é indispensável.

Da Parte II - Importância da Oração

Na parte II, vimos a importância da oração e os seus benefícios para a humanidade na terra. Existem duas notas principais que gostaria que o leitor retivesse nesta parte:

Primeira:

Que a importância da oração vai além das coisas e benefícios materiais visíveis que Deus pode dar quando oramos. A maior importância da oração reside no seu impacto no espírito do homem. Isto é, sempre que oramos, algo acontece no nosso espírito que é mais importante do que aquilo que podemos receber fisicamente. Em oração, há um contato entre o Espírito Santo e o espírito do homem. Neste contato, há transferência de poder e de glória. Somos recarregados no nosso espírito com poder e aquela unção passa para a nossa mente e depois para o nosso corpo. Ficamos completamente submersos ao poder e à glória de Deus como se uma bola de luz nos cobrisse de todos lados. Por causa disto, qualquer coisa que tocarmos é abençoada e o que dizemos, acontece. Por meio das mãos, transferimos poder e por meio de palavras, criamos coisas. É por isso que Jesus disse: "E estes sinais seguirão aos que crerem: em meu nome expulsarão demônios; pegarão em serpentes, falarão novas línguas; e se beberem alguma coisa mortífera, não lhes fará dado algum; e imporão as mãos sobre os enfermos e os curarão" (Marcos 16:17 ARC). Reparou que Ele não disse que "orarão pelos enfermos e serão curados," mas que "imporão as mãos sobre os enfermos e os curarão?" Porquê apenas impor as mãos? Porque o crente, o discípulo de Jesus Cristo, é portador da glória de Deus e esta glória e unção são ativadas quando oramos. Por isso, é importante que como cristão, você passe tempo qualitativo e quantitativo com Deus em oração. Foi este o maior segredo de Jesus Cristo – comunhão com o Pai. Ele acordava cedo, sendo ainda escuro e ia a um lugar deserto e ali orava. E, ao sair daquele lugar de oração, expulsava os demónios e curava os enfermos num piscar de olhos, por causa da glória que carregava.

A oração serve, portanto, como um processo de recarregamento espiritual para o ministro do evangelho e para o crente no geral. É preciso sempre se abastecer como um tanque de combustível de um carro que vai viajar longas distâncias.

Segunda:

Que existem vários benefícios da oração que a tornam um princípio indispensável na vida dos humanos na terra. Por exemplo, é a oração que impede que o diabo dizime toda a humanidade sobre a face da terra. Dos inúmeros benefícios latentes da oração, eis alguns a reter:

1. A oração fortalece a nossa comunhão com Deus;

2. A oração aumenta a nossa sensibilidade espiritual;

3. A oração ajudar a cancelar o mal na arena espiritual

4. A oração reforça a vontade de Deus na terra e ajuda no cumprimento das suas promessas e profecias.

Da Parte III - Princípios para uma Oração Eficaz

Na parte III, expliquei tudo sobre os princípios da oração e como orar de modo a receber respostas de Deus. Concluímos que é desejo de Deus que oremos e sua vontade que recebamos o que lhe pedimos. Contudo, devemos orar segundo a sua vontade. Orar segundo a vontade é orar de acordo com a prescrição da sua palavra e ela não falha, pois Deus exaltou-a acima do seu nome. E o que é que a palavra de Deus nos prescreve sobre como orar? Bem, temos de perceber a nossa necessidade de Deus – precisamos d'Ele. Não há como orar sem esta necessidade, esta sede e fome de Deus, pois dependemos d'Ele. Para tal, temos de orar a partir dos nossos corações. A oração não deve sair da mente, mas sim do coração. Já Deus olha para o coração: este depende d'Ele para tudo e n'Ele confia. Ademais, no Novo Testamento, somos recomendados a orar em nome de Jesus Cristo. Ele mesmo disse: "Na verdade, na verdade vos digo que tudo quanto pedirdes a meu Pai, em meu nome, ele vo-lo há de dar" (João 16:23 ARC). Jesus nos dá esta total garantia de que orando e usando o seu nome "Em nome de Jesus," o pedido estará carimbado e autenticado para um diferimento para o crente. Aliado a isto, devemos orar ao Pai, pois Deus é o nosso Pai em virtude da nossa fé em Jesus Cristo. Assim você ora: "Pai, em nome de Jesus..." Ore com fé, esperando respostas. Quando orar, perdoe se tem mágoa de alguém. E, após ter orado, agradeça como quem já recebeu o que pediu.

Da Parte IV – Tipos de Oração

Na parte IV, ensinei acerca dos tipos de oração que você pode usar para se socorrer em qualquer situação da vida. Para cada momento de sua vida, para cada estágio, existe um tipo de oração apropriado; quer para pedir, quer para agradecer; quer para louvar e adorar; quer para orar a favor de outras pessoas. Mesmo para ativar o seu espírito de modo a ouvir a voz de Deus; aprendemos tudo isto. Por exemplo, aprendemos a respeito da oração de petição e seus princípios. A oração de ação de graças, a oração da fé, a oração de louvor e adoração, a oração em línguas, oração de intercessão, a oração de consulta e a oração de concordância.

Na oração de petição, como o nome diz, pedimos qualquer coisa, até pelo suprimento das nossas necessidades. Contudo, é preciso que você seja objetivo e específico no que está a pedir e que o faça em conformidade com a palavra de Deus. É preciso pedir com fé e depois agradecer. Ao agradecer, o que você pediu se torna seu e se materializa.

Na oração da fé, o princípio fundamental é que sempre que orar, creia que Deus o ouviu e lhe respondeu. Por isso, não deve repetir a mesma coisa. Antes pelo contrário, deve firmar-se na palavra de Deus como o monte de Sião e ser inabalável. Deus responde à fé e não às lágrimas.

Na oração de ação de graças, exaltamos os feitos de Deus em nossas vidas, especificando detalhadamente o que Ele fez por nós e por que motivo lhe agradecemos.

Na oração de louvor e adoração, o princípio é que queremos exaltar os atributos e as qualidades de Deus acima das pessoas, eventos e circunstâncias. Deus é o centro de tudo, onipotente, onisciente, invencível e imutável. O louvor leva à adoração e esta nos leva a rendermo-nos ao Senhor. Com isso, ficamos mergulhados n'Ele e cheios do Espírito Santo, agradando-lhe em tudo.

Na oração em línguas, falamos com Deus e emitimos sinais ao mundo espiritual angelical por meio de línguas espirituais, dadas pelo Espírito Santo aos crentes que nasceram de novo em Cristo. São línguas da nova criatura. Com elas, oramos, pedimos, louvamos e magnificamos a Deus. Além disso, quando oramos em línguas, somos edificados e recarregados no nosso espírito. Ademais, esta é a forma de pedirmos tudo o que queremos sem que as nossas mentes interfiram no processo, limitando o escopo do que devíamos tocar em oração. Por isso, Paulo disse: "Porque se eu orar em língua estranha, o meu espírito ora bem, mas a minha mente fica sem fruto" (1 Coríntios 14:14 ARC).

Olhando para os custos-benefícios entre orar com a nossa mente a partir da língua inteligível que compreendemos e orar com o espírito (orar em línguas), a melhor ordem é: orar primeiro com o espírito e depois orar com o entendimento; cantar com o espírito e depois cantar com o entendimento (versículo 15). Paulo usou tanto esta ordem que chegou a afirmar: "Dou graças ao meu Deus porque falo mais línguas do que vós todos" (versículo 18). Por isso, ele andava sempre ungido de sorte que até os seus lenços e aventais absorviam a unção que emanava dele e curavam enfermos e expulsavam demónios. É muito importante orar em línguas porque é a melhor forma de ter o espírito a orar numa língua santificada – a língua dos anjos, a línguas da nova criação.

Ademais, aprendemos sobre **a oração de consulta**. Esta é aquela na qual o peticionário quer buscar ou saber a direção de Deus sobre algum assunto, na qual deverá tomar uma decisão ou fazer escolhas. Neste âmbito, buscamos a vontade de Deus e a sua orientação sobre a direção a tomar de modo que tenhamos sucesso no que queremos empreender. A oração de consulta pode ser feita também para fazer uma inquirição no espírito, isto é, uma sondagem para ver que portas foram abertas que deram legalidade ao diabo para continuar a atacar a sua vida, ou afligir sua família, mesmo depois de ter sido derrotado por Jesus na Cruz do Calvário, há dois mil anos. Portanto, o que queremos aqui é identificar a porta pela qual ele entrou ou tenha entrado, de modo que seja expulso, e a porta fechada para que não tenhamos mais esses presenças e ataques recorrentes.

Também aprendemos acerca da **oração de intercessão**. Neste tipo de oração, o objetivo é orar a favor de outras pessoas, pela intervenção de Deus para o bem delas, por isso se chama intercessão. Ora, a intercessão é um dos ministérios mais nobéis porque coloca o intercessor na brecha, como ponto e canal de bênçãos para os outros. O princípio fundamental para esta oração é que o intercessor tem de ter amor pelas pessoas, fé em Deus e seja movido por causas justas e pela compaixão pelos sofridos e afligidos.

Finalmente, **a oração de concordância** é aquela na qual no mínimo duas pessoas ou mais entram em entendimento e mútua fé acerca de um assunto específico que querem pedir a Deus ou querem que seja resolvido. O princípio por detrás deste tipo de oração é a concordância. Este é um dos mais poderosos tipos de oração, com a qual se pode mudar qualquer situação e alterar qualquer tipo de evento, na arena espiritual. Para que a oração de concordância seja efetiva, no mínimo duas pessoas devem estar reunidas.

Este é o tipo de oração com a qual dois ou mais crentes podem mudar as circunstâncias adversas na terra, causando um impacto positivo e glorioso e ao mesmo tempo, destruir as obras do diabo. Olhando, para o mundo, por exemplo, vemos e ouvimos acerca das destruições, choros e tristezas causados pelo diabo sobre indivíduos, famílias e nações. Se tão somente dois ou mais irmãos se unissem na mesma fé, estando na terra e orando em concordância, os planos do diabo seriam sempre abortados.

Passe tempo com Deus

Os enunciados proféticos

Um dos maiores benefícios de você passar tempo com Deus em oração é que o seu espírito - o seu homem interior ficará sensível às coisas do Espírito de Deus, ao mundo espiritual. A oração aumenta a nossa sensibilidade espiritual e ajuda a materializar os planos de Deus na terra. Ajuda a cancelar o mal na arena espiritual. Portanto, quando você ora, o seu espírito entra em contato com o Espírito de Deus e aí há uma transferência de energias, de vida, de poder e de glória. E como benefício importante também, você pode receber enunciados proféticos. Os enunciados proféticos são palavras que o seu espírito irá captar como uma antena capta sinais ou ondas magnéticas. Ao captar estas palavras do Espírito de Deus e proferi-las ou decretando-as, a luz brilhará em seus caminhos. A vitória acontece e o mal é derrotado. Com esses decretos proféticos, você pode criar o futuro que deseja por meio de palavras. Palavras carregadas e impregnadas de poder que, quando faladas, tudo o que se disser acontece no mundo físico.

Tendo aprendido todos estes conceitos, princípios e tipos de oração, é chegado o tempo de trabalhar. Orar é trabalhar. Agora, ponha a sua fé em prática e comece a orar e a sua vida nunca mais será a mesma.

Espero que tenha sido grandemente abençoado pelos ensinamentos e pelas revelações que recebeu neste livro. Ore sempre. Ore quando tudo parece não estar bem, e ore quando tudo está bem. Ore em todo o momento. Jesus disse: "Vigiai e orai para que não entreis em tentação" (Mateus 26:41 ARC). Um deslize na oração pode custar muito caro porque o diabo não gosta de crentes quentes e a oração aumenta o fogo espiritual em você. Não deixe apagar a chama do fogo de Deus que há em você. Ative o dom de Deus que há em sua vida, orando. Lembre-se: tudo o que queremos de Deus, pedimo-lo em oração e tudo o que temos, mantemo-lo por meio da oração. Ela é indispensável para as nossas vidas enquanto estivermos neste mundo. Por isso, a oração é um cordão umbilical espiritual do crente. Deus quer ouvir as suas orações e respondê-las. Ore agora.

A graça do Senhor Jesus Cristo esteja com o seu espírito.

SOBRE O AUTOR

Onório Cutane

É um apóstolo, Mestre e profeta com um chamado apostólico-profético. Um servo humilde de Deus com um ministério dinâmico de ensino, cura e libertação que tem ajudado muitas pessoas a se livrarem do poder das trevas e se converterem para o reino de luz e de amor.

Milhares de pessoas tem sido abençoadas e experimentam uma vida vitoriosa por meio da palavra ungida por si ensinada. Fundador e presidente da Igreja Ministerial Nações para Cristo; o apóstolo é escritor, compositor, televangelista e tem realizado cruzadas evangelísticas massivas designadas "Atmosfera Celestial" que tem transportado a presença manifestada do Espírito Santo aonde quer que ele ministre. O mandato do apóstolo Onório Cutane é de expandir o reino dos Céus e preparar a Igreja para a segunda vinda de Jesus.

Nos finais de 2019, o apóstolo Onório Cutane foi pioneiro de uma das primeiras televisões Evangélicas em Moçambique, denominada "KINGDOM TV" que tem levado a Boa Nova do reino de Deus e o poder de Deus a muitos em Moçambique.

O ministério do apóstolo Onório é internacional e conta com Igrejas em África, Europa, Brasil e nos Estados Unidos de América.

Ele é autor do best-seller "O Pai Modelo" que tem trazido cura Divina a muitos.

DEDICATÓRIA

Ao meu Senhor e Salvador, Jesus Cristo, em cujo nome temos acesso ao Deus Pai; grato pela graça de servi-lo.

Aos filhos de Deus espalhados pelo mundo inteiro, que oram de dia e de noite, buscando a intervenção e a justiça de Deus nas suas aflições; que este livro vos seja útil na vossa jornada, com Deus aqui terra.

Concretamente, a você, prezado(a) leitor(a), que adquiriu e leu este manual. Que lhe ajude a fortalecer a sua comunhão com Deus e a viver vitoriosamente. Que faça bom uso dele.

AGRADECIMENTOS

Ao Deus pai, pelo seu amor eterno e incondicional para comigo; pelo chamado ao ministério;

Ao precioso Espírito Santo pelas revelações e por ser meu ajudador sempre-presente; sem o qual este livro não teria sido uma realidade,

À amada família Cutane no geral, pelo suporte contínuo e incondicional. E, em particular, à minha querida esposa Janifer pelo companheirismo afável e presente. Vocês facilitam o cumprimento do meu chamado ministerial;

Aos meus filhos Prince e Ester, por sempre nos recrear; nunca falte óleo sobre as vossas cabeças.

Ao pastor André Zacarias e à Sofia Magalhães, pelo vosso excelente contributo à revisão linguística desta obra.

OUTRAS OBRAS DO APÓSTOLO ONÓRIO CUTANE

1. **O Remédio de Deus:** Como Receber e Manter a Cura Divina;

2. **O Senhorio de Jesus e o Reino dos Céus:** Como viver acima das circunstâncias deste mundo;

3. **Não Rompa o Muro:** Segredos Para Viver em Paz debaixo da Proteção Divina;

4. **O Bom Combate da Fé:** Como Combater e Vencer;

5. **Graça Para Reinar:** Princípios Para Viver no Favor de Deus e Reinar em Vida;

6. **A Revelação de Jesus Cristo:** Quem é Jesus Cristo;

7. **Os Quatro Ministérios Básicos do Crente:** Segredos de grandeza no Reino de Deus;

8. **O Pai Modelo:** As 11 Responsabilidades Básicas de um Pai.

9. **O Mundo Espiritual:** Compreendendo as forças espirituais que ditam a vida dos humanos na terra: Planos, Operações e Influências;

10. **Os Quatro Hábitos Essenciais de uma Nova Criatura em Cristo:** Como programar o seu Espírito para a vida gloriosa.

DEPOIMENTOS DO LEITOR

PARTILHE CONNOSCO O SEU TESTEMUNHO!

1. Se foi abençoado por meio dos ensinamentos contidos neste livro e gostava de partilhar connosco o seu testemunho, escreva-nos através do email: testemunho@ogcpublications.com

2. Se quiser saber mais sobre as obras literárias do apóstolo Onório Cutane, visite a nossa livraria digital para aceder a mais obras do apóstolo Onório Cutane através de:

    www.ogcpublications.com

3. Se quiser saber mais sobre o ministério do apóstolo Onório Cutane, vá para:

    www.onoriocutane.org

4. Assista aos cultos online e as lives das ministrações e sessões de ensino e de oração do homem de Deus, apóstolo Onório Cutane através de:

    www.kingdom24.tv

    Grato por ter adquirido e lido este livro.

Printed in Great Britain
by Amazon